미래국어교육총서 ❸

대단위 작문 평가

―문항 개발 및 채점 방법을 중심으로―

미래국어교육총서 3

대단위 작문 평가

−문항 개발 및 채점 방법을 중심으로−

이 영 진

역락

머리말

이 책은 학업성취도 평가와 같은 대단위 작문 평가의 문항 개발 및 채점 방법의 개선에 목적을 두고자 한다. 학생들의 작문 능력을 중시하는 학교 및 사회의 요구에도 불구하고 지금까지 우리나라 학생들의 작문 능력 실태를 확인하기 위한 대규모 평가가 이루어지지 않고 있다. 이러한 문제의식을 바탕으로 하여 이 책에서는 대단위 작문 평가의 필요성과 함께 대단위 작문 평가 실행을 위한 문항 개발 및 채점 방법의 탐구를 통해 대단위 작문 평가의 전반적인 과정을 다룬 평가 매뉴얼을 마련하는 데 목적이 있다. 이 책에서 다루는 각 장의 구체적인 연구 내용은 다음과 같다.

1, 2장에서는 대단위 작문 평가에 대한 연구의 필요성 및 이론적 토대를 마련하고자 하였다. 먼저 대단위 작문 평가의 개념 및 특성을 살펴보고, 대단위 작문 평가의 적합한 과정 모형을 구안하였다. 다음으로 대단위 작문 평가의 문항 개발에서의 고려할 점, 평가의 타당도, 문항 개발 사례를 통해 대단위 작문 평가 문항 개발의 원리를 마련하였다. 또한 대단위 작문 평가 채점 방법에서의 고려할 점, 평가의 타당도와 신뢰도, 채점 방법 및 평가 결과 활용의 사례를 통해 대단위 작문 평가 채점 방법의 조건을 마련하였다.

3장에서는 구체적인 연구 방법을 기술하였다. 이 책에서 다루는 주요 연구로 대단위 작문 평가의 필요성과 이론의 타당성을 뒷받침하기 위해 대단위 작문 실험 평가를 실시하였다. 이를 위해 연구 대상으로 수도권, 충청, 경상, 전라, 강원 지역 고등학교 2학년 학생 총 490명을 표집하였다.

또한 평가 문항 개발과 관련하여 타당도 확보 및 채점 방법 개선에 관한 견해를 수렴하기 위해 표집 대상의 지역과 교직 경력을 고려하여 62명의 교사에게 대단위 작문 평가에 대한 인식 설문 조사를 실시하였다.

대단위 작문 평가 문항의 내용 타당도를 확보하기 위해 경력 10년 이상의 고등학교 국어 교사 또는 작문교육 박사과정에 재학하고 있는 전문가 5명을 선정하였다. 다음으로 평가 자료 개발을 위한 예비 채점 과정으로 20명의 학생 답안을 선정하였다. 그리고 채점 과정에서 채점자 간의 신뢰도 확보를 위해 40명의 학생 답안을 선정하여 전문가인 국어 교사 10명을 통해 채점을 수행하도록 하였다. 전수 표집의 학생 답안을 채점하는 중에서는 평가의 효율성 확보 여부를 국어 교사 4명을 선정하여 490명의 학생 답안에 대한 채점을 실시하였다.

연구 절차는 대단위 작문 평가 과정 모형에 따라 진행하였으며, 먼저 대단위 작문 평가의 실행을 위해 타당도를 갖춘 문항 개발에 초점을 두었다. 대단위 작문 평가의 내적·외적 요인들을 고려한 체크리스트를 구안하여 평가 문항에 포함될 평가 요소 및 성취기준을 추출하였으며, 대단위 작문 평가의 문항 개발 원리 및 세부 채점 과정을 고려하여 평가 문항을 개발하였다.

채점 과정에서는 첫째, '예비 채점' 과정을 수행하였다. 학생들의 답안 중에서 20편을 선정하여, 채점하는 과정 속에서 채점자들이 참조할 평가 자료인 구체적인 평가 기준 및 평가 지침서, 평가 예시문 자료를 개발하였다. 이 과정에서는 문항 및 평가 자료의 내용 타당도 확보를 위해 전문가인 교사들이 참여하였다. 또한 평가의 타당도를 알아보기 위한 통계적 방법으로서 간접 평가 문항 및 직접 평가의 영역 간의 정오답률 및 상관 분석, 직접 및 간접 평가의 평가 영역에 대해 성취수준 상·하위 집단 간의 결과 차이를 분석함으로써 문항 변별도와 구인 타당도를 확보하였다.

　다음으로는 평가의 신뢰도를 확보하기 위한 '본 채점 I' 과정을 수행하였다. 지역 변인을 고려하여 학생 답안 40편을 선정한 후에, 10명의 교사에게 직접 평가 문항에 대한 내용·조직·표현의 평가 영역별로 분석적 평가를 실시하였다. 평가는 4개의 팀으로 구성하여 평가 기준, 평가 지침서, 평가 예시문을 제공한 2개의 동일 집단, 평가 예시문을 제외하고 나머지 자료를 제공한 집단, 일반적인 평가 기준 및 평가 척도만의 정보를 제공한 집단으로 구분하여 각 집단별 신뢰도를 파악하였다.

　구체적으로 채점 과정에서 채점자에게 제공되는 평가 자료를 집단별로 차이를 두고 채점 집단 및 채점자 간 신뢰도가 어떠한 차이를 보이는지 알아보고자 중재 연구를 실시하였다. 통계 방법으로는 Cronbach α, 일반화가능도 이론의 G-Study, D-Study와 문항반응이론에 기초한 Rasch 분석을 실시하여 평가의 신뢰도, 평가의 엄격성, 평가 결과의 비신뢰성 분석, 편향분석을 통해 신뢰도 차이를 살펴보았다. 그리고 영역별·분석적 평가를 설계하면서 기존의 총체적 평가 방식에 비해 평가 시간의 차이가 있는지를 측정하여 효율성 확보 여부를 알아보기 위해 각 교사들이 평가 영역별로 채점 소요 시간을 평가자 집단별로 측정하였다.

　이후에 490명의 학생 답안을 전수 채점하는 '본 채점 II' 과정을 수행하였다. 특히 직접 방식의 서술형 평가 채점은 평가의 효율성 확보에 중점을 두면서 '본 채점 I' 과정과 역으로 최소한의 교사들이 평가 업무를 수행하는 데 적절한 업무량과 신뢰도를 확보하면서도 신속하게 채점하는 방법을 고려하였다. 먼저 채점자들 간에 평가의 관점을 일치시키고 직접 평가의 경우 평가 척도 간의 변별을 명확하기 위해 '평가 기준 및 평가 척도의 초점화' 절차를 수행하였다.

　실질적인 채점 과정임을 고려하여 평가의 업무 부담을 줄이면서 신뢰도를 확보할 수 있도록 채점 방법을 마련하였다. 이를 위해 교사들이 평가에 집중할 수 있는 상대적 시간을 고려하여 100편 단위로 하루의 평가 업무를 배정하였으며, 날짜별로 채점 소요 시간을 측정하였다. 채점을 완료한 후에는 평가의 신뢰도 확보를 위해 문항 개발 및 평가 방법을 고려한 연구자가 교사들이 작성한 평가 결과를 검토하면서 평가 기준 및 평가 지침서, 평가 예시문 사례에 적합한 평가의 관점에 따라 상대적으로 적절하지 못한 평가 결과를 보정하는 과정을 수행하였다. 한편 채점 결과를 분석하고 학생들에게 작문 능력을 확인할 수 있는 쓰기 피드백 자료를 개발하도록 하였다.

4, 5, 6장에서는 대단위 작문 실험 평가에 대한 연구 결과를 분석하고 그에 따른 논의를 전개하였다. 평가 문항이 갖추어야 타당도와 함께 채점 방법에서의 신뢰도 및 효율성에 주목하였다. 그 결과 직접 평가 방식의 문제점으로 지적되고 있는 평가자 간 신뢰도 확보를 위해 통계적으로 검증 가능한 방법을 제안하였으며 이를 통해 신뢰도를 확인하고 통계적 결과를 분석하면서 일부 평가자의 평가의 비신뢰성이나 편향성을 보인 사례를 발견할 수 있었다. 이러한 사례를 평가 기준 및 평가 척도와 관련하여 검토 및 수정함으로써 대단위 작문 평가의 신뢰도를 확보할 수 있음을 확인할 수 있었다. 채점자에게 제공되는 평가 자료 및 효율적인 평가 방법, 신뢰도 검증의 과정은 채점 방법이나 채점에 관한 공통된 평가관을 갖추기 위한 평가자 훈련에 도움이 되었다고 판단하였다.

평가의 효율성을 위해서는 평가의 부담을 줄이는 방법에 대해 모색하였다. 이를 위해 기존의 총체적 평가 방식에서 벗어나 영역별·분석적 평가 방식을 제안하였다. 영역별·분석적 평가 방식은 평가의 대상이 되는 모든 평가 영역들을 살펴봄으로써 자칫 평가 요소 간에 간섭 현상이 일어날 수 있는 총체적 평가의 문제점에 대한 대안적인 방법이다. 실험 평가의 채점 과정을 수행한 채점자의 견해에 따르면 대체로 평가 업무가 영역별로 분담되어 세분화됨에 따라 채점자는 해당되는 영역에만 집중하여 채점할 수 있다는 점에서 영역별·분석적 평가 방식에 관해 긍정적인 입장을 보였다. 이는 총체적 평가 대비 채점 소요 시간 및 회기별 채점 소요 시간의 측정에서 상대적으로 시간이 단축되었음을 확인함으로써 뒷받침할 수 있었다.

궁극적으로 대단위 작문 평가의 과정 모형을 바탕으로 하여 문항 개발의 절차, 채점 방법, 평가 결과 활용 등의 내용을 포함하면서 평가의 전반적인 흐름을 파악할 수 있는 평가 매뉴얼을 개발하였다.

7장에서는 지금까지 수행한 대단위 작문 평가의 평가 문항 개발과 채점 방법, 이를 토대로 하여 대단위 작문 평가 시행을 위한 평가 매뉴얼까지의 연구 성과를 정리하면서 학교에서의 작문교육의 중요성을 인식시키고 작문교육을 활성화하는 데 도움이 되고자 하는 대단위 작문 평가 연구의 교육적 함의와 제언의 내용을 담았다.

이 책을 내는 데 많은 분들께서 도움을 주셨다. 먼저 한국교원대 국어교육과에 계시는 박영민 교수님께 깊은 감사를 드린다. 부족하고 어리석은 제자에게 항상 학문의 방향을 제시해주시고 격려해주신 점에 깊은 존경의 마음을 전한다. 더불어 항상 많은 가르침을 베풀어 주신 학과의 여러 교수님들께도 감사의 말씀을 전하고 싶다.

또한 교육 현장에서 작문교육에 대해 늘 고민하고 연구하는 동료 선생님들의 조언과 격려에 감사를 드린다. 마지막으로 이 책을 출판하는 데 도움을 주신 역락 출판사의 이대현 사장님과 편집에 도움을 주신 권분옥 선생님께도 감사의 마음을 전한다.

2013. 11.
학교 현장에서 저자 씀.

차례

제 1 장

대단위 작문 평가의 연구 방향 탐색

1. 대단위 작문 평가 연구의 필요성

학교 및 사회에서는 정보 전달, 문제해결, 사회적 상호작용 등을 목적으로 학생들의 작문 능력을 꾸준히 요구해왔다. 그럼에도 불구하고 현재까지 우리나라 학생들의 작문 능력을 판단할 수 있는 지표나 평가 등은 수행되지 못하였다. 이에 따라 우리나라의 학생들의 작문 능력을 확인하는 방법에 관한 논의가 작문교육 연구자들을 중심으로 연구 대상이 되었다. 주로 선행 연구들은 작문 평가의 방법을 통해 학생들의 작문 능력을 확인하고자 하였다.

현재 학교현장에서는 다양한 유형의 작문 평가들이 실시되고 있다. 구체적으로 대학수학능력시험(이하 수능) 언어 영역의 작문 평가, 대학별 논술고사, 학교에서 정기적으로 실시되는 지필평가, 수행 평가 등이 해당된다. 이러한 작문 평가들은 각각의 평가 목적을 지니고 다양한 평가 방법을 통해 학생들의 작문 능력을 평가하였다. 그러나 지금까지의 작문 평가들은 우리나라 전반의 학생들을 평가한다는 목적에서 볼 때 몇몇 문제점 및 한계를 지니고 있다.

수능 언어 영역의 작문 평가는 대규모 평가의 성격을 지니고 있지만 언어 영역 속에 하나의 세부 영역으로 포함되어 있어 실질적인 작문 능력을 측정하기 위해서는 평가 방법이나 평가 문항의 수가 제한된다. 또한 대학에서의 학업 수행 능력을 예측한다는 목적을 가진 수능 시험의 성격상 학생들의 작문 능력을 파악한다는 평가의 본질적 목적에서 벗어나 있다. 그리고 수능 시험은 대규모 평가가 지니고 있는 평가의 효율성을 고려하여 선다형 문항을 활용한 간접 평가 방식을 적용함에 따라 학생들의 실제적인 작문 수행의 과정 및 결과를 파악하는 데 한계가 있다.

대학별 논술고사는 쟁점의 특성을 지닌 논제를 이해하고, 제시된 관련 자료를 요약하거나 분석해서 서술하는 능력, 쟁점인 주제에 관한 자신의 명확한 입장 및 이를 뒷받침하는 객관적인 근거를 제시하는 능력 등을 평가한다. 논술고사는 고차원적인 작문 능력을 실제로 평가할 수 있는 기회로 활용되었지만 실제 목적은 대학에서의 학생들의 선발 자율화에 따른 변별 기능을 목적으로 수행되었고 표집 인원이 각 대학에 응시한 학생들로 한정된다는 단점이 있다.

그동안 학교 현장에서는 단위 학교를 중심으로 하여 지속적으로 학생들의 작문 능력 향상을 위한 다양한 평가들을 실시하였다. 특히 지필 평가는 학교 단위의 교육과정에 기반하여 각 교과에 대해 학생들이 학습하여 얻은 성취 결과를 판단하기 위한 평가로 실시되고 있지만, 실제로 평가 문항들을 살펴보면 주로 평가의 효율성 차원에서 간접 평가 방식인 선다형 문항과 같은 선택형 평가가 지속되고 있다. 국어 및 작문 과목 역시 이러한 틀을 벗어나기가 어려운 실정이다.

이러한 평가들은 실질적으로 학생들의 작문 수행의 과정과 결과를 통해 학생들에게 현재의 작문 능력을 인식시키고 작문 능력 향상으로 이끌고자 하는 작문 평가 본질의 목적에서 벗어나 있다. 다양한 평가 요소들을 반영할 수 있는 간접 평가 방식의 장점에도 불구하고 실제로는 학생들이 글을 작성하는 데 필요한 지식이라기보다는 작문교육 이론 및 작문 교육과정과 관련하여 개별적이고 부분적인 지식을 평가하는 수준에 그치고 있다.

한편 수행 평가는 학생들의 총체적 작문 수행 및 능력을 평가할 수 있다는 장점을 갖추고 있다. 그리고 학교 단위 안에서 또는 동 학년 학생들을 대상으로 실시되고 평가 계획 및 평가 과정을 수행할 때 있어 관련 학년의 담당 교사들의 영향력이 크게 작용한다. 이는 담당 교사들의 협의에 의해 평가 계획이 구체적으로 수립되었을 경우 학생들의 작문 수행 과정에 대한 확인 및 다양한 평가 방법을 활용하여 평가할 수 있는 것이다. 그러나 수행 평가는 교사들마다 평가에 있어 평가관의 차이를 보임에 따라 같은 국어나 작문 과목일지라도 학년 및 계열에 따라 평가 기준 및 평가 척도가 달라지며 특히 교사들 개개인의 평가관의 차이는 평가의 신뢰도와 관련하여 문제점으로 지적받고 있다.

기존 작문 평가의 문제점과 이에 대한 대안으로 이 연구는 우리나라 전반의 학생들을 대상으로 하는 대단위 작문 평가가 실시하고자 제안한다. 대단위 작문 평가를 실시할 때 겪는 가장 어려운 점은 직접 평가 방식이 도입되면서 대규모로 실시될 경우 평가의 시기, 시험 환경, 채점을 위한 채점자의 구성, 평가에 소요되는 비용 등이 가장 큰 문제가 된다. 그럼에도 불구하고 대단위 작문 평가 결과를 통해 확인할 수 있는 우리나라 학생들의 작문 능력의 결과는 학생들의 학습 능력을 판단하는 새로운 지표로 활용됨과 동시에 다른 영역과의 상관 등을 파악할 수 있는 중요한 자료가 될 수 있다.

우리나라에서 국가 수준 학업성취도 평가가 실시되면서 작문교육에서는 학생들의 전체적인 작문 능력을 확인하기 위한 방법으로 평가에 관심을 가지기 시작하였다. 작문교육에서 학업성취도 평가와 같은 대규모 평가에 주목하는 이유로는 외국어, 수학 영역뿐만 아니라 중요한 의사소통 능력인 언어 능력을 측정함에 있어 작문의 중요성을 인식시키고, 기존 작문 평가의 타당도 문제에 대한 대안으로서 작문의 직접 평가 방식의 도입의 가능성을 높일 수 있기 때문이다. 대단위 작문 평가를 실시할 때는 직접 평가 방식에서의 신뢰도 및 평가의 효율성 확보를 위한 개선 방안이 연구 과제로 남아 있다. 그러나 이 연구를 통해 문제점을 해결한다면 기존의 작문 평가를 통한 결과와는 다른 객관적인 지표의 성격을 갖춘 작문 평가 결과를 확보할 수 있는 장점이 있기 때문이다.

대단위 작문 평가의 필요성은 다음과 같다. 첫째, 구성주의 패러다임과 함께 지식관이 변화하면서 기존의 수동적인 지식 습득에서 지식을 활용 및 구성, 표현하는 것의 중요성이 대두되기 시작하였다. 이러한 지식을 생성하기 위한 필수 능력으로써 작문 능력에 대한 관심과 필요성에 초점을 두기 시작하였다는 점이다.

둘째, 기존의 선다형 문항을 활용한 평가 방식은 학생들의 작문 능력을 평가함에 한계를 드러내고 있었다는 점이다. 지금까지의 국가 수준과 같은 대규모의 표집 인원을 대상으로 하는 작문 평가에서 모두 일괄적으로 간접 평가 방식인 선택형 평가를 수행하였다. 이는 실질적으로 문법이나 작문과 관련한 일반적인 지식 내용을 바탕으로 하여 학생들의 인식 여부를 확인하는 방법에 치우쳐 있는 것이다.

간접 평가 방식이 가지고 있는 장점에도 불구하고 본질적으로 작문 평가가 작문 영역이 추구하는 학습 목표 및 내용을 반영하였는가의 측면에서 기존의 간접 평가 방식의 작문 평가는 과연 평가의 목표를 충실하게 다루고 있는가에 대해 지속적으로 비판받았다. 물론 직접 평가에서 가장 큰 문제점으로 지적되는 것은 실질적인 평가자인 교사들의 평가 수행에서의 부담과 평가자 간의 신뢰도 확보이다. 그러나 이러한 채점 방법의 문제점을 개선하고 각각의 평가 방식이 가지고 있는 장점을 활용하여 직접 및 간접 평가 방식을 병행한 대단위 작문 평가의 실시는 가능하다고 본다.

셋째, 기존의 작문 평가들은 우리나라 학생들 전반의 실질적인 작문 수행 능력에 관한 표준화된 척도나 데이터를 확보하는 데 어려움이 있다. 그런 면에서 대규모의 직접 평가 방식의 작문 평가는 전반적인 작문 질 관리 및 수행 능력의 변화에 관한 기초 자료 확보 차원에서 도입이 필요하다.

넷째, 대단위 작문 평가를 통해 그동안 학교 현장에서 정체되어 있는 작문 수업을 활성화할 수 있는 계기를 마련할 수 있다. 그동안 국어과 세부 영역 중에서 작문 영역은 입시에서의 영향력 약화 등의 이유로 학교 현장에서는 실제로 수업이 제대로 이루어지지 못하는 실정이다. 평가의 궁극적인 목표가 수업의 개선이라는 측면에서 학생들의 실질적인 작문 수행 과정과 결과를 확인할 수 있는 대단위 작문 평가가 시행된다면 그동안 소홀히 되었던 작문 수업의 활성화와 학생이 작문에 관심을 가지고 학습을 유도할 수 있는 원동력이 될 것이다.

특히 이 연구는 학생들의 실질적으로 작문 과정을 통해 결과를 확인할 수 있는 직접 평가 방식이 포함된 대단위 작문 평가의 필요성을 바탕으로 하여 실질적으로 대단위 작문 평가 실행을 위해 필요한 요건인 평가 문항 개발 및 채점 방법 마련에 대해 탐색하고자 한다. 직접 평가 방식의 서술형 평가 도입과 대단위 작문 평가에서 학생들의 쓰기 수행에 필요한 지식, 태도 등을 갖추고 있는가를 확인하는 간접 평가 방식을 병행하여 평가의 타당도와 신뢰도 및 효율성을 확보하는 적절한 채점 방법을 통해 궁극적으로 대단위 작문 평가 시행을 고려한 평가 매뉴얼을 마련하고자 한다.

2. 표준화 시험 및 작문 평가에 대한 다양한 논의들

(1) 평가 도구 개발 및 표준화 시험에 관한 논의

평가 도구 개발에 관한 선행 연구로는 박도순(2000)의 연구가 주목된다. 박도순(2000)은 일반적인 문항제작의 절차에 대해 언급하였다. 첫째로, 목표의 분석·조직·진술이다. 평가 도구를 제작하기 위해서는 기본적으로 교육을 통해 달성시키려는 교육목표가 무엇인지 분석하는 작업이 필요하다. 이를 바탕으로 하여 구체적인 분류 및 조직, 진술하는 과정이 이어진다. 둘째로, 성취기준의 개발이다. 구체적인 교육 목표에 부합하여 학생들이 달성해야 할 능력과 특성의 형태로 진술하는 과정이 필요하다. 셋째, 평가 대상을 선정한다. 교육 목표 및 성취기준과 관련하여 평가할 구체적인 내용을 선정하는 단계이다. 넷째, 평가 장면의 선정이다. 무엇을 평가하겠다는 목표, 성취기준, 평가 내용이 명확해지면 이러한 요소를 측정하는 도구를 제작하기 위해서 어떠한 평가 장면이 적절한지 결정한다. 다섯째, 검사 문항 형태의 결정이다. 평가 장면에서 어떤 형태의 검사 문항을 사용할 것인지 결정해야 한다. 여섯째, 검사 문항을 작성한다. 평가 목표에 따라 구체적인 문항을 작성한다.

이를 참조하여 학업성취도 평가로서의 대단위 작문 평가는 학생들의 작문 능력을 확인한다는 평가의 목적을 두고, 이와 관련한 평가 요소를 작문교육 이론 및 작문 교육과정을 통해 추출하도록 한다. 평가 요소를 바탕으로 하여 일반적인 학생들이 도달해야 할 성취기준을 선정하고, 또한 직접 평가의 경우 응시자의 특성 및 시험 응시 시간과 시간 내에서 학생들이 작성할 글의 길이에 대한 기준 설정을 하도록 한다. 또한 평가의 타당도, 신뢰도 및 대상의 규모가 대규모임을 고려하여 효율성에 바탕을 둔 적절한 채점 방법에 관한 선정이 필요하다.

대단위 작문 평가에서는 특성상 대규모의 표집 인원을 대상으로 한다는 측면에서 표준화 시험 및 검사와 관련한 선행 연구에 주목하였다. Brown(2006)은 표준화 시험(standardized test)의 특징을 언급하였다. 표준화 시험이란 주로 대규모를 대상으로 하여 특정한 목적에 따라, 표준적인 시험 절차에 의해 시행되는 시험을 의미한다고 말하고 있다.

실질적으로 표준화 시험은 대규모의 표집 인원을 대상으로 교사들이 얼마나 효과적으로 교수를 수행하였으며, 이에 따라 학생들이 얼마나 학습했는가에 초점을 둔 평가들이다. 우리나라에서는 대표적으로 대학수학능력시험과 국가 수준 학업성취도 평가가 있으며, 이는 해외의 주요 국가에서도 실시되고 있다. 또한 국제간의 학습 능력 비교를 위한 PISA 등이 있다.

한국교육과정평가원에서는 정기적으로 대학수학능력시험 및 국가 수준 학업성취도 평가를 실시하고 평가 결과를 분석하였다. 또한 결과 자료를 통해 다양한 맥락과 변인을 고려하면서 원인을 분석하며 결과 자료를 활용하는 방안을 보고하고 있다(김성숙, 2010; 김도남 외, 2010; 한국교육과정평가원, 2011). 또한 최근에는 2009년 교육과정과 관련하여 국가 수준에서 학교 교육의 평가 지원의 필요성을 인식하고 이를 위해 학생의 학업성취도를 평가하는 기준으로서 교과별 성취기준 및 성취수준을 학교 현장에 마련하는 방안에 대해 모색하고 있다(한국교육과정평가원, 2012).

언어 능력의 측정을 위한 대규모 표준화 시험과 관련하여 언어 영역 중에서는 비교적 읽기 영역에 대한 평가 연구가 지속적으로 이루어져 왔다. 이와 관련한 선행 연구로는 노명완 외(2006), 한철우 외(2007)의 연구가 있다.

노명완 외(2006)는 국제 수준의 PISA와 PIRLS의 읽기 평가 틀을 고찰하였다. 또한 국가 수준 학업성취도 평가인 미국의 NAEP 읽기 평가와 아일랜드 읽기 평가인 NAER의 평가 틀을 살펴보면서 각각 국가 수준 학업성취도 읽기 평가들이 평가의 범주와 영역 설정에서 나름대로 특징을 지니고 있다고 밝혔다.

한철우 외(2007)는 표준화된 독서 능력 및 독서 태도·환경 진단을 위한 검사 도구를 개발하였으며, 양효순(2007)은 초등학교 고학년을 대상으로 한 어휘력 평가 도구 개발을 연구하였다. 이러한 연구들은 읽기 영역과 관련하여 독서 진단 검사 및 읽기 능력 검사에 필요한 표준화 검사 도구 개발을 위해 도구의 제작 과정, 도구 활용 및 검사 결과를 제시하고 있다.

표준화 시험과 관련한 선행 연구들은 평가 도구 개발 및 평가 도구의 활용 방법에 대해 주로 언급하고 있다. 구체적으로 작문에 앞서 먼저 실시되고 있는 읽기의 표준화 시험과 관련하여 평가 문항의 개발, 채점 방법 및 결과 도출의 전 과정, 그리고 각각의 세부 단계에서 고려할 내용들을 제시함으로써 대단위 작문 평가의 전반적인 방향을 설정하는 데 지침이 될 수 있는 연구이다.

표준화 시험은 평가 결과에 대한 해석의 기준에 따라 상대 평가인 규준 지향 평가와 절대 평가인 준거 지향 평가로 나눌 수 있다(박도순, 1999). 평균 성적을 기준으로 상대적 차이를 해석하는 상대 평가와 평가의 준거를 교육을 통해 달성하려는 목표에 두는 절대 평가의 특성을 고려할 때 대단위 작문 평가는 어떤 평가의 유형할 것인지 작문 평가의 목적에 비추어 판단할 필요가 있다.

표준화 시험에서는 대규모의 표집 인원을 대상으로 하는 만큼 채점 방법이 고려되어야 한다. 특히 작문과 관련한 표준화 시험의 채점 방법과 관련하여 ETS는 TWE(test of written English)처럼 서술형 평가를 통해 전문가가 평가 및 채점을 진행하는 방식의 표준화 시험이 있다. 그리고 채점의 효율성을 위해 표준화 시험의 작문 영역에서는 자동 채점 방식의 도입이 고려되고 있다. 영어권 국가에서는 이미 직접 방식의 작문 평가에 관한 채점 방법으로써 자동채점 프로그램이 도입되어 활용되고 있다. 진경애 외(2008)는 해외의 작문 자동 채점 방법에서 활용된 PEG, E-rater, C-rater, Criterion, IntelliMetric^{tm}, BETSY(bayesian essay test scoring system) 등의 사례를 검토하면서, KICE 영작문 자동채점 프로그램(문장 단위 통제형 문항 중심)의 개발과 보완 과정을 설명하고 있다.

최재호(2011)는 영어 작문의 과정적 글쓰기에서 자동 작문 평가(automated essay scoring, AES)의 효과에 대해 살펴보았다. 먼저 ETS의 Criterion을 사용하여 한국과 미국에서 영어작문 수업을 듣는 대학생 172명의 작문 답안을 분석하였다. 그 결과 자동 작문 평가 시스템이 과정적 글쓰기와 통합적으로 활용될 때, 학생들의 작문의 질과 정확성 향상에 이바지할 수 있음을 밝혔다.

한편 미국의 NAEP는 2011년부터 새로운 디지털 매체를 활용한 작문 평가를 실시하였다. 이는 작문이 디지털로 인해 새로운 글 유형 및 커뮤니케이션 방식의 변화가 평가 분야까지 미치고 있음을 확인할 수 있다(Herrington et al, 2009; Neal, 2011). 이는 대규모의 작문 평가가 실시될 수 있는 우리나라의 경우에서도 고려할 필요가 있는 연구 대상이다.

(2) 작문 평가에 관한 논의

작문교육에서는 일찍부터 작문 평가에 주목하여 주요 연구를 수행하였다. 박영목(2008), 조재윤(2011)은 작문 평가가 나아갈 연구 방향에 관해 제시하였다. 박영목(2008)은 작문 평가 연구의 주요 목적은 작문 평가의 질적 개선과 제고를 통한 작문교육의 질 관리에 중점을 두면서, 작문 영역 성취도 평가에 관한 연구, 국어과 작문 영역의 성취기준과 평가 기준에 관한 연구, 작문 평가 과제에 대한 연구, 작문 평가의 신뢰도와 타당도, 국어과 교사의 작문 평가 전문성 기준에 관한 연구 방향에 대해 논의하였다.

조재윤(2011)은 작문 평가의 도구와 방법 개선 방향에 관해 논의하면서 작문 평가의 목적인 학생들의 작문 성취를 돕기 위한 평가 도구의 개선 방향으로, '작문 상황·독자·과제의 설정, 정의적 능력의 평가 도구 개발, 사용 영역의 평가 도구 개발'을 설정 및 제안하였으며, 작문 평가 방법의 개선을 위해서는, '작문 평가의 기준 설정, 채점 방법 개선'을 제시하면서 특히 평가의 신뢰도를 높이기 위한 측정 방법으로 일반화가능도와 Rasch 모형의 사용을 제안하였다.

작문 평가의 목표 설정을 위해서는 작문교육 내용의 위계화와 작문 과제의 설계가 중요하다. 이와 관련하여 Ruth et al.(1988), Hoetker et al.(1986), Olinghouse et al.(2012), 서영진(2011), 서수현(2008), 황미양(2010), 이병승(2010)의 연구가 주목된다.

Ruth et al.(1988)은 일반적인 작문 평가를 위한 작문 과제의 설계에 주목하였고, 이와 함께 대단위 작문 평가에서 적용 가능한 작문 과제의 계획함에 있어 몇몇 사례들을 제시하였다. Hoetker et al.(1986)은 대규모 작문 평가에서는 특히 작문 과제의 영향력이 크다고 언급하였다. 한편

Olinghouse et al.(2012)은 주 단위 작문 평가에서 평가 문항으로 제공되는 작문 과제에는 작문 동기와 같은 정의적 요인들이 포함되어야 할 필요성에 관하여 제안하였다.

서영진(2011)은 학습자의 작문 능력 발달과 작문 과제의 난이도에 따라 작문교육 내용의 위계적 조직 원리와 위계성을 분석하였다. 서수현(2008)은 작문 과제의 구성요소를 분석하면서, 필자의 지식 차원에서 주제에 대한 내용 지식, 작문 목적에 따른 전략적 지식, 작문의 과정에 대한 전략적 지식, 독자에 대한 전략적 지식을 고려해야 하며, 과제의 상황 차원에서는 평가 준거, 시간 등을 고려해야 한다고 하였다. 황미향(2010)은 초등학교 5학년 학생 29명이 작성한 설명문을 대상으로 하여 텍스트성의 한 요소인 응집성의 발달 정도와 작문 능력 간의 상관관계를 분석하였다. 이를 통해 글의 조직과 관련한 응집 요소의 활용 능력이 작문 평가의 세부 영역으로 활용될 수 있음을 언급하고 있다.

이병승(2010)은 작문 과제 제시 방식에서 평가 기준 제시 여부와 계획하기가 초등학생 필자의 작문 성취도에 미치는 영향을 알아보고자 하였다. 그 결과 작문 성취도에 '계획하기'가 영향을 미치며, 평가 상황에서도 충분히 계획한 후 글을 쓰게 함으로써 학생들의 작문 능력을 온전히 평가할 수 있는 것을 시사하였다.

위의 선행 연구들은 대단위 작문 평가에서도 평가의 목적 설정과 함께 구체적인 평가 요소를 추출하고 성취기준 및 과제를 선정하는 과정에 대하여 많은 시사점을 주고 있다. 대단위 작문 평가의 평가 요소 설정을 위해 작문교육 내용을 어떻게 위계화할 것이며 성취기준을 추출하고, 평가 문항 개발에 있어서 어떤 요소들을 포함해야 하는가에 대한 내용을 고찰하는 데 있어 의의가 있다.

직접 평가 방식의 작문 평가는 평가 기준 설정이 중요하다. 이와 관련하여 서수현(2003), 원진숙(1995)의 연구가 주목된다. 서수현(2003)은 작문 평가의 기준 설정과 관련한 해외의 연구 사례들을 고찰하였다. Diederich(1974)는 '내용, 조직, 문체, 맞춤법(어법, 절차, 구두점 등)'으로 기준이 구분됨을 밝혔다. Cooper & Odell(1977)는 분석적 평가 영역으로서 '일반적 질'과 '어법, 문장 구조, 맞춤법'의 두 가지로 나누었다. '일반적 질'에서는 필자의 역할, 문체 및 어조, 중심 자질, 배경, 연결, 주제가 해당되며, '어법, 문장 구조, 맞춤법'과 관련해서는 '어휘, 문장구조, 문법, 용법 구두점, 철자'가 있다.

한편 ETS(1982)는 평가 기준이 '주제의 진술, 전반적 조직, 수사론적 맥락, 가치 있는 아이디어, 주제를 뒷받침하는 자료, 필자의 태도 및 어투, 단락의 구성 및 연결, 문장의 다양성, 문장의 논리'의 요소들로 구성되어 있다고 언급하였다. Purves(1986)의 분석적 평가 영역은 '내용 및 사고 영역', '조직' 영역, '문체 및 유창성' 영역으로 구분하고 있다. '내용 및 사고' 영역에는 정보의 풍부성, 정보의 정확성, 정보의 관련성, 추론, 종합, 비판적 사고, 대안의 제시와 세부 기준들이 포함되어 있으며, '조직' 영역과 관련해서는 구조, 결합 관계, 통일성 등이 해당한다고 하였다. '문체 및 유창성'은 객관성, 공정성, 유창성과 관련이 있다고 언급하고 있다. IEA(1988)는 내용의 질과 범위, 내용의 조직과 표현, 문체 및 어조, 어휘 및 문법적 자질, 철자법과 정서법, 필체, 평가자의 반응으로 구분하였다. SSQS(1994)는 평가 영역을 '단어의 선택과 배열, 형태, 글의 내용, 목적·독자·어조, 스타일과 같이 세분화 하였다. Spandel et al.(1996)은 '아이디어와 내용, 조직, 어조(Voice), 단어 선택, 문장 유창성, 작문 관습'을 분석적 평가 기준으로 제시하였다.

원진숙(1995)은 국내의 작문 평가 기준에 관한 연구들을 제시하였다. 비교적 초기 연구로서 윤상덕(1984)은 '생각, 내용, 글가꾸기'와 같이 평가 기준을 제시하고 이에 따라 글을 3단계로 나누어 모두 9가지 기준을 중심으로 이루어졌으며, 각 단계마다 배점을 달리한 것이 특징이다. 이 영관(1986)은, 작문의 평가 기준에 관한 고찰을 통해 1단계인 주제와 구성력, 2단계인 논리력과 표현력, 3단계인 정서법으로 나눠 평가 기준을 제시하였다.

노창수(1987)는 ① 표현, 의도가 분명하며 표현 방법과 일치하는가, ② 시작, 중간, 끝 또는 서론, 본론, 결론의 길이가 균형을 이루며 상호관련성을 가지는가, ③ 제목, 주제, 소재 사이에 통일성이 있는가, ④ 모든 문단은 사고 단위를 중심으로 조직되어 있는가, ⑤ 표현 의도에 적절한 낱말을 선택하고 있는가, ⑥ 비유는 효과적이며 비유의 오용은 없는가, ⑦ 문체는 적절한가, ⑧ 철자법, 띄어작문, 문장 부호는 제대로 쓰였는가와 같이 대략적인 평가의 관점에 기초하여 글의 유형에 따라 평가 기준을 달리 적용해야 할 것을 주장하고 있다. 이와 함께 시, 소설, 감상문, 수필, 희곡, 기행문, 일기·편지, 설명문, 논설문의 8가지 글쓰기 유형으로 나누어 각각 다른 평가 기준을 적용하였다.

김정자(1992)는 교육과정과 기존의 평가 기준을 통해 글쓰기의 목적에 따라 그 글을 구성하는 중요한 요소들을 뽑아 평가 기준을 설정하였다. 위에 제시된 평가 기준은 설득을 목적으로 하는 글을 중심으로 설정된 것으로 주요 평가 영역을 '내용', '조직', '표현'으로 나누고 각각의 핵심 요소를 간결하게 정리하였다.

작문평가의 평가 기준에 대한 고찰과 함께 원진숙(1995)은 직접 평가 방식의 작문 평가에서 가장 많이 활용되고 있는 논술 고사에 주목하면서 논술 평가의 주요 평가 목표를 글의 내용, 구성, 표현 영역의 3가지 측면에서 살펴보았다.

직접 평가 방식의 작문 평가에서 타당도와 신뢰도를 갖춘 채점을 수행하기 위한 가장 바탕이 되는 자료는 작문 평가 기준이다. 그러므로 대단위 작문 평가에서도 선행 연구에서 제안하고 있는 작문 평가 기준을 구성하고 있는 세부 평가 영역들을 검토하면서, 대단위 작문 평가의 목적에 맞게 적절한 세부 평가 요소들을 타당화하여 도출하고자 한다.

다음으로는 작문 평가 방식 및 채점 방법과 관련하여 박영목(2008), Messick(1989), Murphy(2003)의 연구가 주목된다. 작문 평가에서 적용될 수 있는 방식은 간접 평가와 직접 평가이다. 박영목(2008)에 따르면 작문 평가 방식은 주로 직접 평가와 간접 평가 방식으로 구분할 수 있는데, 직접 평가는 학생들이 직접 작성한 글에 대해 일정한 평가 기준을 통해 평가자가 평가하는 방식이고 간접 평가는 글을 쓰게 하는 대신에 작문 능력을 측정하기 위한 평가 문항들에 답하는 방식이다. 일반적으로 평가 및 측정 관련 연구자들은 간접 평가 방식이 신뢰도가 높고 효율적이라고 주장하는 데 비해, 작문 관련 연구자들은 학생들이 작문을 잘 할 수 있는지 없는지 평가하기 위해서는 작문 관련 과제를 부여하여 직접 글을 쓰게 한 다음 그 결과를 살펴보는 것이 작문 평가의 본질에 적합하다고 말하고 있다.

작문 평가에서 각각의 방식이 가지고 있는 장단점과 관련하여, Messick(1989)은 작문의 간접 평가가 가지고 있는 문제점에 대해 소개하고 있다. 작문 관련 평가 도구가 갖추어야 할 요소 중 타당도 중에서, 구인 타당도에 대한 주요 징후인 '구인 과소 표시'와 '구인과 무관한 변인'을 발견하였다. 검사가 너무 편협하고 구인에 대한 중요한 차원이나 국면을 포함하지 못할 때 구인은 과소 표시되었다고 한다. 구인과 무관한 변인은 해석된 구인과 무관한 방식으로 일부 응답자에게 과제가 쉽거나 어려운 과제나 항목을 만드는 관련 변인이 검사에 지나치게 포함될 때 일어난다. 작문에서 간접 평가는 이러한 배경들 때문에 어려움을 겪어왔으며, 작문 평가에서의 선다형 검사는 다른 검사처럼 변인이 구인과 무관하기 쉽기 때문에 실질적인 타당도가 낮은 것으로 판단되었다. 또한 간접 평가는 결과 타당도가 부족하다는 이유로 어려움을 겪어왔다. 이와 관련하여 Murphy(2003)는 직접 평가가 간접 평가의 한 방식인 선다형 평가로 바뀌자, 교사들이 작문을 가르치는 시간은 줄어들고 문법과 어법을 가르치는 시간은 늘어났으며, 학생 활동에 대해 문법과 어법을 강조하는 조언을 많이 적는다는 점을 발견했다.

그럼에도 불구하고 실질적으로 모든 평가에서 다양한 문항 제시 및 잘 계획된 간접 평가는 세부적인 교육 내용들을 충실하게 다룸으로써 타당도를 획득하면서 선호되어온 평가 방식이다.

반면 직접 평가 방식은 학생들의 직접적인 작문 수행 및 결과를 확인할 수 있다는 점에서 학생들의 작문 능력과 관련한 작문 평가의 타당도를 확보할 수 있다는 장점이 있다. 학생 필자는 구체적인 독자에 대한 고려 및 자신이 갖추고 있는 화제 지식, 그리고 적절한 글 유형에 대한 지식, 작문 과정에 필요한 전략 관련 지식, 수사적인 규칙 등을 바탕으로 하여 한 편의 완성된 글을 작성한다. 학생들이 작성한 글은 구체적인 평가 기준 및 채점 과정을 통해 그 결과를 산출할 수 있다. 이는 작문교육이 추구하는 목표와 교육 내용을 실질적으로 확인할 수 있다는 점에서 평가의 타당성을 확보할 수 있는 방법이 된다.

그러나 직접 평가 방식은 검사 도구의 문항의 한계로 인해 포괄적인 교육 내용을 담을 수 없다는 단점을 갖추고 있다. 또한 직접 평가 후의 결과에 대한 문제점들이 노출되고 있다. 성적과 시험은 학생들이 그들의 작문에 대한 판단 능력을 향상시키는 데 도와주는 것이 아니라 교사의 판단과 관련이 있다. 성적과 같은 '결정'의 유형은, 작문과 고쳐쓰기를 하는 동안 끊임없이 필자가 결정하는 일반적인 수행에 대한 평가 과정과는 평가의 유형이 유사하지 않다. 예를 들어 학생들이 성적을 받는 글을 작성하는 과정에서는 수정을 허락하거나 권장할 때조차 교사는 전적으로 평가를 위해 반응한다. 학생에게 성적과 채점한 학생들의 글을 돌려줄 때, 학생들이 작성한 글에 대한 학생 스스로의 평가에 대한 어떠한 반응도 배제된다. 그리하여 학생들은 작문을 향상시키는 것에 초점을 두는 대신에, 그들의 성적을 올리는 데 초점을 두지 않을 수 없다. 성적에 대한 향상과 작문에 대한 향상이 관련이 있음에도 불구하고, 학생들은 같다고 생각하지 않는다.

성적을 향상시키는 것과 작문을 향상시키는 것의 차이가 심각하다는 것은, Connors and Lunsford(1993)의 연구에서 중요하게 언급하고 있다. 학생글에 대한 교사의 논평 중 60%가 학생들이 제출한 글에 대해 성적을 판단하는 것에 초점을 두고 있다는 것이다. 학생들은 작문 자체에 대해 생각함에도 불구하고 성적을 향상시키는 측면에서 교사의 반응에 대해 압력을 받지 않을 수 없다. 작문 교수에서 성적 중심의 접근은 학생들이 결정하는 많은 종류의 수정에 대해 제한할 뿐만 아니라 작문 행위에 대해 잘못 인식시킬 수 있다. 글을 창작하는 데 초점을 두는 대신에, 학생들은 자신들이 작성한 글에 대한 교사의 평가가 중심이 되어 좋은 성적을 얻는 것에 이끌리게 된다. 작문이 평가에서 분리되지 않는 한, 학생들은 작성한 글에 대해서 평가가 뒤따라온다는 생각을 하지 않을 수 없다.

앞에서 언급한 선행연구들은 직접 평가가 성적이나 다른 목적을 위한 평가 지표로 사용되었을 경우 직접 평가 또한 작문의 본질을 벗어나 타당도를 저해할 우려가 있다는 것이다. 그러므로 대단위 작문 평가가 학업성취도 평가와 같은 시험의 목적을 갖추어야 하는 이유는 학생들의 성적에 대한 민감성을 배제하면서 학생들의 실질적인 작문 수행 능력의 확인과 향상에 초점을 맞추어야 한다는 점에 있다.

작문 평가의 채점 방법과 관련하여, 교육인적자원부(2007)는 작문 과목의 평가 방법 중에서 총체적 및 분석적 평가의 특징과 유의사항에 대해 언급하고 있다. 총체적 평가에서는 ① 평가자들이 협의하여 평가 등급의 수와 등급 판정을 위한 평가 기준을 결정하며, ② 평가자들은 평가 기준을 공유하고 내면화하기 위하여 협의하고 토론한다. ③ 무선 표집한 학생의 글을 평가자들이 돌아가면서 읽고 각 등급을 대표하는 예시 답안을 선정한다. ④ 예시 답안을 참고하여 나머지 다른 글을 평가하되, 등급 판정이 평가자들 간에 차이가 있으면 협의하여 조정한다. ⑤ 평가를 실시하는 중에 수시로 의견을 교환하여 평가 기준을 동일하게 적용하도록 노력한다와 같은 총체적 평가 시 유의사항에 대해 말하고 있다.

분석적 평가 방법을 적용할 때의 절차에는, ① 평가자는 글의 양보다 질에 중점을 두되, 질을 결정하는 요목을 설정한다. ② 평가자는 그 요목을 평가 요소로 설정하고, 평가 요소별로 일정한 점수 척도를 부여한다. 이때, 상황이나 조건에 따라 가산점을 부여할 수 있다. ③ 평가자는 평가 요소로 작성한 기준을 숙지하고, 평가 도중에 지속적으로 확인함으로써 일관된 평가를 할 수 있도록 한다. ④ 평가 후, 요소별 점수를 합산하여 학생 개인의 평가 결과로 삼는다. 한편 분석적 평가 요소로 일반적으로 활용되는 것은 내용, 구성, 표현이며 내용 영역은 내용의 질과 범위, 내용 또는 주제의 진술 및 전개, 내용의 풍부함과 정확성, 내용의 관련성, 추론, 종합, 비판적 사고 및 대안 제시 등이 고려되어야 한다. 구성 영역은 전반적인 글의 구성, 문단의 결합 및 연결 등을 세부적으로 살펴보아야 한다. 표현 영역은 표현, 문체 및 표현의 적절성, 수사적 표현의 참신성과 적절성을 고려할 필요가 있다. 이와 함께 필자의 태도, 예상 독자의 고려 또한 포함될 수 있다고 언급하고 있다.

정희모 외(2009a)는 글쓰기를 대상으로 총체적 평가와 분석적 평가를 수행하여 두 평가 방식의 차이를 살펴보고 원인을 밝히고자 하였다. 대학생 30명을 대상으로 작성한 답안에 대해 평가한 결과 총체적 평가가 분석적 평가보다 점수가 높았고 유의한 차이를 나타내었다고 밝히고 있다. 또한 분석적 평가 항목 중 '주제'와 '내용' 점수가 총체적 평가 점수와 높은 상관관계를 가지며, 분석적 평가 항목 중 '세부 진술'과 '어휘' 점수가 총체적 평가 점수와 높은 상관관계가 있음을 확인하였다. 한편 분석적 평가 점수가 총체적 평가 점수보다 높은 글들은 '어휘'와 '문장·문법' 항목에서 상대적으로 높은 점수를 받는 경향을 발견하였으며 다른 분석적 평가의 항목과 비교했을 때도 점수가 높았음을 살펴볼 때 분석적 평가에서는 다른 평가 항목과 평가 비중을 맞추기 위해 평가 항목 간의 가중치를 두어야 함을 언급하였다.

미국에서는 6특성 작문법(6-trait writing) 평가 방법이 있다. Spandel(1996, 2009)은 미국 대규모 작문 평가의 표준화된 평가(채점) 기준으로써 6특성 평가 소개하였다. 아이디어, 구성, 문체 및 어조, 단어 선택, 문장 유창성, 작문 관습의 6개의 요소를 작문 평가에 반영하고 있다. 우리나라 작문 평가에 있어서도 일반적으로 내용·조직·표현의 영역을 통해서 평가 기준을 마련하고 있으나, 대규모의 직접적인 작문 평가를 위한 표준화된 평가 기준과 이에 따른 평가 방식이 구체적으로 마련되어야 한다.

작문 평가의 채점 방법과 관련한 선행 연구들을 통해 이 연구에서는 학생들의 작문 능력을 확인한다는 주요 목적에 초점을 두고 직접 평가 방식의 대단위 작문 평가에 적용되는 채점 방법으로 분석적 평가를 지향하고, 학생들의 글 안에서 내용·조직·표현의 세부 평가 영역들을 설정하여 이를 척도화, 점수화를 통해 영역별 평가를 실시하고자 한다. 기존의 채점 방법인 총체적 평가 방식에서 문제가 되는 내용·조직·표현상의 간섭 현상을 막고 직접 평가의 특정 영역만을 한정하여 평가자들 간에 분담해서 평가하는 방식을 통해 평가의 효율성을 높이고자 한다. 한편 평가 기준에 준하여 채점하는 과정과 관련하여 Knoch(2011)은 작문 평가에서 있어서 평가 척도 설정의 중요성을 강조하였다.

작문 평가가 공정성을 갖추기 위해서는 평가의 타당도와 신뢰도를 확보해야 한다. 이에 따라 작문 평가의 타당도와 신뢰도를 확보하는 방법에 대한 연구가 지속적으로 수행되었다. 이와 관련하여 Williamson(1993), Hout(2009), 정희모(2009b), 오택환(2010), 조재윤(2009), 박영민(2010a)의 연구들에 주목하였다.

전통적인 교육 측정 이론과 심리 측정 이론의 관점에서 작문 평가는 평가의 타당도를 평가하기 위한 절차의 세 가지 유형인 내용 타당도, 준거 타당도, 구인 타당도를 다루어왔다. Williamson(1993)는 작문 평가의 타당도와 관련하여 가장 중요한 개념으로 첫째, 구인 타당도를 언급하였다. 구인 타당도가 중요한 이유는 평가 도구가 작문 이론에 따르는 정도를 시험하기 때문이다. 한편 작문 평가를 일반적인 평가 이론과 관련하여 타당도의 현대적 개념에서 구인 타당도는 내용 타당도와 준거 타당도를 포괄한다(Messick, 1989).

작문 평가에서 두 번째로 중요한 개념은 맥락적 유효성이다(Williamson, 1993). 맥락적 유효성은 어느 정도 평가에 대한 목적을 포함한다. 평가 개발자는 자신들이 사용한 특정한 맥락에 따른 타당한 절차를 보여주어야 한다.

작문 평가에서 세 번째로 중요한 개념은 진정성(authenticity)이다. 작문 평가에서의 진정성이란 주어진 언어 검사 과제의 특성이 작문교육의 목표 및 내용과 상응하는 정도를 뜻한다. 즉 작문 과제는 피험자들이 계획된 평가를 위한 맥락에서 이용하도록 기대되는 작문 유형을 나타내야 한다.

네 번째로 중요한 개념은 타당도의 국면으로서 결과라는 개념이다. Messick(1989)은 평가의 가능한 결과와 실제 사회적 결과 모두에 대한 판단은 평가의 타당도를 결정하기 위해 어떻게든 착수되어야 한다고 주장한다. 작문 평가에서 타당도를 위한 효과적인 주장은 작문 교수·학습에 이상적으로 긍정적인 영향을 줄 수 있다는 것을 의미한다(Huot, 2009).

신뢰도와 관련해서는 특히 작문 평가의 핵심 과제 중에 하나인 채점자 간 신뢰도에 주목하였다. 정희모(2009b)는 대학의 글쓰기 평가와 관련하여 신뢰도와 타당도 문제에 대해 검토하였다. 현재 대학의 글쓰기 평가에서 주로 사용하고 있는 작문 평가 방법은 총체적 평가이며 총체적 평가는 효율성이 높아 시간과 경비를 절약할 수 있지만 평가자 훈련이 없으면 총체적 평가 방법의 신뢰도는 낮게 나온다고 언급하고 있다. 대체로 교수자 1인이 주관적으로 학생의 글을 평가하는 경우가 많기 때문에 신뢰도와 타당도는 높지 않을 것으로 추정하고 있다. 이의 대안으로 평가표본 수를 늘리고, 평가 척도를 줄이며, 학생들을 평가에 참여시키는 방법과 단순히 점수만 제공하는 평가를 지양하고 해석적이고 묘사적인 평가가 이루어져야 한다고 언급하고 있다.

대단위 작문 평가와 관련하여 평가자(채점자) 간의 신뢰도 확보를 위한 통계적 방법으로 연구 성과들 중에서는 문항반응이론의 토대를 두고, 상관계수법, 판별함수, 일반화가능도 이론(generalizability theory), Rasch 모형이 있다. 상관계수법은 고전검사 이론의 신뢰도 추정 방법으로 다양한 오차 요인을 분석하지 못하고, 판별함수는 신뢰도를 추정하는 함수식을 만들기 어렵다는 단점이 있다. Rasch 모형은 채점자의 엄격성에 대한 연구에 적절하며 문항 반응 이론을 바탕으로 피험자의 능력을 로지스틱 함수로 설명한다. 일반화가능도 이론은 고전검사 이론과 분산분석을 바탕으로 한다.

오택환(2010)은 고등학교 3학년 1개 반의 작문 수행 평가를 동료평가 방식으로 진행함으로써 동료평가자 간의 신뢰도를 분석하였다. 학생들의 작문 수행 정도에 따라 상, 중, 하 수준별로 나누고 담당 교사는 평가 기준표를 학생들에게 제시하여 각각의 평가 항목과 척도의 내용을 소개하면서 채점 방법을 안내하였다. 그 후 각 집단별로 내용·조직·표현의 작문 영역별 평가 결과의 신뢰도가 어떻게 나타나는지 상관분석을 실시하였다. 그 결과 상, 중, 하 집단 모두 매우 유사한 채점 기준에 의해 채점하였다는 것을 확인하였다.

조재윤(2009)은 일반화가능도 이론을 통해 작문 수행 평가의 오차원과 각각의 오차원이 평가에 끼치는 영향력을 알아보고, 작문 평가의 최적화된 측정 조건인 신뢰도를 추정하고자 하였다. 이를 위해 평가 요인으로써 과제(과제 종류, 과제 수, 과제 수행 상황)와 채점자(채점자 내 신뢰도, 채점자 간 신뢰도), 평가 기준(내용·조직·표현, 단어 선택, 형식과 어법)을 3국면으로 하고, 허용 가능한 관찰 전집이 과제와 채점자, 평가 기준이 교차되는 '3국면 완전교차 모형'으로 하였다. 이 결과 작문 평가의 오차원 중에서 채점자 오차원보다는 평가 기준 오차원이, 과제 오차원보다는 평가 기준 오차원이 피험자의 작문 능력에 큰 영향을 미치며, 일반화가능도 계수와 의존도 계수를 알아본 결과, 채점자의 효과에 비해 평가 기준과 과제의 수에 의한 효과가 작문 평가의 최적화된 측정 조건을 얻는 과정에서 더 강하게 작용하는 것으로 나타났다.

박영민 외(2010a)는 Rasch 모형을 활용하여 국어 교사의 작문 평가 특성을 분석하였다. 이를 위해 중학생 설명문 35편을 68명의 국어 교사에게 평가하도록 하고, 이 중 6편의 중학생 글을 무선 선정하여 Rasch 부분 점수 모형에 따라 분석하였다. 그 결과 평가에 참여한 국어 교사들은 평가자로서의 엄격성이나 일관성에 차이를 보이고 있으며, 교사의 성별, 경력별에 따라서도 차이를 보이고 있음을 확인하였다.

우리나라에서도 대단위 작문 평가에 관한 필요성과 평가 방법에 대한 논의가 이루어지기 시작하였다. 이와 관련하여 박영목(2008), 박영민(2011a), Quellmalz(1984)의 연구에 주목하였다.

박영목(2008)은 학교 교육에서 핵심적인 역할을 담당하고 있는 작문교육의 질 관리를 위해서는 국가 수준, 지역 수준, 학교 수준에서의 작문 영역 성취도 평가가 주기적으로 이루어질 필요가 있다고 언급하고 있다. 학교 교육의 질 관리를 위한 국가 수준에서의 성취도 평가는 일찍부터 주요 국가에서 주기적이면서 종단적으로 이루어져 왔으며 미국의 경우 국가 수준 학업성취도 평가(NAEP)를 중심으로 오래 전부터 학생들의 작문과 읽기, 수학 능력에 관한 평가를 주기적으로 실시하고 평가 결과에 대한 상세한 보고서를 제공해왔다고 말하고 있다. 이와 함께 우리나라에서도 작문 영역의 성취도 평가가 올바르게 시행될 수 있도록 작문교육의 질 관리를 위한 작문 영역 성취도 평가에 관한 국가 수준의 체계적인 연구가 수행될 필요가 있다고 언급하고 있다.

이는 학생들이 학교생활 및 사회에 나아가 지속적으로 수행하게 될 다양한 글쓰기 활동에 필요한 작문 능력에 대한 요구를 뒷받침하며 다른 과목에서의 학습의 도구로써 긴요하게 활용되는 작문의 중요성을 고려하여, 국가 수준에서 학생들 전반의 작문 능력에 대한 체계적인 관리의 차원에서 작문 영역의 성취도 평가의 필요성을 언급하고 있는 내용이다.

박영민(2011a)은 현재 실시되고 있는 국가 수준 학업성취도 평가의 언어 영역을 비판적으로 검토하면서 작문 학업성취도 평가의 개선 및 발전 방향에 대해 논의하였다. 이를 위해 작문 영역 학업성취도 평가를 위한 평가 도구, 평가 기준 및 예시문 등의 평가 틀의 개선 방안을 제시하였다. 이와 함께 작문 평가 이론의 내용의 대해서 언급하고 있다.

Quellmalz(1984)는 성공적인 대규모 작문 평가의 특성으로, ① 무엇을 측정할 수 있고 무엇을 측정할 수 없는 지에 대해 분명히 해야 하고, ② 신뢰할만한 표집의 마련 가능성, ③ 효과적인 방법 및 표준화된 평가 기준을 마련해야 하고, ④ 평가는 학급에서 활용할 수 있는 작문에 관한 정보를 제공할 수 있어야 하며, 학생들의 작문 기능을 향상시킬 수 있는데 도움을 주도록 노력해야 한다고 언급하고 있다.

White(1993)는 현대의 직접적인 작문 평가가 나오기까지 관련 연구 집단과 연구자의 노력과 총체적 채점 방법에 대한 관련 연구 결과들을 전달하고자 하였으며, Wolcott et al.(1998)은 작문 문항의 개발 및 평가의 과정은 주제와 내용이 학생들의 배경지식을 고려해야 하고, 작문과 연관을 맺고 있는 다른 영역과의 관련성을 고려하며, 학교 교육의 목표 및 학습 목표와의 연계성 또한 충분히 반영되어야 하며 직접적인 작문 평가 및 대규모 작문 평가의 표준화를 위한 평가 준비 과정의 필요성을 강조하였다.

우리나라의 대단위 작문 평가 연구는 아직 시행의 가능성과 필요성을 탐색하기 위한 초창기 연구의 성격을 지니고 있다. 본 연구에서는 앞에서 고찰한 평가 문항 개발, 대규모의 표준화 시험, 작문 평가에 관한 연구 성과들을 바탕으로 하여 대단위 작문 평가의 구체적인 실행 방향을 위해 이를 뒷받침할 평가 문항 개발, 채점 방법 마련, 그리고 대단위 작문 평가의 전 과정을 살펴볼 수 있는 평가 매뉴얼을 마련하는 데 연구의 방향을 설정하고자 한다.

3. 연구 방향 탐색

이 책은 대단위 작문 평가의 평가 문항 개발 및 채점 방법에 대한 탐구를 통해 대단위 작문 평가 실행을 위한 평가 매뉴얼을 개발하는 데 목적이 있다. 이를 통해 궁극적으로 작문 과목의 교수·학습의 활성화를 유도하여 궁극적으로 학생들의 작문 능력 향상에 도움이 되고자 한다.

이와 관련하여 다음의 연구 내용들을 수행하고자 한다.

- 대단위 작문 평가의 적절한 평가 방식은 무엇인가?
- 타당도, 신뢰도, 효율성을 갖춘 대단위 작문 평가 문항을 어떻게 개발할 것인가?
- 타당도, 신뢰도, 효율성을 갖춘 대단위 작문 평가의 채점 방법을 어떻게 마련할 것인가?
- 대단위 작문 평가 실행을 위한 평가 매뉴얼은 어떤 내용을 갖출 것인가?

대단위 작문 평가에 관한 연구와 함께 실험 평가를 실시하면서 다음과 같은 연구의 제한점을 두고자 한다. 우선 연구의 대상을 고등학교 2학년에 한정하고자 한다. 현 학업성취도 평가의 대상은 초등학교 6학년, 중학교 3학년, 고등학교 2학년이다. 그러나 직접 평가 방식이 포함된 대단위 작문 평가임을 고려할 때 실제 연구를 수행하는 과정에서는 3개 학년에 대해 모두 문항 개발 및 평가단 구성, 평가를 수행할 여건을 조성하기에는 어려움이 있다. 그러므로 연구의 주 대상으로 고등학교 2학년에 한정하고자 한다.

다음에는 표집 인원의 제한이다. 현재의 학업성취도 평가는 전수 표집을 실시하고 있으나 우리나라 고등학교 2학년 학생 전체를 표집으로 삼아 연구를 수행하기에는 어려움이 있다. 그러므로 이 연구는 수행할 수 있는 실질적인 규모를 한정하여, 지역별 변인을 고려한 수도권 3개 학교, 충청 2개 학교, 경상, 전라, 강원 지역 각각 1개 학교를 대상으로 하여 총 8개 학교에 490명(최초 501명) 학생들을 표집 인원으로 하였다. 또한 성별을 고려하여 남학교, 여학교, 또는 남녀공학 학교를 표집 대상 학교로 선정하였다.

그러므로 이 연구에서 수행한 대단위 작문 실험 평가 결과의 다양한 통계적 수치들이 현실적으로 대표성을 가진다고 말할 수는 없다. 대신에 관련 통계 및 자료 분석을 통해 앞으로 전수 표집 인원을 대상으로 한 대단위 작문 평가가 실행될 경우 추출할 수 있는 자료 및 통계적 특성에 대한 방향을 제시하고자 하는 데 의의를 두고자 한다.

제 2 장

대단위 작문 평가에 대한 논의

1. 대단위 작문 평가의 개념 및 특성

대단위 작문 평가는 전수 또는 대규모 지역을 표집 대상으로 우리나라 학생들 전반의 작문 능력을 측정하는 평가를 말한다.

대단위 작문 평가와 관련하여 주목할 점은 먼저 대단위 또는 대규모라는 점이다. 이는 평가를 응시하는 시험자의 규모가 큼에 따라 평가 및 채점 과정의 효율적인 실행은 기존의 작문 평가와 달리 고려되어야 할 중요한 요인이 된다. 따라서 대단위 작문 평가는 평가의 주요 요소인 타당도와 신뢰도를 갖추면서도 평가의 효율성의 측면에서 교사의 평가 업무 부담을 최대한 줄이고 원활한 채점 과정을 수행하는 것이 중요하다.

또한 대단위 작문 평가는 학생들의 작문 능력에 대한 결과를 수량화를 통해 제시할 필요가 있다. 학생들의 작문 평가 결과를 수치를 통해 제시함으로써 전체적인 성적 분포 파악 및 이를 통한 성취수준을 결정해야 한다. 이를 위해서 특히 직접 평가에서는 구체적인 평가 기준을 통해 평가 영역 및 각 영역별 평가 척도가 엄밀하게 구분되어야 하며, 평가 영역별 점수의 비중 및 척도별로 부여되는 점수를 마련해야 한다. 이러한 과정을 통해 학생들의 최종적인 평가 점수를 산출할 수 있기 때문이다. 이를 위해서 대단위 작문 평가는 평가 영역 및 평가 척도 선정에 관한 체계적인 협의 과정이 필요하다.

대단위 작문 평가의 도입과 관련하여 주목할 부분은 무엇보다도 작문의 직접 평가를 수용한다는 데 있다. 학생들이 실질적인 작문 수행을 확인하고 이에 대한 평가를 통해 기존의 간접 평가에서 다루지 못했던 실질적인 작문 수행의 결과를 평가하는 것에 의의가 있다.

미국은 효율성과 경제성을 고려하여 사회가 요구하는 작문 능력을 확인하기 위해 주 단위 또는 국가 단위에서 대단위 작문 평가가 일찍부터 도입되었다(Ellot, 2008). 또한 2002년 이후 근 10년간 교육책무성을 위해 재정된 초중등교육개혁법(No Child Left Behind Act, NCLB)의 시행을 통해 학생들의 학업성취와 성장에 관한 정보가 더욱 중요하게 인식되면서 교육개혁의 하나의 중요한 지표로 작용하게 되었다(신선희, 2011).

대단위 작문 평가의 특성과 관련하여, 대단위 작문 평가의 주요 요인은 크게 외적 요인과 내적 요인으로 구분할 수 있다. 외적 요인은 대단위 작문 평가에 관한 국가의 교육적 지원 및 학생들의 작문 능력을 요구하는 사회·문화적 맥락 요인이다.

내적 요인으로는 평가의 내용 영역 및 평가의 틀을 기준으로 하여 크게 두 부분으로 나눌 수 있다. 첫째는 작문교육의 측면에서 담화 양식, 작문의 화제 및 주제, 수사학적 특징, 작문의 상황과 맥락, 작문 과정 등의 작문교육 이론, 작문 교육과정, 작문 과목의 교수·학습 등이 포함된다. 둘째는 대규모의 언어 평가라는 측면에서 평가 변인, 채점자 변인, 채점 규모, 시험 응시자 변인들이 포함된다.

대단위 작문 평가가 위와 같은 개념 및 특성을 지니면서 실질적으로 실행되기 위해서는 구체적으로 대단위 작문 평가를 실행하는 모형이 요구된다. 이를 위해 기존의 작문 평가 및 일반적인 평가 과정 모형들을 참조할 필요가 있다. 먼저 [그림 2-1]은 작문 평가의 모델로써 NcNamara(1996)의 모형을 제시한 내용이다.

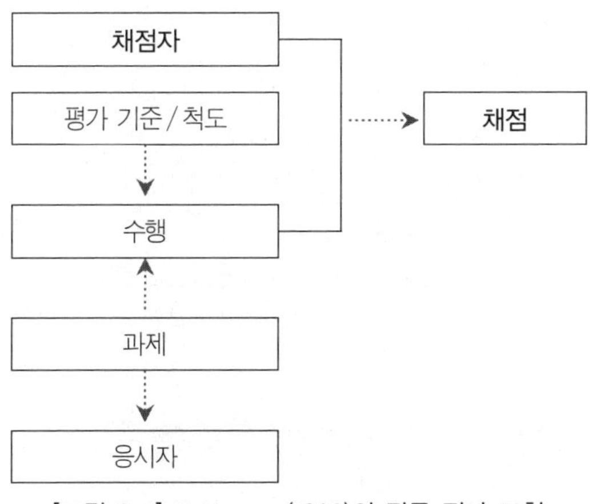

[그림 2-1] NcNamara(1996)의 작문 평가 모형

[그림 2-1]은 McNamara(1996)가 작문 수행 평가의 채점에 영향을 미치는 요소를 중심으로 작문 평가의 모형을 구안한 내용이다.

작문 평가와 관련한 요인들로는 학생들의 수행을 중심으로 하여 평가 기준 및 척도, 평가 과제, 응시자, 채점자 등이 있다. 특히 학생들이 수행한 결과는 채점 기준 및 척도를 바탕으로 채점자의 채점으로 연결된다. 무엇보다 작문 수행이 가장 중심의 위치에 있으면서 화살표들은 각각의 요인들, 즉 평가 기준 및 척도, 평가자, 과제, 응시자의 영향 관계를 나타내고 있다(Knoch, 2007).

다음으로 [그림 2-2]는 Skehan(1998)의 작문 평가 모형을 제시한 내용이다.

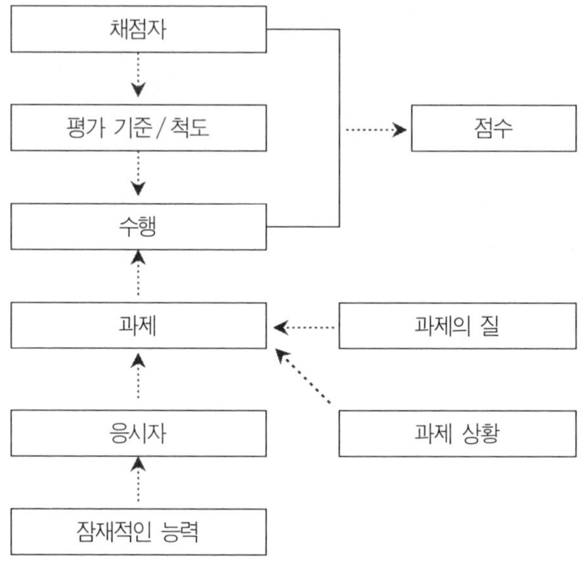

[그림 2-2] Skehan(1998)의 작문 수행 평가 모형

[그림 2-2]는 Skehan(1998)이 작문 수행 평가를 위한 모형을 구안한 내용이다. Skehan(1998)은 작문 평가와 관련한 요인들의 특성을 이해하는 것이 중요하지만 무엇보다 요인 간의 상호관계를 인식하는 것이 필요하다는 점을 모형을 통해 드러내고자 하였다. 예를 들어 평가 척도는 작문 평가에서 일반적으로 중립적인 역할을 하지만 실질적으로 평가 점수에서 많은 영향을 미치는 요인이다. 각 요인들은 작문 평가의 절차적 과정 안에서 서로 간의 영향력을 지니며 경쟁한다(Knoch, 2007).

한편 일반적인 평가의 실행 과정을 세부적인 절차를 포함하고 있는 모형을 통해 구안하는 것은 평가의 흐름을 집약적으로 파악할 수 있다는 점에서 필요하다. 특정한 검사 및 평가를 실행함에 있어 계획부터 채

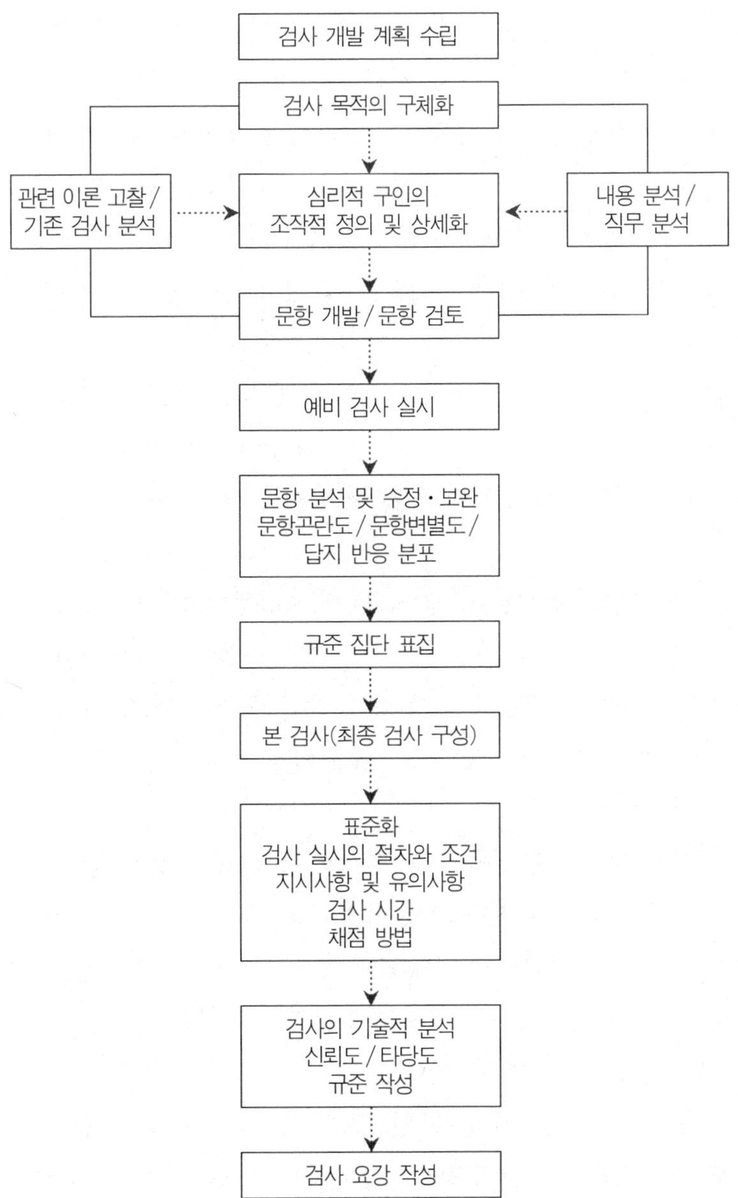

[그림 2-3] 표준화 검사의 제작과정

점까지의 일련의 절차가 구체적으로 드러나지 않으면 검사가 갖추어야 할 평가의 타당도 및 신뢰도를 저해할 수 있는 문제점을 안을 수 있다.

이와 관련하여 [그림 2-3]에서는 일반적인 검사 및 평가의 단계를 포함하고 있는 이종승(2005)의 과정 모형을 참조하고자 한다.

[그림 2-3]은 이종승(2005)의 표준화 검사 제작 과정을 세부적으로 제시하고 있다. 검사 및 평가를 개발할 때 먼저 검사 개발의 계획을 수립하며, 계획 수립의 과정 속에는 구체적인 목적을 설정하도록 한다. 검사의 목적 설정이 끝나면 다음으로는 검사 개발의 전반적인 개요를 수립한다. 이 단계에서는 검사의 하위 요인, 검사 문항의 형식, 배열, 검사의 길이, 검사 대상, 검사 결과의 활용 등과 같은 세부 내용들을 사전 검토한다.

다음으로 문항 개발에서는 검사 내용을 결정하고, 검사 문항의 형식을 확정하며 이에 따라 문항 작성 및 검토 과정이 이루어진다. 개발한 검사 문항은 예비 검사를 통해 문항 곤란도, 문항 변별도, 답지 반응 분포 등을 통해 문항 분석 및 수정·보완의 과정을 거쳐 최종적인 검사 문항을 선정하도록 한다.

본 검사가 공정하게 실시될 수 있도록 표집 대상 선정 방법 및 검사 실시의 절차와 조건, 지시사항 및 유의사항, 검사 시간, 채점 방법 등을 확정하도록 하며, 신뢰도와 타당도를 통한 검사의 기술적 분석을 수행하도록 한다. 이를 통해 최종적으로 검사의 전반적인 과정을 다루고 있는 검사 요강을 작성하도록 한다.

이 연구에서는 작문 평가 및 일반적인 검사의 제작 과정을 바탕으로 하여 대단위 작문 평가의 모형을 구안하였다. [그림 2-4]는 대단위 작문 평가 과정 모형이다.

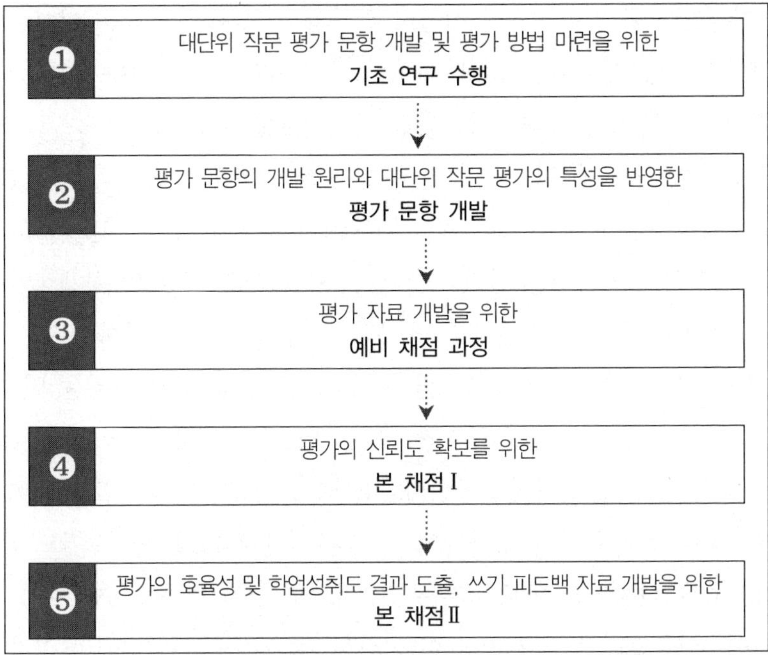

[그림 2-4] 대단위 작문 평가 과정 모형

[그림 2-4]는 대단위 작문 평가의 과정을 모형화한 내용이다. 대단위 작문 평가는 대규모로 진행되고, 특히 직접 평가 방식의 작문 평가 도입으로 인해 평가 계획을 통해 평가의 목적 및 평가 요소 추출, 성취기준이 면밀하게 고려되면서 선정되어야 한다. 간접 평가 방식의 대단위 작문 평가 문항에서는 직접 평가에서 학생들이 수행할 글쓰기를 위해 필요한 작문 관련 지식이나 작문 동기 및 태도와 같은 정의적 요소를 평가 요소에 포함하고자 한다.

직접 평가 문항의 경우에는 적절한 화제 및 주제 선정, 글 유형 및 독자 고려, 내용의 통일성과 조직의 응집성 고려, 작문 과정에 대한 인식, 적절하고 효과적인 표현, 어법 및 일반적인 작문 규칙에 대한 습득 여부, 학생들이 주어진 시간에 적절히 한편의 완성된 글을 작문 위한 시간과 분량 조절, 작성 양식 등에 대한 고려가 반영되어야 한다. 이를 통해 일반적으로 평가가 지녀야 할 타당도를 확보해야 한다.

또한 대단위 작문 평가의 직접 평가 방식의 서술형 평가 문항에 관해서는 기존의 검사 및 평가의 개발 과정에서 요구하는 채점 방법보다 세밀한 채점의 절차가 요구된다. 적절한 평가 기준의 개발 및 구체적인 평가 지침 마련, 평가자가 평가를 수행하는 데 도움이 될 만한 평가 예시문 마련, 평가 매뉴얼 제공 및 평가 협의회를 통해 평가 관점을 일관되게 공유하여 평가의 신뢰도를 확보할 수 있도록 해야 한다. 이는 예비 채점 과정에서 수행하는 활동이다. 또한 평가 대상이 대규모임을 고려하여 실제 학교 현장의 교사들이 평가자로 선발되었을 경우 어느 정도의 인원 및 신뢰도를 확보하면서 효율적으로 평가 업무를 수행할 수 있는지에 대한 고려가 필요하다. 이를 위해 본 채점 I 과정에서 채점자 간의 신뢰도를 확보하는 방안을 모색하였다. 이와 함께 본 채점 II 과정을 통해 평가 결과를 바탕으로 하여 학생들의 작문 능력을 구체적으로 세분화하는 성취수준 설정, 그리고 학생들의 작문 능력 향상을 위한 쓰기 피드백 자료 개발 과정 등을 보다 면밀하게 계획하고자 한다.

2. 대단위 작문 평가 문항 개발의 원리

(1) 평가 문항 개발에서의 고려할 점

일반적으로 평가 도구를 개발할 때에는 평가의 목적, 평가를 위한 요소 추출, 평가 방법, 응시 시간 및 환경을 고려해야 한다. 평가 문항 개발을 위해서는 먼저 평가 도구가 지향하는 목적에 대해 명확하게 규정할 필요가 있다. 대단위 작문 평가의 목적은 학생들의 작문 능력의 실태를 파악함에 있다. 실제로 작문 능력에 관하여 명확하게 밝혀진 것은 아니지만 대체로 필자가 자신의 생각이나 정서를 바탕으로 의미를 구성하여 자유롭게 표현할 수 있는 능력, 문자언어를 통해 타인과 의사소통할 수 있는 능력을 '작문 능력'으로 보고 있다. 최근에는 작문에 대한 긍정적인 태도를 지니고 작문을 즐길 줄 아는 능력을 작문 능력에 포함시키기도 한다(가은아, 2011). 과정 중심 작문 이론에서는 작문과 관련한 지식, 작문 수행에 필요한 효과적인 전략, 그리고 작문 과정의 원만한 흐름을 조절하는 상위 인지, 작문에 대한 긍정적인 기대감이나 일관성 있는 행동 양상에 초점을 둔 작문 동기 및 태도를 포함한 것으로 보기도 한다.

그러나 대단위 작문 평가는 학생들의 학업성취 정도를 확인한다는 성격을 지니고 있다. 즉, 일반적이고 학생들이 도달해야 할 작문 능력의 수준에 대한 도달여부를 파악하는 데 목적을 두고 있는 것이다. 이러한 관점에서 임천택(2009)은 2007년 개정 작문 교육과정과 작문 발달, 작문 평가 연구를 바탕으로 하여 작문 기초학력 진단평가에 대한 개선 방안을 연구하였다. 이에 작문 기초학력의 개념을 '생활에 꼭 필요한 최소한의 작문 능력'으로 정의하고 실제 작문 수행의 방법으로 평가가 이루어져야 함을 강조하였다. 이를 바탕으로 하여 평가 틀의 개선에서는 구체적으로 평가 목적, 내용, 과제, 방법, 결과의 활용 및 평가의 수월성을 고려하였고, 문항 틀을 통해 문항 개발의 구조화를 시도하였다.

이 연구에서는 대단위 작문 평가의 목적을 '정보 전달, 문제해결, 사회적 상호작용을 위해 학생들이 주어진 주제에 관하여 작문의 과정 및 관습을 바탕으로 적절한 자료를 수집, 분류, 활용하여 적절히 표현할 수 있는 능력'에 두고 있다. 이는 일정한 학교별 또는 학년별 작문 관련 교육과정을 이수한 학생들이 일반적으로 갖추어야 할 작문 능력에 구체화한 내용이다.

이러한 평가 목적을 바탕으로 대단위 작문 평가는 학생들의 작문 능력을 측정하기 위한 평가 요소 및 성취기준을 추출하도록 한다. 평가 요소를 추출하기 위해서는 학업성취도 평가의 특성과 관련하여 해당 학교급 또는 학년별 교육과정 내용 및 성취기준에 초점을 두어야 한다. [표 2-1]은 2009년 고등학교 국어과 교육과정 중 작문 영역에 대한 성취기준의 내용이다.

[표 2-1] 2009년 국어과 교육과정 작문 영역 성취기준

국어 I	(7) 글을 쓰는 데 필요한 작문의 과정과 관습을 이해한다. (8) 다양한 매체에서 얻은 정보를 작문 상황에 맞게 조직하여 통일성과 응집성을 갖춘 글을 쓴다. (9) 여러 가지 표현 기법과 적절한 문체를 사용하여 글을 쓰고 자신이 쓴 글을 점검하며 고쳐 쓴다.
국어 II	(7) 핵심적인 정보를 선별하고 작문 맥락에 맞게 정보를 조직하여 설명하는 글을 쓴다. (8) 작문 맥락에 대한 분석을 바탕으로 여러 가지 타당한 근거를 제시하여 주장하는 글을 쓴다. (9) 글의 전달과 사회적 파급력과 연관된 매체의 효과와 특성을 고려하여 내용을 선정하고 조직하여 책임감 있게 인터넷상의 글쓰기를 한다.

[표 2-1]은 고등학교 국어과 작문 영역의 성취기준을 진술하고 있는 내용이다. 이 연구는 단위 작문 평가를 위한 문항 개발과 채점 방법을 탐색함에 목적을 두면서 근거로 고등학교 2학년을 대상으로 하여 대단위 작문 실험 평가를 진행하였다. 그리고 간접 및 직접 평가 방식의 작문 평가를 실시하였다.

각각의 평가 방식 및 평가 문항에 적합한 평가 요소를 추출하기 위해

서는 교육과정의 내용을 재구조화할 필요가 있다. 교육과정의 성취기준을 바탕으로 하여 대단위 작문 평가의 직접 및 간접 평가 방식의 평가 문항 개발을 위한 평가 요소를 재구조화의 방법을 통해 추출하였다. 재구조화는 대단위 작문 평가의 목적에 맞는 타당한 성취기준 마련을 위해 교육과정의 내용 중에서 삭제, 대체, 추가의 방식을 사용하였다. 추출한 평가 요소를 바탕으로 하여 학생들이 도달해야 할 성취기준을 마련하였다. [표 2-3]은 대단위 작문 평가의 평가 요소 및 성취기준을 추출한 내용이다.

[표 2-2] 대단위 작문 평가의 평가 요소 및 성취기준

	평가 요소	성취기준
간접 평가	(1) 글을 쓰는 데 필요한 작문의 과정과 관습을 이해한다. (2) 여러 가지 표현 기법과 적절한 문체를 사용하여 글을 쓰고 자신이 쓴 글을 점검하며 고쳐 쓴다. (3) 작문의 긍정적인 동기와 태도를 통해 자신의 글쓰기에 대한 책임감을 갖도록 한다.	작문 수행을 위해 필요한 관련 작문 지식에 대해 인식하고 작문의 긍정적인 동기와 태도를 통해 자신의 글쓰기에 대한 책임감을 가질 수 있다.
직접 평가	(1) 작문 맥락에 대한 분석을 바탕으로 여러 가지 타당한 근거를 제시하여 주장하는 글을 쓴다. (2) 다양한 매체에서 얻은 정보를 작문 상황에 맞게 조직하여 통일성과 응집성을 갖춘 글을 쓴다.	작문의 상황과 맥락을 고려하여 통일성과 응집성을 갖추고 여러 가지 타당한 근거를 제시하여 주장하는 글을 쓸 수 있다.

[표 2-2]는 고등학교를 대상으로 대단위 작문 평가의 평가 요소 및 성취기준을 추출한 내용이다. 평가 방식을 고려하여 간접 평가 및 직접 평가에 해당하는 평가 요소를 구분하여 추출하였으며, 간접 평가의 요소 중에서는 분류한 교육과정의 내용과 함께 작문의 정의적 요소와 관련한 평가 요소를 추가하였다. 직접 평가의 요소 중에는 설명하는 글쓰

기와 인터넷 매체를 활용한 글쓰기를 삭제하고 주장하는 글쓰기와 글이 갖추어야 할 통일성과 응집성을 중심으로 평가 요소를 구성하였다.

이 연구에서 직접 방식의 대단위 작문 평가는 작문교육에서 글 유형의 발달적 특성을 고려하여, 초등학교는 서사문, 중학교는 설명문, 고등학교는 논설문의 글 유형을 작성하도록 의도하고 있다. 이와 관련하여 고등학교의 대단위 작문 평가 중 직접 평가는 학생이 작성한 논설문에 필요한 평가 요소 및 성취기준을 마련하는 방식으로 구성하였다.

성취기준은 각각의 평가 방식에서 학생들이 도달해야 할 수준을 진술하였다. 특히 평가 요소 및 성취기준들에서 간접 평가와 관련한 내용은 직접 평가를 수행하는 데 도움이 될 수 있도록 학생들이 인식하거나 갖추어야 할 정의적 요소들을 중심으로 구성하였다.

이러한 대단위 작문 평가의 목적, 평가 요소 및 성취기준의 설정은 평가의 타당도 확보와 관련이 있다. 대단위 작문 평가 문항 개발에 있어서 타당도 요인을 확보하기 위해서는 작문 능력에 대한 구인 및 작문 교육과정과 작문 과제의 제시 방법에 대한 면밀한 고찰이 필요하다. 작문 평가를 위한 구체적인 학습 목표와 내용을 포함하고 있는 교육과정을 점검할 필요가 있다. 구체적으로 국어과 작문 영역 및 작문 과목의 교육과정 내용을 통해 대단위 작문 평가 도구에 적합한 요소를 교육적으로 추출 및 분류하는 작업을 수행하는 작업이 선행되어야 한다.

작문에서 추구하는 교육과정의 내용이 체계를 갖추기 위해서는 내용 요소들 간의 위계가 필요하다. 또한 대규모 작문 평가 도구가 타당도를 갖추기 위해서는 독자에 대한 인식, 글 유형, 대규모 작문 평가를 수행하는 데 필요한 시간의 고려, 작문의 질과 관련하여 학생들이 작성할 수 있는 글의 길이, 수사적인 규칙에 대한 이해 등이 고려되어야 한다.

이와 관련하여 박영민(2011)은 작문 학업성취도 평가의 평가 문항 개선을 언급하였다. 글의 유형 측면에서 관련하여 미국의 NAEP Writing 즉, 국가 수준 학업성취도 작문 평가를 고려하여 서사문, 설명문, 논설문 글 유형에 대한 고려가 필요하며, 글의 길이 또한 채점의 어려움을 줄이면서도 성취기준에서 요구하는 작문 능력을 최대치로 평가할 수 있는 수준이 요구된다고 말하고 있다. 작문 과제의 주제, 글 유형, 과제 제시 방법, 작문 작성 시간 등에 관한 학생들의 작문 수행 양상은 작문 평가를 구안함에 있어 중요한 요인이며 이에 대한 선행 연구가 필요하다고 언급하고 있다.

더불어 대단위 작문 평가에서는 최신 작문 이론 및 학생들의 작문 발달과 관련한 이론적 연구 성과들을 바탕으로 해야 한다. 구체적으로 과정 중심의 작문 이론에서 학생들의 작문 수행, 인지적, 정의적 양상을 고려한 작문 발달의 내용들에 대한 검토 과정이 요구된다.

작문의 과정 중심의 접근은 작문 과정, 즉 아이디어를 생성하고 조직, 표현, 수정하는 일련의 과정을 강조한다. 과정 중심 접근에서는 작문 행위를 일종의 문제 해결 행위로 간주한다. 그래서 일련의 과정에서 학생들 각자가 문제를 접하고 이를 효과적으로 해결해 나가도록 초점을 둔다. 일련의 작문 과정에서 회귀성을 강조하여 필요한 경우에는 얼마든지 되돌아갈 수 있다. 교사는 결과 중심 접근에서처럼 평가자가 아니라 '참여자'로서 일련의 작문 과정에 역동적으로 개입하여 그들을 적절히 안내해 줌으로써 학생들의 글쓰기 활동을 촉진시킨다(이재승, 2002).

이러한 과정 중심의 접근은 학교에서 작문교육에 많은 변화를 가져왔다. 학생들이 작성한 결과물에 대한 초점에서 벗어나 작문의 과정의 단계에서 필요한 전략의 습득 및 자기 점검과 조절, 고쳐 작문의 중요성에 대한 인식 등이 강조되고, 교사의 효과적인 안내와 피드백이 필요하게 되었다.

직접 평가 방식을 도입하는 대단위 작문 평가는 결과 중심의 평가의 성격을 지니고 있다. 그러나 과정 중심의 작문교육 이론에서 시사하는 독자에 대한 고려, 작문 과정의 회귀성, 작문에 필요한 전략 등 대단위 작문 평가에 있어서도 일정 부분 반영될 필요가 있다.

이와 관련하여 미국 및 해외의 작문 평가에서는 활동지 등을 제공하여 작문 과정을 인식하고 효과적인 계획하기 및 내용 생성, 조직 등에 도움이 되고자 안내하는 자료를 글쓰기 과제와 함께 제공하고 있다.

대단위 작문 평가는 대규모의 표집 인원을 바탕으로 하는 만큼 학생들의 일반적인 작문 능력 양상을 파악함과 동시에, 일정 회기를 단위로 하여 정기적으로 실행될 경우 종단적 측면에서 학생들의 작문 발달 양상을 파악할 수 있다는 점에서 작문교육 연구의 매우 중요한 자료를 확보할 수 있다는 장점이 있다.

또한 이러한 대단위 작문 평가에서 의도하는 성취기준의 도달여부에 따라 일반적인 학생들의 작문 능력을 점검함과 동시에, 한편 최소 기준에 도달하지 못한 학생들에 대해서 주목할 필요가 있다. 이는 작문 부진이나 작문에 어려움을 겪는 학생들을 바라보는 관점과 관련이 있다고 생각한다. 최소 성취기준에 도달하지 못한 학생들에 대한 접근의 측면에서 대단위 작문 평가가 하나의 도구로써 활용될 수 있는 것이다.

(2) 대단위 작문 평가의 타당도

일반적으로 교육 평가가 갖추어야 주요 요소에는 타당도, 신뢰도가 있다. 특히 교육의 목적과 내용을 효과적으로 평가를 통해 구현하였는가는 평가의 타당도와 직결되며, 이는 검사 도구를 평가함에 있어 매우 중요한 부분으로 검사 도구가 측정하고자 하는 것을 얼마나 충실히 측정하였는가와 관련이 있다(성태제, 2002). 곧 평가의 타당도는 평가를 위한 검사 도구가 갖추어야 할 중요한 질 판단의 기준이다(박도순 외, 1999).

성태제(1999)는 검사는 교육적 목적에 의해 제작되나 정치, 경제, 사회, 문화와 국가의 교육이념에 둘러싸여 있으므로 시대적 배경이나 환경을 고려하여야 하며 검사결과는 의도한 결과, 의도하지 않은 결과, 긍정적 결과, 부정적 결과, 실제적 결과 그리고 잠재적 결과를 분석하여야 한다고 언급하고 있다. 이러한 관점에서 검사의 결과 타당도를 고려할 때는 검사의 제작, 실시, 수집, 분석, 해석, 활용까지 체계적으로 검사를 운영하게 되며, 검사가 사회에 미치는 영향까지 고려하기 때문에 양질의 검사를 제작할 수 있다고 말하고 있다.

현재 이러한 맥락에서 학업성취도 평가가 실시된 뒤에 결과 분석의 측면에서 사회적, 교육적 맥락 등의 다양한 관점에서 살펴보는 타당도 과정을 수행하고 있다(김성숙, 2010; 한국교육과정평가원, 2011).

대단위 작문 평가의 타당도를 확보하기 위해서는 평가 문항의 개발에서 있어서 문항의 적합성을 관련 전문가를 통해 확인하는 내용 타당도가 있다. 이와 함께 연구의 내적 측면에서 타당도를 인정받은 검사와 실시하는 검사 간의 주요 평가 영역들 간의 상관분석을 알아보는 구인 타당도를 확보할 수 있다. 이는 작문 평가 결과를 바탕으로 하여 선다형 평가 결과와 서술형 평가 결과의 세부 항목 간에 어떠한 상관을 보이는지 분석하고, 특히 선다형 문항의 경우에는 학업성취도 평가라는 면을 고려하여 정답율의 비중이 적절한지에 대해 통계적 검증 방식을 활용할 수 있다.

직접 평가 방식의 작문 평가에서 종종 주어진 화제나 제시문의 자료들이 남성 선호 또는 여성 선호 등과 같은 성지향적 요소를 드러내기도 한다. 이는 즉, 검사 편파성과 관련된 부분인데 검사결과가 재고자 하는 특성에 대해 공정하고 정확한 정보를 제공하느냐의 문제와 관련된 개념이다. 검사도구의 내재적 특성으로서의 문항편파성(차별적 문항 기능)과 관련하여 설명할 수 있으며 이러한 맥락은 변별적 예언타당도(differential predictive validity)로 간주될 수 있다(김신영, 2001). 이를 이 연구에서 적용하면 선다형 문항 및 서술형 문항들이 각각의 차별적 문항 기능들을 확보하고 있느냐와 관련지어 설명할 수 있다. 이는 계획한 문항 개발을 위한 체크리스트 검토와 전문가들이 개별 문항들에 관한 분석과 협의를 통해 확보할 수 있는 부분이라고 판단된다. 특히 직접 평가 방식의 작문 평가에서 다루는 논쟁이나 제시문의 내용이 성별, 지역별 특성에 영향을 받지 않도록 하는 방향으로 타당도를 확보해야 한다.

이러한 내용을 바탕으로 하여 [표 2-3]은 대단위 작문 평가 문항의 타당도 확보 방안을 제시하였다.

[표 2-3] 대단위 작문 평가의 타당도 확보 방안

문항 개발 관련
① '우리나라 학생들의 일반적인 작문 능력'을 측정한다는 대단위 작문 평가의 목적 설정
② 대단위 작문 평가의 외적 요인(국가의 교육적 지원, 작문을 요구하는 사회문화적 맥락), 내적 요인(작문교육의 측면에서 담화 양식, 작문의 화제 및 주제, 수사학적 특징, 작문의 상황과 맥락, 작문 과정. 대규모 언어 평가의 측면에서 평가 변인, 채점자 변인, 채점 규모, 시험 응시자 변인)에 대한 고려
③ 일반적인 문항 개발 이론의 절차를 따름
④ 대단위 작문 평가의 주요 요인을 고려한 체크리스트, 대단위 작문 평가 문항 개발의 원리, 평가의 세부 단계 모형에 따른 문항 개발
④ 교사들의 사전 인식 조사를 통한 대단위 작문 평가의 틀 마련, 전문가를 통한 내용 타당도 확보
⑤ 통계적 방법 : 문항 변별도, 구인 타당도
• 간접 평가 결과 및 직접 평가 결과의 세부 평가 영역 간의 상관분석, 상위 및 하위 집단 간의 결과 차이 분석, 간접 및 직접 평가의 세부 영역별 평가 점수가 대단위 작문 평가 총점 중에서 차지하는 설명력

　[표 2-3]은 대단위 작문 평가의 타당도 확보를 위한 구체적 방안을 제시한 것이다. 간접 평가는 직접 평가에서 다루지 못하는 교육과정이나 작문교육의 내용을 보완하여, 글쓰기 과정에 필요한 지식 및 정의적 요소를 평가할 수 있도록 구안하도록 하였다. 구체적으로 계획하기, 내용생성 및 조직, 표현하기와 고쳐쓰기의 작문 과정에 대한 절차 및 각각 세부 지식에 대한 학생들의 인식 여부을 확인하는 문항과, 작문 동기 및 태도와 같은 정의적 요소들을 평가하는 방법에 대해 마련하였다.

　직접 평가는 구체적인 독자 및 필자의 역할을 제시하고, 글 유형의 성격을 파악하여 글 유형이 요구하는 내용 및 형식의 체계를 갖추도록 하며, 지시문을 제시하여 작문의 목적 및 주제와 관련한 구체적인 맥락과 상황을 제공하도록 한다. 시험 환경 및 학생들이 체계적인 글을 작문 위한 내용 조직, 즉 개요 작성 시간과 글쓰기 전사(translation) 속도를 고려하여 45~50분 내외의 시간에 800자 분량의 글을 작성하도록 한다. 또한 효과적인 개요 작성을 위해 학생들에게 도움을 줄 수 있는 활동지를 제공하였다.

　이를 통해 평가의 타당도 확보를 위한 대단위 작문 평가의 요건인 담화 양식, 내용 영역, 수사학적 특징, 채점자 변인, 채점 규모, 작문의 맥락 변인, 시험 응시자 변인들을 고려할 수 있도록 하며, 작문의 주제 선정 및 작성 과정 속에서 작문교육 이론, 작문 발달, 글 유형 이론, 작문 교육과정의 위계화가 반영될 수 있도록 하였다.

　문항 개발의 전반적인 절차 및 개발 내용에 대해서는 교사들의 사전 인식 조사와 전문가인 국어 교사의 검토를 통해 내용 타당도를 확인하였다. 또한 통계적인 방법을 활용하여 학생들의 답안에 대한 결과에 대해서 간접 평가 방식의 선다형 문항에 대해서는 문항별 정오답 비율을 확인하여 문항 변별도를 추출하였으며, 실험 평가 결과의 내용을 바탕으로 하여 선다형 평가 결과와 직접 평가 내에서의 세부 평가 영역 간에 상관관계 및 상·하위 집단의 세부 영역별 점수 결과의 차이를 살펴봄으로써 구인 타당도를 확인하였다.

(3) 대단위 작문 평가 문항 개발의 사례

대단위 작문 평가 문항 개발과 관련하여 대규모 평가 및 국가 수준 학업성취도 평가를 실시하고 있는 해외 주요 국가들에서의 평가 문항의 제작 절차 및 개발한 평가 문항의 특징에 대해 참조할 필요가 있다. 외국의 주요 국가에서는 이미 국가 수준의 학업성취도 평가에서 작문 평가를 실시하고 있다. 대단위 작문 평가를 연구하면서 먼저 해외에서 이미 시행되고 있는 작문 평가의 사례를 고찰하는 것은 우리나라에서 대단위 작문 평가를 실시하는 데 있어 중요한 방향을 제공해준다는 의미에서 의의가 있다.

구체적으로 대규모 평가 및 교육과정 평가와 같은 학업성취도 평가의 성격을 갖춘 평가에는 NAEP(미국), NCA(영국), NAPLAN(호주)의 학업성취도 작문 평가와 미국의 대학입학시험인 SAT와 ACT에서 시행하고 있는 작문 평가의 내용을 점검하면서 우리나라 대단위 작문 평가 도입을 위한 시사점을 찾고자 한다.

위의 평가들은 지속적으로 일정한 기간을 두고 국가별 또는 국가 간 등의 대규모를 기반으로 하여 학생들의 학업성취도를 질적으로 관리하는 일을 수행하였다. 그 이유는 학생들의 학업성취도는 체계적으로 학생들의 학업 능력을 관리할 수 있는 중요한 기초자료이며 교육정책에 중요한 영향을 주는 교육적 자료이기 때문이다. 대부분 해외의 국가 수준 학업성취도의 주요 영역으로 언어, 수리, 과학 영역을 검사 대상으로 삼았다.

특히 그중에 미국(NAEP), 영국(NCA), 호주(NAPLAN)는 오래전부터 언어 영역에 읽기와 함께 작문을 포함하여 작문교육의 질을 관리하였다.

[표 2-4]는 해외의 주요 국가들의 국가 수준 학업 성취도 평가의 일반적인 특징을 설명하고 있는 자료이다.

[표 2-4] 외국의 국가 수준 학업성취도 평가의 개요

구분		대상 학년	전집/표집	대상 과목	평가주기	평가 시기	학년구분
미국	NAEP	4, 8, 12학년	표집	읽기, 수학, 과학, 작문, 미국사, 공민, 지리, 예술 등	2~4년	1월 말~3월 초	9월
	NCLB 법령 이후	3~8학년	전수	읽기, 수학, 과학	1년	주별 자율 시행	9월
영국 NCA		2학년(key stage 1), 6학년(Key stage 2), 9학년(Key stage 3)	전수	2학년 : 국어(읽기, 작문, 철자), 수학	1년	1월 후 학교별 자율 시행	9월
				6, 9학년 : 국어(읽기, 작문, 세익스피어), 수학, 과학		5월 중순	
호주	NAP	6, 10학년	표집	과학, 시민윤리, ICT	3년	10월	9월
	NAPLAN	3, 5, 7, 9학년	전수	문해력, 수리력	1년	연중 자율 실시	
일본 전국학력·학습 상황 조사		6, 9학년	전수	국어, 수학	1년	4월	4월
홍콩 Territory-wide system assessment		3, 5, 9학년	전수	국어, 영어, 수학	1년	6월	9월

[표 2-4]에서 살펴보면 미국, 영국, 호주 국가에서는 무선 표집 및 전

수 방식을 통해 학업성취도 내에서 작문 평가를 수행하고 있다(정은영 외, 2008). 미국의 NAEP는 작문 과목에 대해서는 4년 주기로 표본 채점을 수행하고 있으며, 주 단위 별 시험을 실시한 연도별로 학생들의 평가 결과의 차이를 보고서로 작성하여 공개하고 있다. 특히 2011년부터는 기존의 지필 평가 방식에서 발전된 형태인 컴퓨터 입력을 기반으로 하는 작문 평가에 대한 매뉴얼 및 프로그램이 마련되어 실시되었다.

[표 2-5]는 국가 수준 학업성취도 평가를 실시하는 국가 중에서 작문 평가 도구에 대해 설명한 자료이다.

[표 2-5] 미국, 영국, 호주의 학업성취도 평가 도구 비교

	미국(NAEP)	영국(NCA)	호주(NAPLAN)
평가 대상	4, 8, 12학년	2, 6, 9, 12학년	3, 5, 7, 9학년
평가 유형	직접 평가 짧은 글 구성과 긴 글 구성	직접 평가 짧은 작문 : 1~3문장 긴 작문 : 10문장 이상(6학년 이상)	직접 평가
평가 도구	이야기, 정보전달, 설득 및 주장의 작문 목적을 측정하기 위해 개발된 두 개의 작문 과제	질문에 적합한 자신의 생각을 논리적으로 문법에 맞게 표현하는 문항	에세이 형식의 1문항
평가 시간	8학년과 12학년은 30분, 4학년은 25분(과제당)	짧은 작문(30분) 긴 작문(45분)	에세이(40분)
비고	2007년은 8, 12학년만 실시 2011년부터 컴퓨터 작문 시험으로 변화	교사 평가(관찰, 숙제, 구두발표 등)와 병행	

[표 2-5]에서 미국, 호주, 영국은 대체로 직접 평가 방식의 작문 평가

를 수행하고 있으며 대부분 1문항 이상을 40~75분 동안 작성하도록 하고 있다. 미국, 영국, 호주 등 몇몇 국가를 제외한 나머지 대단위 학업성취도 평가에서는 언어 또는 문해(Literacy)란 과목명으로 선택형 문항 형태의 간접 평가의 작문 문항들이 포함되어 있다.

이 외의 캐나다에서도 현재 주 단위로 대단위 작문 평가가 실시되고 있다. Stagg et al.(2011)은 5~8학년 학생들을 대상으로 캐나다의 대단위 작문 평가의 특성을 분석하면서 문항 설계(작문 평가의 난도, 평가의 목적, 작문 평가의 유형), 운영(시간의 조절, 학생들이 작성하게 되는 글의 분량, 예비 글쓰기 활동의 여부), 채점과 관련하여 살펴보면서 타당도 여부를 분석하였다.

미국의 경우 국가 수준 학업성취도 작문 평가는 1960년대부터 필요성에 대한 인식을 얻기 시작하면서 1964년부터 미국 전역의 학생들의 학업성취수준의 지표로써 활용되었다. 정기적으로 각 주의 공립 및 사립 학교 4, 8, 12학년 학생들을 대상으로 전수 또는 표집을 통해 성적을 평가해왔으며, 읽기와 수학은 매 2년마다 평가하여 보고서를 발표하였다. 한편 1970년대 중반에는 작문과 관련하여 직접 평가 방식의 평가에 대해 논의되기 시작하였으며(Cooper et al., 1977; Hout et al., 2009). 현재의 틀은 1998년에 정착된 이후 4년에 한번 씩 평가를 실시하고 그 결과를 발표하고 있다.

현재 미국, 호주, 영국에서는 국가수준 학업성취도 평가에 관한 결과보고서를 작성한다. 결과보고서에는 주로 정기적으로 실시한 시험의 특성을 바탕으로 하여 시험 시기별 결과의 차이를 인종, 성별, 각 주별, 학년별 변인을 두어 파악하면서 학생들의 작문 능력의 질 관리에 필요한 주요 정보들을 담고 있다.

이 연구에서는 특히 미국과 호주의 국가 수준 학업성취도 평가의 문항들을 분석하였다.[1] 미국 **NAEP** 작문 평가 문항의 과제 선정은 주제,

목적, 예상 독자, 내용, 사고와 작문을 위한 접근 방법, 형식을 고려하여 구체적인 장면을 지시문 및 관련 자료를 제시하는 방식을 통해 학생들이 작문 상황과 맥락을 파악하고 이에 자신의 경험 및 지식, 견해 등을 밝히는 방향으로 글을 쓰도록 유도하고 있다(U. S. Department of Education. 2007). 미국 NAEP 작문 평가의 12학년 예시 문항을 살펴보면 미국의 국가 수준 학업성취도 작문 평가는 서사문(경험이나 실제, 또는 상상한 내용들을 관련지어 글쓰기), 설명문, 논설문의 3개 글 유형 중에서 학생 자신이 선택하여 글을 쓰는 방식으로 평가가 진행된다. 각각의 문항들은 작문의 상황과 맥락을 고려하여 진술한 제시문이 포함되면서 자연스럽게 글의 주제나 논제를 파악할 수 있도록 유도하고 있다. 그리고 필자의 역할 또는 독자가 구체적으로 제시되어 있다.

예시 문항 중에서 설득하는 글의 경우에는 필자가 시민이 되어 지역 공동체의 개발을 위한 에너지 회사의 사업이 자칫 자연을 파괴할 수 있는 상황에서 '개발과 보전의 측면에서 어떤 입장을 선택할 것인가'라는 쟁점을 파악하도록 하고, 쟁점과 관련한 자신의 입장을 주장을 제시하기 위해 뒷받침할 근거에 생각해 보도록 유도하고 있다. 한편 설명하는 글에서는 '좋은 공동체를 만들기 위한 방법에 관하여 신문에 투고하는 형식으로 글을 쓸 것'을 요구하고 있다. 마지막으로 상상하는 글에서는 '자신이 회사에 입사하기 위한 면접의 상황에서 학창 시절 경험과 관련지어 경험의 소중함에 대해 체험했던 바를 입사 지원서를 읽을 독자들

---

1) 참고로 미국에서는 2011년 11월에 읽기와 수학 과목을 중심으로 한 국가학업성적표(The Nation's Report Card)가 발표되었으며, 작문 과목은 2007년에 발표된 자료가 최근 자료이다. 2011년도는 미국 NAEP의 작문 평가에 있어서 많은 변화를 가져온 해이다. 평가 답안을 작성하는 도구로 컴퓨터와 같은 전자 매체가 도입됨으로 인해 기존의 지필 평가 방식과는 다른 작문 상황에서의 결과들이 산출될 것으로 예견된다. 연구가 진행 중인 현재는 2011년 미국 NAEP 작문 평가에 대한 결과가 보고되지 않았다. 그리하여 비교적 최근에 발표된 2007년 결과 보고서를 바탕으로 그 특징을 분석하였다.

을 대상으로 소개하는 방식'으로 글을 쓰라는 문항을 제시하고 있다.

이러한 문항들은 설득, 설명, 서사문 글쓰기와 관련한 구체적인 상황을 평가 장면으로 활용하여, 학생들이 쓰고자 하는 글의 목적을 정확히 인식하여 각각의 글 유형이 가지고 있는 관습에 맞게 자신의 입장이나 자신이 알고 있는 정보, 자신이 생각하는 바를 구체적으로 작성하도록 요구하고 있다. 또한 미국의 국가 수준 학업성취도 작문 평가에서는 학생들이 작성한 글에 대한 결과의 확인뿐만 아니라 학생들이 한편의 글을 작성하는 데 필요한 작문 관련 요소들을 인식하고, 작문의 과정을 통해 체계적이고 통일성을 갖춘 글을 쓸 수 있도록 활동지(Sheet)를 제공하여 직접 평가에서 작문의 과정과 관련한 부분들을 고려하고 있다.

다음으로는 호주의 국가 수준 학업성취도 작문 평가 문항을 예시로 보여주는 자료이다.

9학년을 대상으로 한 호주 NAPLAN 작문 평가 문항에서는 설득하는 글의 글 유형적 특성을 고려하여, '동물들을 새장이나 우리에 가둬두는 것이 적절한가'에 대한 학생들의 입장과 근거를 요구하는 문항으로 구성되었다.

호주의 작문 평가 문항에서는 학생들에게 글의 서론에서 도입과 관련하여 주제와 관련하여 자신이 알고 있는 정보나 지식을 소개하는 방향으로 시작하면서, 주제에 대한 자신의 주장과 근거를 본론에서 구체적으로 제시하고, 이를 통해 결론을 마무리하는 글의 체계에 따라 학생들이 내용을 조직하여 진술할 것을 지시문을 통해 요구하고 있다. 이와 함께 계획하기의 강조, 어휘·문장·구두점 등의 표현 부분에 대한 정확한 사용을 주의사항으로 안내하고 있다.

미국과 호주의 작문 평가 문항의 분석을 통해 얻은 시사점은, 기존의 작문 평가가 지니고 있는 추상적인 독자나 구체적이지 않은 맥락에서 벗어나 이 글을 써야 하는 이유에 대해 필자의 입장 또는 구체적인 독자의 대상이 정해져 있다. 또한 작문의 상황과 조건, 맥락 등이 자세히 언급함으로써 필자가 글을 써야 하는 목적을 분명히 인식하도록 요구하고 있다.

뿐만 아니라 관련 문항을 분석한 바에 따르면 문항의 성격들이 특정 교과에 관한 전문적인 지식을 요구하기보다는 학교생활 또는 주변 생활 속에서 자신이 한번쯤은 경험해보거나 고민해 보았던 주제들을 제시하여 이를 면밀히 검토하여 자신의 생각이나 체험이 드러나도록 글을 쓰도록 유도하고 있다. 이는 특정한 지식의 습득 여부를 확인하기보다는 어떤 주제에 대해 자신이 구체적으로 자신의 생각이나 견해, 그리고 이를 뒷받침하는 근거나 사례들을 얼마만큼 체계 있게 제시할 수 있느냐에 중점을 둔 것이다.

국가 단위의 학생 전체에 대한 작문 능력의 수준을 살펴볼 수 있는 학업성취도 평가와 같은 목적을 지닌 평가는 아니지만, 대규모를 대상으로 한 직접적인 작문 평가에 관한 사례로는 또한 미국의 입학시험인 SAT와 ACT를 살펴볼 수 있다. 특히 두 시험은 평가에 있어서 작문의 직접 평가를 실시한다는 측면에서 주의 깊게 살펴볼 수 있다.

이양락(2009), 박기범(2009), 노은희(2009)는 미국 SAT와 ACT 문항을 분석하였다. 그중에서 초점을 두고 있는 것은 Writing 시험 관련 내용이다.

SAT는 작문 영역을 에세이 작성(25분)과 작문 지식 관련 선다형 문항(35분)을 혼합하여 60분 동안 수행하도록 하고 있다. 에세이는 특정 논제나 이슈에 대해 견해를 제시하고 뒷받침하는 글을 쓰도록 한다. 25분의 제한된 시간이기 때문에 초고 수준의 글 정도를 기준으로 평가한다. 이를 통해 제시된 논제나 이슈에 관한 견해를 발전시키고, 독서, 경험, 관찰 등에서 나온 예들을 활용하여 자신의 견해를 뒷받침하며, 표준 문어체 영어 관습의 충실성 여부에 관한 능력을 평가한다. 에세이는 고등학교와 대학의 숙련된 평가자들이 채점하여 1~6점까지의 점수를 부여한다. SAT의 에세이는 창의적 작문 능력을 평가하기보다는 기본적인 작문 능력을 평가하는 데 중점을 두고 있다. 한편 선다형 평가에서는 문장 오류 찾기, 문장 발전시키기, 단락 발전시키기를 통해 문장 오류 점검이나 표준 영어 사용 여부에 초점을 두고 있다.

ACT는 작문 영역을 서술형 1문항에 30분 동안 작성하도록 요구하고 있다. 이미 '영어' 과목에 작문 능력에 관한 지식을 측정하고 있으므로, '작문'에서는 수험생들이 직접 간단한 글쓰기를 함으로써 학생들의 실질적인 글쓰기 능력을 평가하려고 한다. 문항의 유형으로는 어떤 논제나 화제에 관한 자신의 견해를 세우고, 이를 뒷받침할 수 있는 근거를 한 편의 글로 서술하도록 요구하고 있다. 1~6등급으로 평정을 수행하며 세부적인 요소를 가지고 각각의 점수를 부여하는 것이 아니라 에세이에 대한 전체적인 느낌에 대해 준다.

미국 SAT와 ACT 문항의 평가 목적은 주로 창의적인 작문 능력보다는 어떤 주제에 대해 자신의 견해와 근거를 제시하는 기본적인 작문 능력을 측정한다는 것에 중점을 두고 있다. 이를 바탕으로 하여 제한된 시간 내에 학생들이 작성할 수 있도록 평가 시간 및 평가 장면들을 구성하고 있다.

평가 문항 제작에서 합리적 절차는 평가 결과가 어떻게 나오는지에 결정적인 영향을 미친다. 아무리 평가 도구의 제작기법이 우수하다고 하더라도 '제작 절차'가 잘못되면 그 도구를 통해 얻어진 결과는 엉뚱한 방향으로 나아갈 가능성이 크기 때문이다.

임천택(2006)은 학교 단위에서 교사가 제작한 총괄 평가와 수행 평가 문항의 작성 실태를 분석하였다. 이를 위해 작문 평가의 내용 영역, 작문의 특성과 평가의 타당도 고려, 성취기준, 수행성, 메타성, 상황성의 영역에 따라 학교 현장의 작문 평가에 대해 분석하고자 하였다. 이와 관련하여 이 연구는 평가 이론에서 타당도의 개념, 타당도를 갖추기 위한 작문 평가, 작문 평가에서 의도하는 학생들의 '작문 능력'의 개념, 평가와 관련하여 작문교육 이론 및 교육과정의 반영, 작문 과제의 제시 방법, 작문 과정의 고려와 관련한 연구 결과들을 고찰하면서 대단위 작문 평가를 위한 검사 도구 개발에 있어 직접 평가 방식의 도입을 주장함과 동시에 간접 평가와 직접 평가를 병행하는 방식이 각각의 평가 방법들이 갖추고 있는 장점들을 반영할 수 있다고 생각한다.

(4) 대단위 작문 평가 문항 개발의 방향

이 연구에서 의도하고 있는 대단위 작문 평가는 학업성취도 평가의 성격을 지니고 있다. 대학에서의 선발 및 학업 예측력보다는 현재 우리나라 학생들이 갖추고 있는 작문 능력을 측정하는 데 목적을 두고 있는 것이다.

이러한 관점에서 주목할 것은 대단위 작문 평가는 현재 동일한 목적으로 수행하고 있는 국가 수준 학업성취도 평가와 어떠한 영향 관계를 맺으면서 평가의 틀이 구성되어야 하느냐에 있다. 즉, 대단위 작문 평가가 기존의 학업성취도 평가 틀 안에서 어떻게 위치를 확보하느냐에 따라 문항의 형식과 문항 수, 시험 시간 등이 구체적으로 결정되기 때문이다.

대단위 작문 평가 문항 개발을 위해서는 먼저 평가가 시행되는 틀을 고려해야 한다. 이에 대해서는 두 가지 틀을 예상할 수 있다. 첫째, 현재 국가 수준 학업성취도 평가에서는 언어 영역이 독립된 영역으로서 하나의 시험 과목으로 다루고 있다. 작문 평가는 언어 영역의 하위 범주에 속하므로 언어 영역에 포함하는 방식이다. 그러나 대단위 작문 평가에 관한 교사의 인식 조사 결과 및 이 연구에서 의도하고 있는 대단위 작문 평가는 기존의 대규모 언어 평가의 작문 영역에서 주로 다루던 간접 평가 방식에 대한 문제점을 보완하는 한편 지금까지 시행되지 않고 있는 직접 평가 방식의 서술형 평가를 도입하는 데 목적이 있으므로 직접 및 간접 평가 방식을 병행하고자 하는 대단위 작문 평가의 모든 문항을 현재의 언어 영역 안에 포함하기에는 어려움이 있다. 그렇다면 이를 해결하는 방법으로는 대단위 작문 평가에서 간접 평가 방식의 선택형 문항만 현재의 학업성취도 평가의 언어 영역 문항에 포함하는 방식이다. 현재 학업 성취도 평가 언어 영역의 하위 영역인 작문 영역과 관련하여 선다형 평가 및 서답형 평가 문항이 포함되어 있다.

이 연구에서 현재와 같은 평가 틀을 취하게 된다면 직접 평가인 서술형 평가는 독립된 영역으로 분리되어 실시될 수 있다. 직접 평가 방식의 서술형 평가가 독립적으로 평가의 틀을 갖출 경우에도 기존 다른 영역 및 과목과 비교하여 비슷한 평가 시간을 확보해야 한다. 즉, 대체로 60분 내외의 시험 응시 시간으로 제한되어야 할 것이다. 이를 위해서는 구체적으로 주어진 시간 내에 학생들이 문제를 분석하고 문제에 대한 학생들의 답안 내용을 조직하고 작성하는 데 소요되는 시간을 고려하여 문제의 형식과 관련 자료의 제공 방식과 분량, 학생들이 답안을 작성하기에 적절한 분량에 대한 고려가 필요하다. 또한 간접 평가 문항의 경우에도 언어 영역의 다른 세부 영역들과의 형평성을 고려하여 일정한 문항 수로 제한해야 한다는 점을 반드시 고려해야 한다.

둘째, 대단위 작문 평가를 독립된 영역으로 평가의 틀을 갖추는 것이다. 첫째와 같은 평가의 틀은 대단위 작문 평가가 이원화됨에 따라 간접 평가 문항과 직접 평가 문항을 분리해서 학생들이 치르게 되므로 평가의 연속성에서 어긋나게 된다. 이를 보완하기 위한 방법으로는 정해진 시간에 독립된 영역으로서 학생들이 대단위 작문 평가의 직접 평가와 간접 평가를 모두 응시함으로써 평가의 흐름에 집중할 수 있는 환경을 조성하는 것이다. 대단위 작문 평가의 핵심은 학생들의 직접적인 작문 수행 및 작문 결과를 확인한다는 점에서 직접 평가가 중요시 되고 간접 평가 문항 또는 직접 평가의 문항을 수행하는 데 있어서 기초가 되는 문항을 출제한다는 것을 기본 전제로 할 때 평가의 흐름의 측면에서 적절한 방식이라 판단된다.

대단위 작문 평가가 독립된 영역의 평가 틀을 갖춘다 하더라도 학생들이 시험을 응시하는 시간은 다른 영역들과 동일하게 적용되어야 할 것이다. 응시 시간을 최대한 확보하더라도 하더라도 60분을 넘어서면 학생과 감독 교사에게 부담이 된다. 그리고 앞에서 언급한 바와 같이 대단위 작문 평가의 중심은 직접 평가 문항이다. 그러므로 학생들이 간접 평가 문항과 직접 평가 문항을 이어서 정해진 시간 내에 해결하기 위해서는 간접 평가 문항의 선택형 평가의 경우에는 문항 수가 일정하게 제한될 것이고, 직접 평가 문항의 경우에도 학생들이 답안을 작성하는 분량을 일정하게 정해야 할 것이다.

대단위 작문 평가 문항을 개발할 때에는 대단위 작문 평가의 간접 평가와 직접 평가 문항과의 관계에 대한 고려가 필요하다. 이 연구는 보다 직접 평가에 중점을 두면서 간접 평가 문항은 직접 평가가 다루지 못한 평가의 요소들을 보완하는 측면에서 이루어져야 함을 염두에 두고 있다. 이와 함께 간접 평가 문항은 직접 평가에서 학생들이 한 편의 글을 작성하는 데 필요한 인지적, 정의적 요소가 무엇인지 글을 작성하기 전의 준비 과정으로서 인식하는 계기가 된다는 점에서 간접 평가의 의의를 두고자 한다.

이에 따라 간접 평가 문항을 개발하는 주요 원리는 기존의 작문교육의 이론 및 작문 교육과정의 주요한 교육적 요소들 중에서 실질적으로 학생들이 작문을 수행하는 과정에서 직접적으로 영향을 미치는 요소가 무엇인지 초점에 둘 필요가 있다. 기존의 선택형 평가 문항들이 각각의 문항과 관련한 상황과 맥락 속에서 응용이나 적용의 측면을 중요시 했던 것에 비해 대단위 작문 평가의 간접 평가 문항은 작문을 수행하는 데 도움이 된다면 지식적 요소를 직접적으로 물어보는 형식도 적절히 활용될 수 있다. 이와 함께 기존에는 추상적인 개념으로서 인식되지 못했으나 최근 중요성이 부각되고 있는 작문 동기 및 태도, 작문 윤리와 관련한 정의적 요소에 대해서도 평가 문항으로 구성할 필요가 있다.

대단위 작문 평가의 직접 평가 문항은 앞에서 언급한 두 가지 평가 틀에서의 시험 환경을 고려해야 한다. 즉 시험 응시 시간이 60분 내외로 편성된다는 점, 간접 평가와 병행할 경우 시간은 단축된다는 점을 고려해야 한다.

무엇보다 직접 평가 문항은 학생들이 한 편의 완성된 글을 작성할 수 있도록 유도해야 한다는 점이다. 이를 통해 학생들이 작성한 작문 평가 결과를 가지고 평가할 수 있도록 여건이 갖추어야 한다는 것이다. 이를 위해 중점에 두어야 할 것은 분량이다. 즉, 한 편의 완성된 글을 요구하면서도 글의 분량이 여건상 일정 이상을 요구해서는 무리가 된다는 점이다. 적정한 글의 분량과 관련해서는 현재 학교 현장에서 직접 평가 방식의 글쓰기를 수행하고 있는 수행 평가나 2시간 이상의 응시 시간을 주고 학생들에게 답안을 요구하는 논술고사에서 정하는 분량에 주목하여 유추할 수 있다.

지금까지 고찰한 대단위 작문 평가의 문항 개발 원리는 시험 환경과 관련한 측면에서 바라보고 있다. 이와 함께 평가 문항의 타당도를 확보하기 위해서는 평가 및 채점을 통해 적절하게 평가 과정을 수행할 수 있는가에 대해서도 고려해야 한다. 대단위 작문 평가가 원활한 평가 및 채점 과정을 수행하기 위해서는 역시 평가 문항의 특성이 이를 반영해야 한다. 간접 평가 문항의 경우에는 비교적 보편적인 방식인 OMR 카드나 이미지 스캔을 통한 자동 채점 방법을 적용하여 빠른 시간에 평가를 수행할 수 있다는 장점이 있다.

그러나 직접 평가 방식에는 총체적 또는 분석적 평가일 경우 모두 평가 영역 및 평가 척도에 대한 변별적인 내용들이 뚜렷하게 구분되어야 한다. 왜냐하면 직접 평가에서는 평가 기준을 통해 평가 영역을 확정하고 이에 대한 평가 척도를 마련하는 방식으로 진행되기 때문이다. 일반적으로 내용·표현·조직 영역으로 평가 영역이 세분되어 각각의 요소들이 학생들의 답안에서 적절히 드러나는가를 평가하는 데 초점을 두는 것이 일반적인 작문 직접 평가의 평가 및 채점 방법이다. 그러므로 직접 평가 문항은 이러한 평가 기준 및 평가 척도 간의 변별이 잘 드러날 수 있도록 구안되어야 한다.

구체적으로 대단위 작문 평가의 직접 평가 문항은 작문 과제, 문항과 관련한 지시문 및 제시문 자료, 학생들이 작성할 글의 단계의 측면에서 평가 기준 및 평가 척도의 변별성을 고려해야 한다는 것이다. 이를 위해서는 학생들이 작성할 글이 어떠한 내용과 관련을 맺고 있으며, 주어진 자료와 지시문을 통해 핵심적인 문제, 즉 주제가 무엇인지, 그리고 핵심 주제와 관련하여 학생들이 어떤 것들을 중점적으로 작성해야 하는지 이러한 단계를 학생들이 파악함과 동시에 작성하는 과정에서 중점적으로 작성해야 할 내용, 즉 평가 요소가 무엇인지를 일정한 수준의 작문 능력을 갖춘 학생들이 인식할 수 있는 수준에서 문제의 난도가 결정되어야 하며, 또한 평가자들에게 이러한 요소들을 통해 평가 기준과 평가 척도 중에서 적절한 내용을 선택하여 신뢰성 있는 평가 및 채점을 수행할 수 있도록 직접 평가 문항이 개발되어야 한다는 것이다.

더불어 직접 평가 문항에서 다루는 화제들은 지역별 성별 차이를 고려해야 할 것이다. 평가의 타당도와 관련하여 편파적이거나 편향된 성격을 지닌 작문의 화제를 선택하는 것은 금지되어야 한다. 우리나라 전반의 학생들이 평가에 응시한다는 점을 고려하여 직접 평가 문항의 화제 지식은 지역별 성별로 편향적이지 않는 주제를 선택해야 한다. [표 2-6]은 대단위 작문 평가 문항이 갖추어야 할 주요 요소들을 포함하고 있는 대단위 작문 평가 문항 개발의 원리에 대해 다루고 있다.

[표 2-6] 대단위 작문 평가 문항 개발의 원리

범주	대단위 작문 평가 문항 개발의 원리
평가 상황	① 현재의 학업성취도 평가와 병행한다는 측면에서 언어 영역에 포함되거나 독립된 영역으로 평가의 틀로 편성할 수 있음. ② 다른 영역들과의 관계를 고려하여 평가 시간은 직접 및 간접 평가 문항을 모두 포함하여 학생들이 60분 내외의 시간 안에 해결할 수 있도록 평가 문항의 난도를 조정함. ③ 간접 및 직접 평가 문항이 분리되어 실시될 수 있으나 평가의 연속성 측면에서 학생들이 간접 및 직접 평가 문항을 접할 수 있는 방향으로 설정함. ④ 현재의 지필 평가 방식을 고려하여 학생들이 정해진 양식지에 답안을 작성하는 형태를 취하나 추후 컴퓨터 및 전자 작문 형식의 평가 응시 방식의 틀을 고려함.
간접 평가 문항	① 현재 학업성취도 평가의 틀에서 대단위 작문 평가가 구현되는 형태를 고려했을 때 간접 평가 문항의 수는 제한됨. ② 기존 수능 및 학업성취도 평가 작문 영역 문항의 유형을 참조함. ③ 직접 평가 문항의 서술형 평가를 학생들이 작성하는 데 직접적으로 영향을 미치는 평가 요소를 고려함.

	④ 작문 수행에 필요한 지식적 요소의 평가, 작문 동기 및 태도, 작문윤리와 관련된 정의적 요소의 평가 문항 출제 ⑤ 간접 평가 문항의 주요 평가 요소 　• 작문과 관련한 상황과 맥락(글의 목적, 독자, 글 유형적 특성에 관한 인식) 　• 작문 과정(계획하기, 내용 생성하기, 조직하기, 표현하기, 고쳐 작문)와 관련한 지식 　• 작문 동기 및 태도, 작문 윤리와 관련한 정의적 요소 ⑥ 직접 평가 문항의 비중을 고려하여 간접 문항은 전체 점수의 10~15%의 비중을 차지하도록 출제함. ⑦ 시험 응시 시간을 고려하여 간접 평가 문항은 10분 내외에 5~10문항 이내의 문항을 출제함.
직접 평가 문항	① 현재 학업성취도 평가의 틀에서 대단위 작문 평가가 구현되는 형태를 고려했을 때 간접 평가 문항에 대한 학생들의 답안 작성 시 분량이 고려되어야 함. 　• 대체로 800자에서 1,000자 이내의 완결된 글 작성 요망 ② 직접 평가 방식의 서술형 평가에서는 학생들의 특성을 고려한 화제 선정, 적절한 수준의 제시문 및 자료 선택, 글의 목적, 독자, 글 유형을 고려한 작문의 구체적인 상황 제시가 필요함. ③ 직접 평가에서의 화제는 성별 지역별 특성을 고려한 보편적인 주제를 정하되, 특정 교과의 지식을 활용하기보다는 학교생활 및 주변 사회 환경 속에서 접할 수 있는 시사적인 주제를 통해 학생들이 자신의 견해를 명확하게 표현하는가에 중점을 둘 것 ④ 직접 평가는 평가 및 채점 과정을 통해, 내용·조직·표현 영역의 측면에서 각각 일정한 수준의 변별이 되는 평가 척도를 마련하여 평가의 신뢰도를 확보할 수 있는 방안을 고려할 것 ⑤ 45~50분 정도의 응시 시간을 통해 학생들이 지시문 및 관련 자료(제시문)를 분석하고, 이를 통해 요구하는 문제의 특성을 파악하며, 일반적인 절차에 따라 작문을 수행할 수 있는 평가 문항의 난도를 조절할 것

[표 2-6]은 대단위 작문 평가의 직접 및 간접 평가 문항에 관한 문항 개발의 원리를 제시하고 있다. 특히 직접 평가 방식의 서술형 평가에 초점을 두면서 간접 평가 문항은 학생들이 실질적으로 한 편의 글을 작성하는 데 직접적으로 도움이 될 수 있는 요소들을 평가의 범주로 삼고자

하였다.

직접 평가에서는 제한된 시험 환경 속에서 학생들이 완결된 글을 작성할 수 있는 분량을 고려하는 데 중점을 두고 있으며, 학생들이 작성한 글에 대해 적절한 평가 기준 및 평가 척도를 변별할 수 있도록 문항 개발 과정에서 이에 대한 고려가 필요하다. 직접 평가에서 중요한 특징은 화제와 관련하여 특정 교과의 지식을 요구하기보다는 학생들이 주변 환경 속에서 체험하거나 다양한 매체 자료를 통해 접한 사례를 바탕으로 학생들이 갖고 있는 생각을 얼마나 구체적으로 표현할 수 있는가에 초점을 두었다.

이러한 대단위 작문 평가 문항 개발의 원리를 통해 이 연구는 대단위 작문 실험 평가 문항을 개발하고자 하였다.

[표 2-7]은 [그림 2-4]의 대단위 작문 평가 과정 모형을 기반으로 하여 대단위 작문 평가의 문항 개발의 단계를 구체화한 것이다.

[표 2-7] 대단위 작문 평가 문항 개발 과정 모형

문항 개발 단계	내용	사례
① 목표의 분석·조직· 진술	대단위 작문 평가의 목적 분석	• 학생들의 작문 능력의 실태의 점검 및 분석을 위한 자료 마련 • '정보 전달, 문제해결, 사회적 상호작용을 목적으로 하여 작문의 상황 및 맥락과 작문의 과정, 절차를 인식하여 한 편의 글을 작성할 수 있는 능력'에 초점을 둠.
② 평가 요소 추출	대단위 작문 평가에 적절한 교육 내용 요소를 추출	• 작문교육 이론 및 작문 교육과정의 목표, 내용, 성취기준의 내용을 분석하여 추출함. −(예시) 작문의 독자, 목적, 글 유형, 작문 과정에 대한 인식 및 작문 전략 등에 대한 학생들의 인식 파악 및 수행 능력을 평가하는 데 중점을 둠.
③	학업성취도평가	• 학생들의 직접적인 작문 수행 및 결과를 통해 평가 목적

성취 기준 개발	로서의 대단위 작문 평가가 추구하는 성취기준 개발	에 따른 성취기준 마련(간접 평가 및 직접 평가의 성취 기준)
④ 시험 환경 설정	대단위 작문 평가를 수행하는 적합한 환경 고려	• 학업성취도평가로서의 대단위 작문 평가가 의 직접 및 간접 평가를 수행하기 위한 시험 환경을 고려함. ─(예시) 　가. 평가 대상 : 고등학교 2학년 　나. 평가 형태 : 학업성취도 언어 영역과의 연관성 / 또는 독립된 영역(과목) 　다. 평가 시간 : 1시간(60분) 내외 　라. 학생들의 수행 방법 : 지필 평가(원고지 양식 활용)
⑤ 검사 문항 형태의 선정	대단위 작문 평가에 적합한 검사 도구의 유형 고려	• 평가 방식의 선정 ─(예시) 　가. 간접 평가 방식의 선다형 문항 및 직접 평가 방식의 서술형 평가 문항 　나. 적절한 문항 수 선정 　다. 직접 평가 : 개방형 또는 응답 제한형, 작성 조건, 문항 단독 제시 또는 연관 자료 제공 유무 　라. 간접 평가 : 작문 관련 지식의 측정
⑥ 검사 문항 작성	대단위 작문 평가 검사도구 개발	• 대단위 작문 평가 검사 도구 개발 ─평가의 타당도와 신뢰도, 효율성을 고려한 검사 도구 예시 문항 개발

　[표 2-7]은 일반적인 문항 제작 원리에 기초하면서 대단위 작문 평가 문항 개발의 단계를 ① 목표의 분석·조직·진술, ② 평가 요소 추출, ③ 성취기준 개발, ④ 시험 환경 선정, ⑤ 검사 문항 형태의 선정, ⑥ 검사 문항 작성의 단계로 구성하였다. 평가 문항의 개발은 1차적으로 평가의 타당도를 확보하는 데 목적이 있지만 평가 및 채점 과정이 원활하게 진행될 수 있도록, 또한 평가의 신뢰도를 확보하는 데 긍정적인 영향을 줄 수 있도록 해야 한다. 아무리 평가의 목표에 충실한 타당도 있는 문

항을 개발하였더라도 평가 및 채점 과정에서 혼란을 주게 되면 적절한 문항으로 볼 수 없기 때문이다.

3. 대단위 작문 평가 채점 방법의 조건

(1) 채점 방법에서의 고려할 점

대단위 작문 평가의 채점 방법과 관련하여 고려할 점으로는 신뢰도 확보를 위해 평가 기준 및 척도, 평가 예시문 등의 구체적인 평가 자료 개발, 채점 방법 및 채점 절차, 평가자 간 신뢰도를 확보하는 통계적 방법, 평가의 효율성 확보 방법 등이 있다. 이와 함께 평가 결과를 통해 학생들의 성취수준을 결정하는 것과 학생들에게 적절한 방식으로 평가 결과를 제공하는 방법도 고려해야 한다.

평가자가 타당도를 갖춘 평가 목적 및 평가 요소에 준하여 신뢰도를 확보하는 정확한 채점 과정을 수행할 수 있도록 하여야 한다. 그리고 대규모의 표집 인원을 대상으로 실시하는 평가라는 점에서 정확하고 신속한 채점을 위해 평가의 효율성을 확보해야 한다. 궁극적으로 평가가 지향하는 바는 수업의 개선에 있다. 그러므로 대단위 작문 평가의 결과는 학생들의 작문 능력 향상이라는 측면에서 적절한 정보를 제공해 주어야 한다.

대단위 작문 평가의 신뢰도를 확보하기 위해서는 채점 과정에서 채점자들이 공통되고 일관된 평가관을 갖추어야 한다. 이를 위한 방법으로는 채점자들에게 제공할 구체적인 평가 기준 및 평가 척도, 평가 예시문 등의 평가 자료를 개발하는 것이 중요하다. 평가 기준은 학생들이 작성한 좋은 글이 갖추어야 할 요소들을 체계화한 것으로 평가의 세부 영역들로 구성되어 있다. 평가의 세부 영역들은 각각 학생들의 도달 여부를 채점을 통해 결과로 산출하기 위해 적절한 변별이 가능한 평가 척도를 제시하도록 한다.

평가 예시문은 실질적인 채점 과정에서 채점자가 공통적인 평가관을 갖추어 신뢰도를 확보하면서 정확하게 채점할 수 있도록 평가 기준 및 평가 척도를 적용한 사례를 담고 있는 평가 자료를 말한다. 예비 채점 과정을 통해 실제 학생의 답안에 대해 채점자가 채점한 세부적인 평가 기록 내용을 담고 있는 자료이다. 박영목(2008)은 작문 능력 평가를 위한 평가 영역과 항목을 [표 2-8]과 같이 설정하여 평가 기준 및 척도를 마련하였다.

[표 2-8] 작문 능력 평가의 평가 기준 및 척도

평가 영역 및 평가 항목		
1. 내용 창안 영역	**2. 조직 영역**	**3. 내용의 표현 영역**
1) 내용의 풍부성	1) 글 구조의 적절성	1) 어휘 사용의 적절성
2) 내용의 정확성	2) 문단 구조의 적절성	2) 문장 구조의 적절성
3) 내용 사이의 연관성	3) 구성의 통일성	3) 효과적 표현
4) 주제의 명료성과 타당성	4) 구성의 일관성	4) 개성적 표현
5) 사고의 참신성과 창의성	5) 세부 내용 전개의 적절성	5) 맞춤법, 띄어작문, 글씨

[표 2-8]은 작문 능력 평가를 고려한 박영목(2008)의 평가 기준 및 척도이다. 이 평가 기준에 주목하는 이유는 대단위 작문 평가는 학생들의 작문 능력을 측정하기 위해 평가의 세부 영역과 이에 대한 학생들의 도달 정도를 점수를 통해 수량화하여 산출할 필요가 있기 때문이다. 박영목(2008)은 내용·조직·표현의 영역을 설정하고 세부 평가 항목의 내용과 1~3 척도를 함께 제시하여 이에 따른 성취수준의 변별과 점수 산출

을 고려하였다. 이러한 평가 기준 및 척도를 참조하여 대단위 작문 평가는 채점의 절차를 통해 점수화가 가능한 평가의 세부 영역별 평가 척도 개발 및 점수 부여와 관련한 내용을 마련하고자 하였다.

대체로 지금까지 작문 능력 평가의 일반적인 평가 기준은 내용·조직·표현이다. 대단위 작문 평가의 기준 설정은 이와 같은 기본적인 영역을 적용하고, 또한 세부 영역별로 적절한 세부 항목을 설정함과 동시에 변별이 가능한 평가 척도를 통해 학생들의 작문 능력을 수량화하여 성취기준 및 등급의 차이를 보여주고자 한다.

작문 평가 기준과 함께 작문 평가에서 반드시 고려해야 할 것은 채점 방법이다. 작문 평가의 채점 방법과 관련하여 기존의 평가 방법으로는 총체적, 분석적, 주요 특성 평가 방법이 논의되었다.

평가 기준에 따라 신뢰도를 확보하면서 실질적인 채점이 이루어지기 위해서는 평가 기준이 가지고 있는 추상적인 속성을 보완하기 위해서 평가자들에게 평가 기준 이상의 구체적인 자료가 확보되어야 한다. 기존에 언급되어온 작문 평가 기준을 바탕으로 하되, 대규모 작문 평가에서 적용 가능한 일반적인 평가 기준 설정 및 글 유형이나 각각의 작문 목적에 따른 구체적인 평가 지침이 필요하다. 일반적인 평가 영역과 세부적인 평가 항목을 바탕으로 대단위 작문 평가는 채점자의 신뢰도 확보 및 원활한 업무 수행을 위한 효과적인 평가 과정을 마련해야 한다. 교사의 평가 협의회, 교사의 작문 평가 수행 관련 요인(시간의 적절성, 일관성, 신뢰도 확보)들이 보다 명확하게 이루어질 수 있도록 하는 것이 대규모 작문 평가에서 평가 및 채점 관련의 핵심이다. Tonya et al.(2005)은 대부분 직접적인 작문 평가에서 작문 점수에 대한 평가자의 영향(rater's effects)을 줄이고자 노력하고 있다. 물론 작문을 평가하는 데 있어 각 평가자들이 작문 지식 및 평가 요소에 대해 지니고 있는 주관적인 관점들이 존재한다. 이러한 시각의 차이를 모두 반영하게 되면 대단위 수준의 작문 평가에서는 평가의 방향을 잃기 쉽다.

대단위 작문 평가는 학생들의 기초 작문 능력을 측정한다는 목표에 있는 만큼 일반적인 작문 능력을 설명하는 요소를 바탕으로 공통적인 면을 모색해야 한다. 이에 따라 일반적이고 공통점인 관점을 협의해가는 채점자 훈련이 필요하다. 이와 관련하여 박영민(2011b)은 국어 교사의 작문 평가 신장 방안을 논의하면서, 기존의 문제점을 국어 교사 양성의 국면, 작문 평가 실행의 국면, 작문 평가의 경험적 국면으로 설정하여 작문 평가의 전문성 신장을 위한 구체적인 방향에 대해 언급하였다. 국어 교사의 개별적 특성에 기반한 채점의 엄격성 유지 훈련, 작문 평가 효능감의 신장 등에 중점을 두는 것과, 평가 도구 및 환경 개선과 관련하여 평가 기준의 상세화 및 평가 척도의 적정화, 예시문의 선정 및 활용, 평가 협의회, 작문 평가 반성 전략 등을 제안하였다.

또한 박영민(2009)은 작문 평가는 신뢰도가 낮다는 문제점을 해소하기 위해 평가 예시문을 활용하는 방법을 제안하였다. 이와 함께 평가 예시문을 활용하는 작문 평가 방법은 첫째, 평가 기준 중심의 작문 평가를 평가 예시문 중심의 평가로 개선할 수 있다는 점, 평가자 간 신뢰도를 효과적으로 높일 수 있다는 점, 작문 평가의 부담을 줄일 수 있다는 점, 작문 평가의 표준화를 지향할 수 있다는 점에서 의의가 있다고 언급하고 있다.

이 연구가 의도하고 있는 대단위 작문 평가를 시행할 경우 실질적인 채점 장면을 고려해야 한다. 즉 평가자들이 집중적으로 모여서 평가를 수행하기가 어려운 환경적 요소를 고려하여 구체적인 평가 자료, 즉 평가 기준 및 평가 척도의 세부 내용을 담고 있는 평가 지침서, 평가 예시문 및 평가의 세부 단계를 안내하는 평가 매뉴얼과 같은 자료가 활용되어야 한다. 또한 평가를 수행하는 과정에서 발생되는 문제점을 고려하여 평가자들 간의 의견 교환이 이루어질 수 있는 장치가 마련되어야 한다.

대단위 작문 평가가 우리나라 학생 전반에 관한 작문 능력을 측정한다는 점에 신뢰도를 확보한 채점 과정을 통해 얻은 채점 결과를 활용하여 전체적인 분포나 평균을 구하는 것은 필수적이다. 박영민 외(2010b)은 학생 설명문의 평가 예시문을 선정하고 활용 방안에 대해 논의하였다. 설명문 평가에서 예시문을 활용함으로써 설명문 작문 평가의 신뢰도를 개선하고 작문 평가의 적용 가능성을 높일 수 있다고 언급하였다. 이에 현직 국어 교사 69명을 표본으로 하여 학생들이 작성한 설명문에 대한 개별 평가 점수를 분석하였으며 이를 바탕으로 하여 우리나라의 일반적인 국어 교사가 부여할 것이라 예측되는 평균 점수, 모평균을 95% 확률로 추정하였다.

학생들의 전체적인 평균과 분포를 통해서 대규모 작문 평가를 위한 평가의 통계 모형을 구안하는 것이 가능하다. 최길찬 외(2010)은 국가 수준 학업성취도 평가에 기초한 학교평가 통계 모형을 고찰하였다. 학교평가를 위한 검사 척도로써 순위 점수, 정상분포 변환점수, 동등화된 수직 척도 점수를 언급하면서 횡단적 관점인 현시점 평가와 종단적 관점인 성장 평가의 특성에 대해 설명하였다. 그중에서 특히 성장 평가에 초점을 두면서 적절한 통계 모형을 제안하였다.

이수진(2008)은 작문 평가가 전통적 평가의 틀을 벗어나기 위해서는 평가 결과를 학습자의 작문 수행에 대한 해석 자료로 활용할 수 있어야 하며 또한 평가 결과의 피드백이 기존 작문교육을 보다 향상시키는 데 기여해야 한다고 언급하고 있다. 이와 관련하여 교실의 작문 평가에서 평가 결과를 해석하는 방식을 모형화하고, 그 활용 방안을 논의하고자

하였다. 작문 평가 결과에 관한 해석적 틀은 '학습자'와 '교수·학습'의
두 관점을 설정하여 말하고 있다.

(2) 대단위 작문 평가의 신뢰도와 효율성

대단위 작문 평가의 채점 방법과 관련하여 가장 중요한 것은 평가의
신뢰도, 그중에서 채점자 간 신뢰도이다.

평가에 있어서 신뢰도는 측정도구가 측정하고자 하는 현상을 일관되
게 측정하는 능력을 일컫는 말이다. 측정 도구를 통해 동일한 응답자에
게 반복해서 적용했을 때 일관된 결과가 나오는 정도를 측정도구의 신
뢰도라 한다(성태제, 2002). 즉 측정결과의 일관성과 관련이 있다.

기존의 작문 평가에서 신뢰도와 관련한 가장 문제가 되었던 것이 바
로 평가자 간의 신뢰도이다. 적절한 평가 기준을 선정하는 과정의 어려
움, 작문을 바라보는 관점의 차이, 내용·조직·표현 등의 작문을 구성
하는 요인들에 대한 평가자인 교사들의 인식의 차이, 평가 기준을 학생
들이 작성한 글에 반영하여 채점하는 과정에서 일어나는 주관적인 견해
의 차이 등 해결해야 할 많은 과제들을 갖추고 있다.

또한 대단위 작문 평가에서 직접 평가 방식이 도입될 경우가 가장 큰
어려움은 채점 과정이다. 평가자들 간의 공통적인 평가 기준 및 채점 방
법을 갖추었다 하더라도 채점해야 할 대상이 많음으로 인한 업무의 곤
란도는 간접 평가에 비해 채점 과정에서의 효율성을 낮추는 주요 요인
이 된다.

대단위 작문 평가에서 평가의 효율성은 반드시 고려해야 할 조건이다.
앞에서 제시한 문항 개발 관련 내용도 또한 평가의 신뢰도를 높이는 방
향과 함께 평가자의 노력이 최소한으로 들이면서도 가장 신뢰할만한 평

가 방법이 진행되도록 고려해야 할 것이다. 기존의 연구들은 작문 평가 방법에 대해서는 언급하고 있으나, 국가 수준과 같은 대단위 작문 평가가 실시될 경우 신뢰도를 갖추면서 효율적으로 평가 업무를 수행하는 방안에 대해서는 고려되지 못하고 있다. 그러므로 이 연구에서는 기존의 작문 평가 방법을 고려하면서 교사들이 평가 척도를 변별하기 쉽도록 평가 기준과 평가 척도를 고려한 자료를 개발해야 하며, 점수를 결정하기 위해 평가가자 고려해야 하는 범위를 축소화 하는 영역별 평가 방식을 통해 평가 업무를 최소화하는 방안을 제안하고자 한다.

대단위 작문 평가의 효율성과 경제성을 확보하기 위한 방안들이 지속적으로 연구되었다. 전국 단위와 같은 대규모의 평가를 시행할 경우 많은 예산 및 시간이 소요되기 때문에 이를 위해 경제적인 비용을 줄이면서 신뢰성을 갖춘 평가 결과를 제공해주느냐가 연구의 초점이 있다.

Hout(2009)는 이와 관련하여 간접 평가 방식과 간접 평가의 대안으로 등장한 직접 평가 방식의 작문 평가, 그리고 평가자의 평가 및 채점에 의해 산출된 총점과 부분 점수 간에는 낮은 상관이 나타난다고 말하였다. 그럼에도 불구하고 총체적 평가 방식을 통해 획득한 점수가 신뢰도를 확보하는 방법에 대해 고민하였다. 총체적 평가 방식이 분석적 평가 방식보다 경우에 따라서는 빠르게 평가를 수행할 수 있다는 것이 연구자의 주요 관점이다(Hout, 2009).

그러나 이 연구에서는 Hout(2009)의 견해와는 다른 관점에서 각각의 세부 영역 간의 분석적 평가 방식을 극대화 하는 것이 학생들의 작문 수행 및 결과에 대한 내용을 보다 세부적으로 분석할 수 있다고 판단한다. 총체적 평가는 자칫 평가를 수행하는 중에 평가 요소들 간의 간섭이 발생하거나 자칫 인상적인 평가로 수행될 수 있는 우려가 있다.

영역별·분석적 평가는 평가 요소 추출 방식의 채점, 세부적인 평가 기준 및 지침서, 평가 예시문 제공을 통한 채점 과정과 함께 교사들의 업무적 신속성을 위해서 자동 채점을 고려한 평가 방법에 기초가 될 수 있다. 신뢰도 및 타당도 확보 및 평가의 효율성 마련하는 방법으로 자동 작문 채점 프로그램을 도입하는 것이다. 서술형 문항의 자동채점과 관련해서는 영어 과목의 채점 방법에 관한 선행 연구를 참조하고자 한다. 이미 영어 과목에서는 자동 채점 방식에 관한 연구가 진전되고 있다. 우리나라의 작문 평가에서도 온라인 시험을 고려하여 학생들이 시험을 응시하는 환경 및 시험 상황, 그리고 학생들이 답안을 작성하는 양식, 작성한 답안에 대한 자동 채점 방식에 관한 연구가 활성화되어야 한다.

(3) 대단위 작문 평가의 채점 방법 및 결과 사례

우리나라 전반적인 학생들의 작문 능력을 확인하기 위해서는 대단위 작문 평가를 통해 얻게 될 학생들의 작문 평가 결과를 바탕으로 성취수준을 결정하는 과정이 필요하다. 이와 관련하여 기존의 해외 주요 국가들의 학업성취도 작문 평가의 결과에 관한 분석 내용을 살펴보고자 한다. 특히 미국 및 호주 등 국가 수준 학업성취도 작문 평가를 실시하는 국가에서는 정기적으로 평가를 실시한 후에 그 결과를 보고서로 작성하여 공개하고 있다.

미국을 비롯해 국가 수준의 학업성취도 작문 평가를 실시하고 있는 국가에서는 주로 총체적 채점 방법을 활용하고 있다. 한 예로 미국 NAEP 작문 평가에서는 글 유형별로 6점 척도를 적용하여 학생들이 작성한 글의 성취수준을 변별하고 있다.

설득적인 글쓰기와 관련하여 평가 및 채점의 예를 소개하면, 화제의 내용에 대한 정확한 인식, 이에 관한 자신의 주장과 근거 제시, 글의 체계적인 조직, 문법적 요소 및 표현의 정확성을 종합적으로 채점자가 확인하면서 학생들이 작성한 글의 결과를 채점자가 총체적으로 살펴보면서 공통되고 일관된 평가관을 적용하여 적절한 점수를 결정한다.

[그림 2-5]는 1998년부터 2007년까지의 12학년을 대상으로 한 미국 NAEP 작문 평가 결과의 양상을 정리한 자료이다.

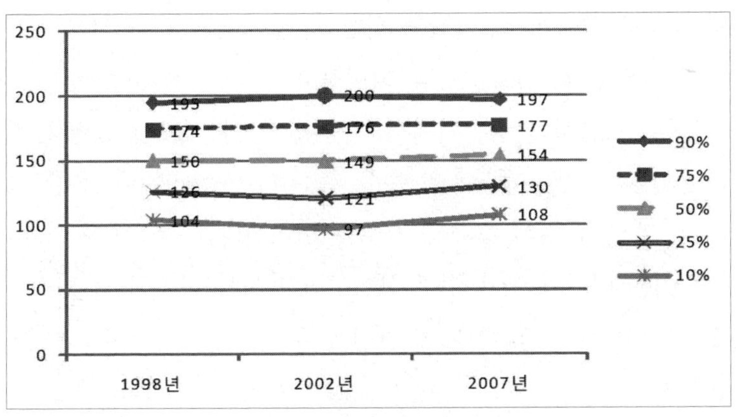

[그림 2-5] 미국 NAEP 작문 평가 결과 보고서

[그림 2-5]는 미국 NAEP 12학년 작문 평가의 1998, 2002, 2007년 결과를 비교한 자료이다(U. S. Department of Education, 2007). 미국의 NAEP 작문 평가는 이야기, 정보 전달, 설득 및 주장의 목적을 지닌 글을 각각의 유형과 독자의 특성에 맞게 작성할 수 있는 능력을 평가한다. 또한 글을 작성하는 데 있어 계획하기와 수정하기에 대한 안내서를 제공하고 이를 평가에 활용함으로써 결과뿐만 아니라 작문 과정을 점검하고자 한다.

미국 NAEP 작문 평가는 1998년도에 4학년, 8학년, 12학년을 대상으로 시작되었으며, 4년 주기로 시행되어 2002년도에 실시되었다. 한편 2007년에는 8학년과 12학년만을 대상으로 실시되었다. 채점결과는 6개의 척도로 구분하여 점수로 매겨진다. 뛰어남(excellent), 능숙함(skillful), 충분함(sufficeint), 고르지 못함(unexen), 만족스럽지 못함(insufficient), 불충분함(unsatisfactory)로 구성된 척도에 따라 이야기, 정보 전달, 설득 및 주장에 대한 학생들이 작성한 글을 채점하며, 총점은 0에서 300점까지 분포되어 있다. 이를 성취수준에 따라 기초(basic), 우수(proficient), 매우 우수(advanced)로 분류한다.

기초 수준은 능숙한 글을 작문 위한 기초가 되는 관련 지식과 기능에 대해 부분적으로 갖추고 있음을 의미하고(백분위 점수 10~25점), 우수 수준은 딱딱한 학문적인 글쓰기에서도 수행가능한 정도의 능력을 갖춤을 의미하며(백분위 점수 50점), 매우 우수 수준(백분위 점수 75~90점)은 작문에 있어 높은 수준의 수행 능력을 갖춤을 의미한다.

[표 2-9]는 미국의 국가 수준 학업성취도 작문 평가에 관한 학생들의 결과를 성취수준별로 나타낸 자료이다.

[표 2-9] 미국 NAEP 작문 평가 성적 분포

성취수준	주요 성적 분포 (기준점수)	평가 기준
매우 우수 (231점 이상)	253점	뛰어남. 학생은 의도하고자 하는 초점을 정확히 파악하고 쓰고자 하는 글을 잘 조직하여 일관성 및 응집성을 갖춤. 또한 단어 선택을 잘 활용하여 표현하고 있다. 아주 몇몇의 미세한 오류만 있을 뿐이다.
우수 (179~230점)	203점	능숙함. 학생은 잘 조직된 글을 작성할 수 있는 수준이다. 분명한 입장을 갖추고 있으나 종종 일관성 및 응집성에서 어긋난 부분이 있다. 대체로 적절한 단어 선택을 통해 표현하였으며 평가자가 글을 읽는 데 방해되지 않을 정도이다.
기초 (~178점)	156점	충분함. 학생은 일반적인 수준의 조직된 글을 작성함. 분명한 입장을 갖추고 있으나 일관성 및 응집성이 부족함. 적절한 단어

		선택을 하였으나 주로 단순하고 다양하지 않음. 그러나 독자가 글을 읽는 데 방해되지 않을 정도이다.
	112점	고르지 못함. 자신의 주장 및 견해, 아이디어를 제시함에 있어 부족함이 보이고, 조직에 있어서도 체계적이지 못한 부분이 있다. 단어 사용에서도 적절하지 못한 표현이 발견된다.
	75점	만족스럽지 못함. 자신의 주장 및 견해, 아이디어를 제시함에 있어 적절하지 못하다. 또한 조직이 체계적이지 못하다. 단어 사용에 있어서도 적절하지 못한 표현이 많아 평가자가 글을 읽는 데 방해가 된다.

[표 2-9]에 의하면 2007년 12학년의 결과 총점 75점 이상을 '만족스럽지 못함', 112점 이상을 '고르지 못함', 156점 이상을 '충분함', 203점 이상을 '능숙함', 253점 이상을 '뛰어남'으로 표현하였다. 또한 전체 평균을 기준으로 하여 122~178점을 기초(Basic), 179~230점을 우수(proficient), 231점 이상을 매우 우수(advanced)로 성취수준을 분류하였다. 전체 평균을 비교할 때 2007년의 백분위 점수 10점, 25점, 50점에 해당하는 학생들의 점수 결과는 1998, 2002년에 비해 높았으나, 백분위 점수 75점 및 90점에 해당하는 학생들에 대해서는 2002년과 2007년 간에 유의한 차이가 없었다. 그러나 1998년에 비해서는 향상되었다고 밝히고 있다(U.S. Department of Educaton, 2007). 이처럼 미국을 비롯한 주요 국가에서는 학생들의 작문 평가 결과를 중심으로 시행 시기에 따른 지역, 인종, 학교 등의 변인에 따른 변화 추이를 파악하면서 학생들의 종단적인 작문 능력의 변화에 대해 주목하고 있다.

[그림 2-10]은 호주의 국가 수준 학업성취도 평가의 성적 등급을 제시하였다.

[표 2-10] 호주 NAPLAN 평가 성적의 등급 분포

학년	등급	평가 기준
3학년	1	국가에서 정한 최소 성취수준 이하의 학생
	2	국가에서 정한 최소 성취수준의 학생
	3~6	국가에서 정한 최소 성취수준 이상의 학생
5학년	3	국가에서 정한 최소 성취수준 이하의 학생
	4	국가에서 정한 최소 성취수준의 학생
	5~8	국가에서 정한 최소 성취수준 이상의 학생
7학년	4	국가에서 정한 최소 성취수준 이하의 학생
	5	국가에서 정한 최소 성취수준의 학생
	6~9	국가에서 정한 최소 성취수준 이상의 학생
9학년	5	국가에서 정한 최소 성취수준 이하의 학생
	6	국가에서 정한 최소 성취수준의 학생
	7~10	국가에서 정한 최소 성취수준 이상의 학생

[표 2-10]은 호주의 국가수준 성취도 평가의 문해력과 수해력 과목에 관한 3, 5, 7, 9학년의 점수의 분포를 안내한 자료이다(ACARA, 2011). 호주의 국가 수준 학업성취도 평가인 NAPLAN(national assessment program - literacy and numeracy)은 문해와 수해을 중심으로 3, 5, 7, 9학년을 대상으로 1년에 한번씩 실시되고 있다. 특히 문해 과목에는 읽기, 철자, 문법과 함께 서사문 글쓰기(narrative writing) 또는 설득적인 글쓰기(persuasive writing)이 포함되어 있다.

2011년은 설득적 글쓰기 평가가 시행되었으며, 작문 과목에 대한 점수의 평균은, 3학년은 415.5점, 5학년은 482.5점, 7학년은 529.3점, 9학년은 581.5점으로 나왔다. 3학년은 1~6등급(band), 5학년은 3~8등급, 7학년은 4~9등급, 9학년은 5~10등급으로 점수의 분포가 이루어져 있다.

[그림 2-6]은 호주 국가 수준 학업성취도 평가 결과의 해석 방법을 알려주는 자료이다.

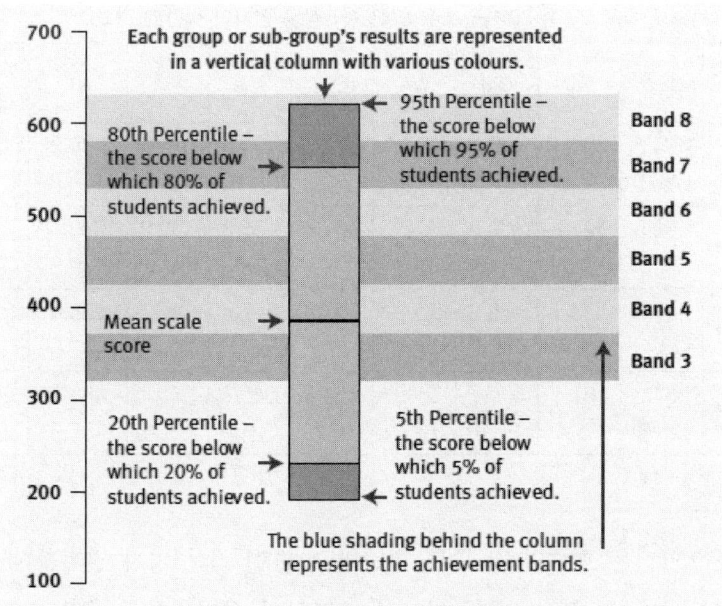

[그림 2-6] 호주 NAPLAN 평가 결과 해석 방법

[그림 2-6]은 2011년 호주 NAPLAN 5학년 평가의 세부 과목별 점수에 대한 분포를 예시로 설명하고 있다. 중간의 점수 분포대에서 200점을 약간 밑도는 점수는 학생들 중에서 5% 정도만이 성취수준에 도달한 점수임을 나타내며 200점 초반의 점수는 학생들 중에서 20% 정도만이 성취수준에 도달했음을 의미한다. 400점 정도의 위치는 평균 점수임을 나타내며, 500점 중반은 학생들의 80% 정도가 도달했음을 알 수 있다. 점수 분포대의 맨 윗부분에 속하는 600점 초반의 점수는 학생들의 95%가 요구하는 성취수준에 도달한 점수임을 나타낸다(ACARA, 2011).

[표 2-11]은 2011년 실시된 호주 국가 수준 학업성취도 작문 평가의 학년별 결과 자료이다.

[표 2-11] 2011년 호주 NAPLAN 작문 평가의 학년별 결과

	NSW	Vlc	Qld	WA	SA	Tas	ACT	NT	AUST (전체)
3학년	495.6 (76.0)	500.4 (70.9)	469.5 (71.7)	480.4 (77.3)	478.5 (74.0)	485.6 (80.8)	516.9 (73.8)	404.8 (118.3)	488.4 (76.4)
5학년	492.5 (64.8)	492.8 (64.7)	470.8 (72.8)	472.4 (73.4)	469.4 (71.2)	465.3 (70.4)	495.2 (69.9)	388.0 (130.5)	482.5 (70.9)
7학년	527.6 (74.2)	533.7 (75.3)	533.2 (76.4)	529.9 (76.6)	529.0 (76.2)	507.4 (83.1)	535.9 (78.3)	438.0 (147.0)	529.3 (77.5)
9학년	564.3 (85.5)	581.1 (85.4)	565.7 (86.4)	564.2 (89.2)	562.1 (91.5)	546.7 (94.4)	577.4 (93.20)	483.9 (155.9)	567.7 (88.5)

(단위 : 평균 점수, 괄호 : 표준편차)

[표 2-11]은 호주의 각 주별 학년별 2011년 작문 평가 결과를 보여주는 자료이다. [그림 2-6]의 자료와 비교하여 살펴보면, 전체적으로 3학년은 488.4점을 획득하여 평균 이상의 학생들이 작문 성취기준에 도달하였으며, 9학년의 경우에는 567.7점을 획득하여 약 80%가 넘는 학생들이 국가에서 정한 작문 성취기준에 달성했음을 파악할 수 있다. 또한 위의 자료는 지역별 학년별로 작문 성취의 수준 차이를 파악할 수 있는 지표로도 활용할 수 있다. 다음으로 [표 2-12]는 호주 국가 수준 학업성취도 작문 평가의 2008년에서 2011년 사이의 연도별 성적 변화를 보여주는 자료이다.

[표 2-12] 호주 NAPLAN 작문 평가의 연도별 성적 추이

	NSW	Vlc	Qld	WA	SA	Tas	ACT	NT	AUST (전체)
2008	569.4 (79.6)	588.9 (83.4)	555.3 (85.9)	560.8 (83.0)	571.2 (78.9)	557.2 (83.8)	571.0 (81.8)	506.9 (127.1)	569.4 (84.1)
2009	568.3 (77.2)	581.9 (77.8)	555.9 (80.6)	565.8 (81.5)	571.4 (79.5)	559.2 (85.1)	578.0 (77.6)	505.0 (125.4)	568.9 (80.2)
2010	566.1 (80.1)	579.5 (79.4)	564.7 (80.6)	562.5 (79.9)	566.3 (78.8)	554.1 (82.6)	575.9 (83.6)	489.4 (129.6)	567.7 (81.4)
2011	564.3 (85.5)	581.1 (85.4)	565.7 (86.4)	564.2 (89.2)	562.1 (91.5)	546.7 (94.4)	577.4 (93.20)	483.9 (155.9)	567.7 (88.5)

(단위 : 평균 점수, 괄호 : 표준편차)

　[표 2-12]에 따르면 호주 **NAPLAN** 작문 평가와 관련하여 2008년부터 2011년까지의 9학년 학생들을 대상으로 하여 각 주별 작문 평가 결과의 변화를 제시한 자료이다. 대체로 2008년에서 2011년까지 전체 평균 성적을 하향세를 드러내고 있으나 유의한 차이를 보이는 것이 아니다. 567.7점의 성적은 [그림 2-6]에서 언급한 바와 같이 대략 80% 이상의 학생들이 국가에서 요구하는 일정 수준의 학업성취수준에 도달한 것이므로 비슷한 성적을 유지하고 있다고 보고하였다(ACARA, 2011).

　미국과 호주의 국가 수준 학업성취도 평가를 살펴본 바와 같이 대단위 작문 평가의 결과 보고서는 대체로 학년별, 지역별, 인종별, 성별 등의 주요 변인들을 중심으로 시험을 시행한 연도별로 성취수준 및 결과에 있어 어떠한 차이가 드러나는가를 구체적인 자료로 제시하고 있다. 이는 국가 전체의 학생들의 작문 능력을 확인할 수 있는 자료가 되는 동시에 다른 과목들과의 상관관계까지도 살펴볼 수 있는 중요한 척도의 자료인 셈이다.

현재 우리나라의 국가수준 학업성취도 평가에서는 기초 미달, 기초 학력, 보통 학력, 우수 학력의 4단계로 구분하고 있다. 그러나 이것이 작문 평가에 적용될 경우 척도의 적정성 및 각 단계에서 구체적인 요구하는 성취수준에 대한 구체적인 설명을 마련할 필요가 있다.

학생들에게 작문 평가의 결과를 제공하는 것이 중요하다. 학생들에게 평가 결과를 제공하는 내용으로는 성취기준의 척도, 첨삭 지도의 논평 형태의 평가 자료가 포함되어야만 학생들이 작성한 글에 대한 평가 결과를 이해하고 이를 위한 개선의 바탕이 될 수 있는 것이다.

평가 결과가 포함된 평가 예시문 형태의 자료 마련 및 제공은 여러 면에서 중요한 특징을 지니고 있다. 이 연구는 이러한 평가 예시문이 표집을 통한 예비 채점 과정 동안 교사들이 보다 평가에 대한 구체적인 세부 기준 및 채점이 도움이 되는 주요 자료라고 생각한다. 또한 학생들은 일반적인 작문 능력에 비추어 학생 개인이 가지고 있는 작문 능력의 수준을 확인할 수 있는 기회가 된다. 한편 평가 예시문은 또한 학교 현장에서 학생들의 기본적인 작문교육을 교수 자료로 활용될 수 있다.

[표 2-13]은 대단위 작문 평가를 실행하는 데 평가 및 채점 과정에 있어 예상되는 문제와 이를 해결하기 위한 방안을 제시한 자료이다.

[표 2-13] 대단위 작문 평가의 신뢰도 및 효율성 확보 방안

	대단위 작문 평가의 신뢰도 및 효율성 확보
채점 과정 및 방법	① 채점자가 원활한 평가 및 채점 과정을 수행하기 위한 구체적인 평가 자료의 제공(작문 평가 기준 및 평가 지침서, 평가 예시문 마련) ② 평가의 세부 영역별·분석적 평가 방식을 취함. ③ 평가 자료 개발을 위한 예비 채점, 신뢰도 검증을 위한 본 채점 I, 평가의 효율성 확보를 본 채점 II의 과정을 통해 채점 과정을 단계화함. ④ 실제 평가 과정(본 채점 II)에서 이르기까지 공통된 평가관을 갖추기 위해 '평가

	기준 및 평가 척도의 초점화'을 통해 평가 척도의 변별이 분명하게 인식될 수 있도록 마련함. ⑤ 채점자의 채점 소요 시간을 측정함으로써 각 평가별 소요 시간의 단축 여부를 확인함. ⑥ 신속한 평가가 이루어질 경우 신뢰도 및 일관도를 저해할 경우를 대비하여, 평가의 전반적인 맥락을 파악하고 있는 채점자가 각 점수를 검토하고 보정함. ⑦ 실제 대단위 작문 평가가 실행될 경우 지역적, 환경적 조건에 따라 평가 협의회가 이루어질 수 없는 상황을 고려하여 구체적인 평가 자료 및 평가 단계를 제시하고 있는 평가 매뉴얼의 활용 ⑧ 자동 채점 프로그램에 대한 고려

[표 2-13]을 통해 대단위 작문 평가가 갖추어야 할 평가의 신뢰도 및 효율성 확보를 위해 평가 및 채점 방법에 초점을 두었다. 직접 평가 방식의 대규모 작문 평가의 검사 수행 및 결과 분석에 관해서는 평가 및 채점 방법 관련 이론 내용에서 언급한 바 있다. 이와 관련하여 대규모 작문 평가를 시행한 결과를 제시한 선행 연구들이 있다. Bunch et al. (1988)은 1,000명의 학생들이 작성한 2,000여 편의 글을 통해 1에서 4의 평가 척도를 주고 평가자들의 채점에 관한 일반화 가능도 분석을 GENOVA를 통해 수행하였으며, Hunter(1996)은 초등학교 3학년 학생들의 글 1,600편을 통해 총체적 평가와 분석적 평가 방식을 비교하여 분석하였다.

선행 연구들은 직접 평가가 가지고 있는 취약점인 신뢰도 문제를 해결하기 위한 다양한 방안들을 제시하고 있다. 고전 검사에서 취한 Cronbach α 계수와 관련된 신뢰도 산출은 극히 제한적인 경우만 의미를 지니는 것으로 일반화에 있어 문제점이 지적되었으며, 이에 대한 보완으로 직접 평가의 채점 상황의 다양한 변인을 고려한 일반화가능도 이론이나 Rasch 모형을 통한 접근 방식이 제안되어 활용되고 있다.

작문 평가의 중요한 과제인 타당도와 신뢰도에 관한 내용을 해결하기 위해 평가 문항 개발 및 평가 방법 개선이라는 관점에서 대단위 작문 평가의 시행 가능성을 목적으로 하여, 이와 관련한 이론적 고찰 및 사례와 실험 연구를 통해 대단위 작문 평가의 단계를 구안해 보았다. 신뢰도를 확보하기 위해서 평가 및 채점 단계 모형을 설정하고, 특히 직접 평가에서 쟁점이 되고 있는 채점자 간 신뢰도 확보 및 대규모 작문 평가를 수행하기 위한 개선된 채점 방법의 효과에 대해 검증하고자 하였다.

이 연구는 기존 작문 평가 연구의 신뢰도 확보에 관해 수행한 연구 결과들을 반영하면서 학교 현장에서 실질적으로 수행하고 있는 평가 방식을 통해 신뢰도 확보의 방법을 찾고자 하였다.

최근 몇 년 전부터 도입되고 있는 서술형 평가의 채점 방법에 대해 학교 현장에서는 체계적인 평가 방법을 갖추기 시작하였다. 분석적 평가로서의 문항별 또는 영역별로 일관되게 채점하는 방법, 자신이 출제한 문항별로 평가자가 채점하는 방법은 채점자의 평가 수행에 혼란을 막기 위한 효과적인 방법이라고 할 수 있다. 이와 함께 이 연구에서는 평가 매뉴얼 및 평가 협의회의 활용을 제안한다. 물론 평가의 측면에서 같은 작문교육 및 평가 전문가 사이에서도 채점의 기준이나 평가에 대한 견해가 다른 것이 사실이다. 그러나 대단위 작문 평가에서는 일관된 평가관의 공유가 필요하다. 평가 매뉴얼 및 평가 협의회에서는 그런 평가에 대한 이견들을 조정하는 과정이 필요한 것이다. 특히 실질적으로 시간 및 공간적 여건이 평가 협의회를 진행하기 어려운 실정임을 고려하여 평가 기준 및 평가 지침서, 평가 예시문 등의 자료 및 평가 과정의 안내를 포함하고 있는 평가 매뉴얼을 통해 이러한 문제를 해결하고자 하였다.

학생들의 작문 능력, 즉 작문에 관한 학업성취도를 평가한다는 측면에서 볼 때 최소한의 학교급별 수준에 적합한, 일상생활에서의 의사소통을 위한 학생들의 작문 능력에 대한 공감대는 어느 정도 형성 가능하다고 생각한다. 그런 의미에서 평가 매뉴얼 및 평가 협의회는 그런 측면에서 평가 및 채점의 일반화를 형성해가는 과정이 필요하다고 생각한다.

내용·조직·표현 영역별로 채점 방법을 분석적 및 평가 영역별로 진행하도록 채점 방법을 구안한 것은 평가 영역의 축소로 인한 채점자의 업무 부담을 줄이고 평가에 대한 집중도 및 평가에 걸리는 시간을 줄이도록 함으로써 평가의 효율성을 높이기 위한 방안이다. '본 채점 I'에서는 참여한 채점자와의 심층 면담을 통해 총체적 평가 방식 및 분석적 평가 방식 중에서 1편 당 평가를 수행함에 있어 소요되는 시간의 차이를 측정하여 평가의 효율성 여부를 판단하고, 특히 일반 평가자와 평가 팀 A, B, C 간의 신뢰도 분석, 일반화가능도 이론, Rasch 분석을 통해 일반 평가자와 평가 팀 간의 유의한 차이가 있는지, 또는 평가 팀 간의 차이가 있는지를 분석함으로써 신뢰도 확보 가능성을 탐색하고자 하였다.

그리고 평가 및 채점 방법의 효율성 측면에서 질문지를 활용한 채점자의 심층 면담을 수행하였다. 이를 통해 '본 채점'에 있어 채점자에게 제공한 평가 지침서 및 평가 예시문 자료가 평가의 일관성 및 신뢰도 확보에 있어 적절한지 유무와 평가 과정에서 보완할 점에 대해 의견을 수렴하는 과정을 통해 평가 방법을 개선하고자 하였다.

'본 채점 II'의 과정에서는 특히 평가의 집중도를 고려한 내용·조직·표현 각각의 분석적 평가 방식 수행에 관한 채점 방법의 적절성 유무를 알아보고, 또한 채점자별로 1일에 100편씩 5일간 수행한 평가 영역별 및 분석적 채점 과정 속에서 10편 정도를 임의로 추출하여 평가에 소요된 시간을 확인하여 날짜별로 채점 소요 시간의 변화 추이에 대해 살펴보고자 하였다. 이 연구가 의도한 것은 '본 채점 II'는 '본 채점 I'

의 연구 결과를 바탕으로 하여 대단위 작문 평가에 응시한 전수 표집들에 대해 최소한의 채점자 인원을 참여시켜 많은 평가 업무가 주어진 환경을 만들도록 하였다. 이를 통해 평가 업무의 효율성 및 채점 소요 시간의 단축 여부를 확인하고자 하였다.

또한 대단위 평가를 수행한 평가 결과를 바탕으로 하여 검토의 과정을 통해 평가 기준 및 평가 지침서의 내용을 적절히 반영했는지 여부에 대해 확인하고 일부 벗어난 평가에 관하여 보정하는 작업을 진행하고자 하였다. 이를 통해 평가의 일관성을 확보하는 동시에 이견이 있는 평가 결과에 대해서는 채점자들 간에 협의를 통해, 평가의 전반적인 단계를 주관하는 담당자가 최종적으로 점수를 결정하는 일반화 과정을 거치도록 하고자 하였다.

앞으로는 대단위 작문 평가 도구가 컴퓨터 사용 환경을 반영할 수 있도록 고려되어야 한다고 제안한다. 컴퓨터 사용 환경을 구축함으로써 평가하는 것은 앞으로의 평가 환경 변화에 대한 대비 및 평가의 효율성을 고려한 새로운 평가 방식의 구현을 위해 필요한 요소이다. 현재는 지필 평가에서 교사가 평가하는 것과 비슷한 신뢰도를 확보할 수 있도록 내용·조직과 같은 평가 영역에 대해 자동 채점이 가능한 프로그램과 컴퓨터를 활용한 평가 환경을 조성하기에는 어려움이 있다. 그럼에도 불구하고 '한글 맞춤법 및 문법 검색기' 등이 개발되고 있어, 표현 영역에 관해서는 어느 정도 평가의 업무를 지원할 수 있는 방법을 구체화되어 있다고 판단한다.

항목별 또는 전체의 평가 결과에 따른 학생들의 답안 자료를 확보하여 평가 기준 및 척도와 관련하여 주요하게 드러나는 답안 사례들을 확보하여 검색 엔진을 마련하여 자동 채점이 용이하도록 하는 방안들이 제시되고 실제로 관련 프로그램들이 개발되어 있다. 우리나라에서도 이

를 위해서는 이와 같은 방안들의 활용 및 프로그램 개발에 관해 적극적
으로 추진할 필요가 있다.

(4) 대단위 작문 평가 채점 방법의 방향

① 예비 채점 과정

분석적·평가 영역 중심의 평가를 지향하면서, 채점자들이 정확하고
신뢰도를 갖춘 채점을 수행하기 위해 제공될 평가 자료를 개발하는 것
이 '예비 채점' 과정의 주 목적이다.

'예비 채점' 과정에서는 개발한 평가 문항을 바탕으로 하여 직접 방식
의 작문 평가 및 작문 과제에서 자주 활용되었던 평가 기준에 관한 선
행 연구 결과들을 분석하였다. 이를 통해 대단위 작문 평가의 목적상 활
용 가능한 평가 기준을 마련하도록 한다. 그리고 세부 평가 영역별로 변
별이 가능한 평가 척도 및 평가 척도별 세부 내용에 관하여 평가 교사
들이 실질적으로 이해할 수 있도록 평가 지침서를 마련하도록 한다.

평가 예시문은 교사들이 작문 평가에 대한 구체적인 결과를 제공한다
는 측면에서 학생들에게는 학습 예시문과 같이 피드백의 자료로 활용될
수 있으며, 또한 채점자가 평가의 과정 속에서 평가 점수 및 주요 평가
영역이 지니고 있는 평가 척도를 결정한 사례로서 참조할 수 있는 것이
다. 여기서는 내용·조직·표현 영역을 대상으로 하여 평가 척도를 적
용할 수 있는 글의 부분에 + 또는 −가 될 수 있는 요소들을 추출하여
간단히 정리하는 방식으로 안내하도록 하였다. 구체적으로 평가 영역과
관련하여 적절한 평가 척도에 따라 평가 결과를 표시한 부분은 나중에
학생들이 자신의 평가 결과를 구체적으로 확인하고 점검할 수 있는 긍
정적인 기능의 역할을 할 수 있다.

② 본 채점 I 과정

'본 채점 I'은 채점자 간 신뢰도 확보 여부를 알아보기 위한 연구 성격의 평가 과정이다. 대단위 작문 실험 평가에서는 이를 위해 표집 인원의 10~15% 정도인 비교적 부담이 적은 수의 40편을 490명의 답안 중에서 공통으로 추출하여 평가에 참여한 교사들에게 제공하였다. 그리고 교사들에게 평가 기준 및 평가 지침서와 평가 예시문으로 구성된 평가 자료를 제공하면서, 분석적 평가를 시행하면서 각각의 교사에게 평가 영역을 달리하여 하나의 팀으로 묶어 평가 및 채점하기를 강조하였다. 곧 동일한 환경에서 평가를 수행하는 3명의 교사가 내용·조직·표현의 영역을 각기 달리 맡아서 평가를 하였을 경우 한 팀이 되는 것이다. 이러한 방식으로 평가팀을 구성하였다.

[표 2-14]는 대단위 작문 평가의 채점자 간 신뢰도를 확인하기 위해 연구자의 의도에 따라 실험과 통제 집단을 편성한 내용이다.

[표 2-14] 신뢰도 검증을 위한 본 채점 I 과정

채점자	인원	목적	집단의 특성	비고
A팀	3명	내용·조직·표현의 영역별 분석적 평가	평가 기준 및 평가 지침서, 평가 예시문 활용	① 평가팀 A와 B는 동일한 조건을 통제하여 신뢰도를 살펴봄. ② 평가팀 D와 C를 제외하였을 때 신뢰도가 높아지는지 살펴봄. ③ 평가의 효율성 측면에서 평균 1명(편) 당 교사의 채점 소요 시간을 측정
B팀	3명	내용·조직·표현의 평가 영역별 분석적 평가	평가 기준 및 평가 지침서, 평가 예시문 활용	
C팀	3명	내용·조직·표현의 평가 영역별 분석적 평가	평가 기준 및 채점기준표 활용(평가 예시문은 제공되지 않음)	
D팀	1명	총체적 평가	일반적인 평가 기준 및 점수별 척도만 제시	

[표 2-14]의 '본 채점 I '은 평가 자료의 제공 차이에 따른 채점자 간의 신뢰도 검증과 내용·조직·표현의 평가 항목별 채점 소요 시간을 확인하는 데 목적이 있다. 평가팀 A와 B는 동일한 평가 자료(평가 기준, 평가 지침서, 평가 예시문)를 제공하고, 평가팀 C는 평가 기준과 평가 지침서만 제공하며, 평가팀 D는 평가 기준 및 점수별 평가 척도의 정보만 제공하였다. 평가의 효율성 확보를 위한 방안을 찾기 위해 채점자별로 각 항목별 채점 소요 시간을 측정하도록 하였다. 즉, 40편의 학생 글을 평가하면서 1편 당 평균 소요 시간을 확인하도록 하였다.

③ 본 채점 II 과정

'본 채점 II'는 실질적인 대단위 작문 평가의 결과를 도출하는 과정으로 전수 표집에 대한 평가가 실시된다. 평가는 주로 효율성을 위한 방법의 개선 및 마련에 중점을 두었다. [표 2-15]는 이 연구에서 의도한 대단위 작문 실험 평가의 '본 채점 II' 과정을 수행하기 위해 편성한 평가 대상 및 채점자 관련 내용이다.

[표 2-15] 평가의 효율성과 채점 결과 확보를 위한 본 채점 II 과정

평가대상	채점자	채점 과정
490명	• 고등학교 경력 10년 이상의 채점자 4명 • 연구자 : 평가 기준 및 척도의 초점화 • 주 채점자 3명 : 내용·조직·표현 항목별 평가 • 채점 지원자 : 평가 결과의 점검 및 보정 • 평가 기준, 평가 척도 및 평가 예시문 활용	① 평가 기준 및 척도의 초점화 ② 평가 업무 부담을 고려하여, 하루 100편의 평가 영역별 분석적 채점 ③ 평가 후에 평가 지원자를 통한 평가 결과의 점검 ④ 평가 결과에 대한 해석 및 이견을 보이는 평가 결과에 대한 보정 과정

[표 2-15]는 학생들의 학업 성취 결과를 확보하기 위한 '본 채점Ⅱ'의 과정이다. 먼저 '평가 기준 및 척도의 초점화' 방법을 통해 평가의 효율성을 유도하며, 평가의 신뢰도와 채점의 일관성을 고려하여 평가 결과에 대한 점검을 통한 조정 과정을 수행한다.

'평가 기준 및 척도의 초점화'라고 하는 것은 각 평가 영역에 대한 평가 기준 및 척도 간의 변별이 가능한 요소를 간명하게 제시함으로써 채점자가 평가 척도 간의 변별성을 높이고 공유된 평가관을 갖춘 채점자 간의 신뢰도를 높이기 위한 방안이다. 평가 기준과 평가 지침서를 인식한 채점자는 평가를 수행하는 데 참조해야 할 학생들의 답안 중에서 평가의 범위를 축소하여 교사가 빠른 시간 내에 정해진 범위 내에서 그 평가 영역에 관한 평가 척도를 확정하도록 돕는 것을 말한다. 즉, 채점자는 적절한 평가 척도를 결정하는 데 있어 관련된 평가 내용을 학생들의 답안에서 빠르게 찾아낼 수 있도록 돕는 절차이다.

이를 위해서는 연구자와 채점자 간에 평가 척도를 변별하는 요소에 대해 명확하고 구체적인 합의가 이루어져야 한다.

채점 후에는 표집 대상에 대한 채점 결과를 바탕으로 하여 지역별, 성별, 간접 평가 문항 및 직접 평가의 평가 영역별 학생들의 평가 결과를 확보를 확보하는 과정이 필요하다.

이와 관련해서는 국가 수준 학업성취도 성취 등급을 참조로 하여 군집 분석을 통한 4개 등급으로 편성(우수, 보통, 기초, 기초 미달)하고 이를 통한 각 등급별 평가의 특성을 파악하는 방법을 활용하고자 한다. 그리고 등급 간의 판별을 결정하는 요소를 추출하는 판별 분석을 실시하고자 한다. 또한 학생들의 시험 결과에 직접적인 영향을 미치는 세부 항목의 평가 결과(간접 평가 결과, 내용·조직·표현 항목별 평가 결과, 직접 평가 총점)간의 상관관계를 살펴보는 것이 필요하다.

평가의 최종적인 목적은 수업의 개선에 있다. 대단위 작문 평가의 궁극적인 의의는 작문 교과의 수업 개선을 통해 학생들의 작문 능력을 향상시키는 데 의의가 있다. 그러므로 대단위 작문 평가의 구체적인 결과를 학생들에게 제공하는 것이 필요하다. 기존의 대규모 평가의 사례를 살펴보면 단순히 학생들이 획득한 점수 및 결과의 정보만을 제공하는 경우가 있다. 이는 학생들이 단순히 자신이 응시한 시험에 대한 결과만을 확인할 뿐 자신의 능력에 대한 점검의 방법으로는 효과적이지 못하다.

대단위 작문 평가는 학생들이 응시한 평가의 결과에 대해 세부적으로 제공해줄 필요가 있다. 간접 및 직접 평가의 결과와 함께 학생들 각각의 성취수준을 제공하고, 각각의 평가 문항에 따른 학생들의 결과를 평가 문항이 의도하는 성취기준, 평가를 통해 파악하고자 한 작문의 세부 평가 영역에 대한 정보와 학생들의 도달 정도, 직접 평가의 경우 채점한 결과 및 점수를 결정하는 데 영향을 미친 평가 기준 및 척도 등에 대한 구체적인 정보를 제공하도록 한다. 이를 통해 학생들은 개인의 작문 능력과 관련한 세부적인 정보를 확인함으로써 자신의 부족한 점 및 개선점 파악을 통해 궁극적으로 작문 능력 향상을 위한 점검 자료로 활용할 수 있다.

이 연구에서는 기존의 작문 평가 및 해외 국가 수준 학업성취도 평가의 채점 방법을 참조하여, [그림 2-4]의 대단위 작문 평가 과정 모형을 기반으로 하여 [표 2-16]과 같이 세부적인 대단위 작문 평가 채점 과정 모형을 제시하였다.

[표 2-16] 대단위 작문 평가 채점 과정 모형

단계	주요 내용	세부 내용

1
단계
	예비 채점	1. 표집
		2. 평가 기준 및 척도 마련
		  • 내용 · 조직 · 표현
		3. 평가 지침서 작성
		  • 평가 기준, 척도, 평가 예시문 자료 포함

2 단계	본 채점 I	1. 채점자 간 신뢰도 분석 2. 분석적 · 영역별 평가 3. 평가 자료 제공 차이에 따른 내용 · 조직 · 표현별 평가의 신뢰도 차이 분석 4. 신뢰도 확보 방안 모색
3 단계	본 채점 II	1. 평가 매뉴얼을 활용하여 평가 및 채점 2. 평가 기준 및 척도의 초점화 3. 분석적 평가 / 항목별 평가 / 100편 단위 묶음 평가 / 채점 소요 시간 측정 4. 평가 결과 점검 및 점수 보정 과정 5. 평균 점수 산출→군집 및 판별 분석을 통한 성취수준(등급) 마련 6. 결과 보고서 작성 • 지역별, 성별, 학교별 분포 양상 7. 학생들을 위한 쓰기 피드백 자료 마련

[표 2-16]은 대단위 작문 평가 과정의 문항 개발 및 평가의 세부 과정을 전개한 것이다. 이는 실제로 대단위 작문 평가가 실행될 것을 가정하여 평가 계획 수립시 고려할 세부 사항에 대해 안내하고 있다. 기존의 작문 평가에서 다루는 내용과는 문항 개발 및 평가 과정의 측면에서 일부 공통점을 띠면서도 평가 과점의 공유를 위한 평가 매뉴얼 제공 또는 평가 협의회를 개최하거나, 평가 기준 및 평가 척도에 따른 평가 점수를 수량화하여 드러나는 차이를 밝히고 있는 것에, 통계적 방법을 활용하여 채점자 간의 신뢰도를 확보하고자 하려는 단계 등은 대단위 작문 평가의 채점 과정 모형이 다른 작문 평가와는 변별되는 주요 특징이다.

제 3 장

대단위 작문 평가의 문항 개발 및 채점 방법 연구

1. 대단위 작문 평가의 연구 대상

(1) 대단위 작문 평가 관련 교사의 사전 설문 참여 인원

대단위 작문 평가의 필요성 및 문항 개발에 있어서 평가의 타당도를 확보하기 위해 먼저 지역과 경력 변인을 고려한 국어 교사 62명의 설문을 표집 하였다. 이들에게는 학교에서의 작문교육 실태, 대단위 작문 평가의 실행 가능성 여부 및 대단위 작문 평가가 갖추어야 할 요소, 대단위 작문 평가를 위한 문항 개발 시 적절한 문항의 유형, 대단위 작문 평가의 평가 및 채점 방법에 대한 견해를 수렴하고자 하였다. [표 3-1]은 타당도를 갖춘 대단위 작문 평가 문항 개발을 위해 전문가인 교사의 견해를 수렴하는 사전 인식 조사의 연구 규모이다.

[표 3-1] 교사 사전 인식 조사 연구 인원

항목	세부 항목	인원	퍼센트
지역별	서울, 경기, 인천	34	54.8
	충북, 충남, 대전	20	32.3
	전북, 전남, 광주	6	9.7
	경북, 경남, 부산, 울산, 대구	1	1.6
	제주	1	1.6
	합계	62	100
지역 규모별	대도시	17	27.4
	중소도시	44	71
	읍면지역	1	1.6
	합계	62	100
학교급별	인문계 고등학교	58	93.5
	중학교 및 기타	4	6.5
	합계	62	100
성별	남	26	41.9
	여	36	58.1
	합계	62	100
교직 경력별	1~5년	6	9.7
	6~10년	25	40.3
	11~20년	17	27.4
	21년 이상	14	22.6
	합계	62	100

[표 3-1]은 대단위 작문 평가 관련 교사의 사전 인식 조사에 참여한 표집 대상이다. 평가의 규모가 전국 규모를 고려한 대단위인 만큼 최대한 많은 표집을 확보해야 하는 것이 일반적이지만 실제 연구의 형편상

그리고 사전 인식 조사라는 점을 고려하여 최종적으로 62명의 설문 조사 결과를 수집하였으며, 대신 지역별, 학교별, 성별 분포를 연구의 의도에 맞게 표집 하고자 노력하였다.

본 연구가 고등학교 2학년 대상의 평가임으로 고려하여 인문계 고등학교 재직 교사들을 주 대상으로 하였으나 실제 학업성취도 평가가 초등학교, 중학교, 고등학교를 전 대상으로 하는 만큼 연구 대상과 관련하여 일부 중학교 재직 교사 견해를 수렴하였다.

(2) 대단위 작문 실험 평가 응시 인원

이 연구는 대단위 작문 평가 문항 개발 및 평가 방법의 개선을 제안하며, 이러한 연구적 토대를 바탕으로 하여 실행 가능성 여부를 파악하기 위해 실험 평가를 실시하고자 한다.

실험 평가에 참여한 학생들은 최종적으로 490명이 선정되었다. 대단위 작문 평가가 전국 규모인 점을 고려하여 실질적으로 많은 학생들의 결과물을 표집 해야 하는 것이 일반적이나 실제 연구 수행의 현실적 측면을 고려하고, 평가에 참여하는 교사의 수를 고려하면서 적정 표집 인원을 확보하고자 하였다. [표 3-2]는 대단위 작문 실험 평가에 응시한 학생들의 인원이다.

[표 3-2] 대단위 작문 실험 평가 응시 학생 인원

학생				표집 인원
지역	학교	남	여	
경상	영남고	81	–	
충북1	산남고	–	55	
광주	상일여고	–	68	
충북2	한일고	84	–	490명
수도권1	부천여고	–	49	
강원	춘천여고	–	40	
수도권2	풍생고	60	–	
수도권3	부용고	18	35	
계		243	247	

[표 3-2]는 대단위 작문 실험 평가에 응시한 학생 표집 인원이다. 수도권의 3개 학교, 충청 2개 학교, 경상, 전라, 강원 지역의 1개 학교를 표집 대상 학교로 선정하여 적게는 1개 학급에서 많게는 3개 학급 인원이 참가하였다. 최초의 표집 인원은 501명이었으나 작문 직접 평가 문항에 불성실하게 답변하거나 기타 간접 평가 문항 및 설문 조사에 적절히 응답하지 않은 학생들의 결과물에 대해 타당성을 검토하여 제외함에 따라 최종 인원은 490명이 되었다. 대상 학교는 총 8개 학교로 남녀 공학인 부용고를 제외하고는 남학교와 여학교를 대상으로 선정하였으며, 남녀 간의 표집 인원의 균형을 맞추고자 하였다.

그리고 연구의 의도 및 제한점에 따라 전체 응시 인원은 고등학교 2학년 학생들로 표집을 구성하였다.

(3) 대단위 작문 평가의 '예비 채점' 과정 참여 인원

대단위 작문 실험 평가를 수행하는 데 문항 개발의 내용 타당도 점검 및 평가의 첫 단계로서 평가자인 교사들에게 적절한 평가 자료를 제공하기 위한 '예비 채점' 과정을 수행하고자 하였다. [표 3-3]은 대단위 작문 평가의 '예비 채점' 과정에 참여한 학생과 교사의 규모이다.

[표 3-3] 예비 채점 인원

학생	표집 인원	채점자	표집 인원
경기 부천 지역 고등학교 2학년 여학생	20명	고등학교 경력 10년 교사[2] 또는 작문교육 박사과정	5명

[표 3-3]은 대단위 작문 실험 평가의 문항에 관한 타당도 확보와 평가 자료 개발을 위해, 평가의 첫 단계인 '예비 채점' 과정을 수행한 교사와 학생의 인원이다. 고등학교 경력 10년 이상 또는 작문교육 박사과정에 재직하고 있는 교사 5명을 대상으로 하여 문항의 적절성에 대한 내용 타당도를 검증하였으며, '본 채점'에서 평가 교사들이 합리적인 평가 과정을 수행하기 위해 제공되는 참고 자료로서 각종 평가 자료를 개발하는 '예비 채점' 과정에 위의 교사들이 참여하도록 하였다.

(4) 본 채점 I 과정 참여 인원

'본 채점 I'은 실질적으로 직접 평가 방식의 작문 평가 문항에 대한

---

2) 이는 채점자를 선정한 후 경력을 확인한 사항이다. 이 연구에서는 특정한 채점자의 경력 기준을 처음부터 요구하지는 않았다. 단 채점자의 조건은 학교 현장에서 대단위 작문 평가를 실시한 학교급에서 재직하고 있는 국어 및 작문 과목 교사이다.

학생들의 답안을 평가 및 채점하는 과정 속에서 구체적인 평가 자료의 제공 여부에 따른 채점자 간 신뢰도 차이를 확인하여, 신뢰도를 확보하기 위한 연구 과정의 평가이다. [표 3-4]는 '본 채점 I'에 참여한 학생과 교사 인원이다.

[표 3-4] 본 채점 I 인원

학생	표집 인원	채점자	표집 인원
최종 490명 중 학교와 성별을 고려한 계층 표집	40명	고등학교 경력 10년 또는 작문교육 박사과정	10명

[표 3-4]는 '본 채점 I' 연구에 참여한 대상 인원이다. '본 채점 I'은 신뢰도 확보를 위한 연구의 목적을 띤 평가 과정이다. 구체적으로 분석적 평가 방식을 취하며, 상대적으로 많은 평가 교사들에게 비교적 평가 업무 부담이 적은 분량을 제공하여, 평가에 집중할 수 있도록 유도하였다.

그리고 이 연구가 의도하는 대단위 작문 평가의 평가 방법 중에서 분석적 평가 방법 및 영역별 평가 방법에 주목하여 실험 집단인 평가팀 A, B, C의 교사들 개인별로 평가 영역을 다르게 할당하게 평가를 수행하도록 요구하였다. 통제 집단인 평가팀 D는 기존의 방법인 총체적 평가를 수행하면서 각 평가 영역별로 평가 점수를 매기도록 하는 분석적 평가를 절충하여 수행하도록 하였다.

특히 이 연구에서 주목하는 점인 채점자 간의 신뢰도 파악에 목적을 두면서 4개의 평가팀으로 구성하여 각기 다른 평가 자료를 제공하였다. 이를 통해 각 평가팀별 신뢰도 파악함으로써, 구체적인 평가 자료의 제공이 평가의 신뢰도를 높일 수 있다는 가정을 뒷받침할 수 있는 근거를 확보하고자 한다. 즉, 일반적으로 국어 교사들이 주어진 평가 자료의 유무에 따라 평가 결과의 신뢰도가 어떤 차이를 보이는가, 적절한 평가 자료를 풍부하게 제공한 집단일수록 그렇지 않은 집단에 비해 신뢰도가 높아지는가를 알아보기 위한 과정이다.

(5) 본 채점Ⅱ 과정 참여 인원

'본 채점Ⅱ'는 실질적으로 실험 평가에 응시한 학생 전수에 대한 평가를 실시하면서, 기존의 직접 평가 방식의 문제점인 평가 업무 부담을 해소하기 위해 모색한 평가 과정이다.

구체적으로 '본 채점Ⅱ' 과정에서는 최소한의 채점 결과가 평가의 신뢰도를 확보하면서 최대한 평가 업무의 곤란도를 줄여주면서 효율적으로 평가를 진행할 수 있도록 의도하는 평가이다. 또한 참여 학생들에게 대단위 작문 평가에 관한 학생들의 인식 조사를 실시하였다. [표 3-5]는 '본 채점Ⅱ' 과정 및 대단위 작문 평가에 관한 학생 인식 설문 조사에 참여한 인원이다.

[표 3-5] 본 채점Ⅱ 및 대단위 작문 평가 학생 인식 조사 참여 인원

평가 참여 학생	설문 응시 학생	채점자	표집 인원
490명	439명	연구자를 포함하여 고등학교 경력 10년 교사	4명

[표 3-5]는 '본 채점Ⅱ'에 참여한 학생 및 교사 인원이다. '본 채점Ⅱ'에서는 최종적으로 응시한 490명의 결과물을 전수 표집 하였다. 이를 대상으로 대단위 작문 실험 평가 전체의 평가를 수행하기 위해 내

용·조직·표현의 평가 영역에 따라 각각 1명의 교사가 채점자로 선정
되었다. 이는 최소 규모의 채점자를 구성하여 채점자가 어느 정도의 작
문 평가 업무를 수행할 수 있는가를 확인하는 의도에서 절차를 마련한
것이다.

참여 교사들은 평가 기준 및 평가 지침서, 평가 예시문 자료가 포함된
평가 매뉴얼을 통해 평가 과정을 인식하였고, 평가 기준 및 평가 지침의
초점화를 통해 공유된 평가관을 확립하도록 하였다. 평가 과정에 있어
서 교사들은 100편 단위로 5일에 걸쳐 각각 담당한 평가 영역만을 평가
하였으며, 평가의 신뢰도 확보 및 평가의 적절성 여부를 확인하기 위해
교사들의 평가 결과를 검토 및 이의가 발생한 평가 결과에 대해서 평가
기준 및 평가 지침서, 평가 예시문을 바탕으로 적절한 점수로 보정하는
작업을 수행하였다.

'예비 채점' 과정 및 '본 채점 I · II'의 모든 평가 과정에는 표집된
교사들이 지속적으로 참여하였다. '예비 채점' 과정이 '본 채점 I · II'
과정에 중요한 영향을 미친다는 점을 고려하여 채점자들은 평가의 목적
및 의도에 관한 세부적인 평가의 절차 및 방법을 익히고 평가에 대한
공통된 관점을 유지하도록 하였다. 또한 학생들에게는 대단위 작문 평
가에 관한 학생들의 인식 차이를 위해 15개 항목으로 구성된 설문 조사
([부록 3] 참조)를 실시하였다. 설문 조사에 참여한 학생들 중에서 불성실
하게 작성한 학생들을 제외하고 최종적으로 439명을 선정하였다.

2. 대단위 작문 평가 관련 도구

(1) 대단위 작문 평가에 관한 교사들의 사전 인식 조사 설문지

이 연구에서는 대단위 작문 평가 문항의 개발 원리와 이를 통해 개발한 실험 평가 문항들이 타당도를 갖추기 위해 교사들의 사전 인식 조사 설문지, 대단위 작문 평가 문항 개발을 위한 체크리스트, 대단위 작문 평가에 관한 교사와 학생의 인식 설문지, 평가의 신뢰도 및 효율성 확보를 위한 참여 교사의 면담 결과를 확보하기 위한 심층 질문지 등의 검사 도구를 개발하여 활용하였다.

먼저 작문교육 이론 및 교육과정과의 연계성 및 대단위 작문 평가가 갖추어야 할 대규모 언어 평가의 특성 및 작문 평가의 측면, 대단위 작문 평가를 위한 기존 대단위 수준의 작문 평가에 관한 해외 연구 사례 검토의 제반 이론을 통해 구체적인 주제, 문항 수, 제시 방법, 글 유형, 작성 조건을 고려한 문항 개발의 원리를 이끌어 내고, 주요 평가 요소를 추출하여 실험 문항 개발을 수행하고자 하였다. 이와 관련하여 검사 문항의 타당도를 확보하기 위해 전문가인 62명의 국어 교사 및 작문교육 전공자들을 대상으로 설문지를([부록 1] 참조) 활용하여 학업성취도 평가로서의 대단위 작문 평가 검사 도구의 유형 및 구체적인 문항 개발 방향에 대한 정보를 확보하였다.

[표 3-6]은 대단위 작문 평가의 필요성 및 목적, 효과적인 실행 방안과 관련하여 교사의 인식 및 견해를 살펴보기 위한 설문지의 주요 문항 내용이다.

[표 3-6] 대단위 작문 평가에 관한 교사의 사전 인식 설문지 주요 문항

주요 항목	세부 설문 문항
학교의 작문교육 및 평가 실태	1. 학교에서의 작문교육 목적 2. 학교에서의 작문교육이 이루어지고 있는 상황 3. 학교에서의 직접 평가 방식의 작문 평가 실행 여부 4. 직접 평가 방식을 포함한 대단위 작문 평가 시행의 필요성에 대한 견해 5. 대단위 작문 평가 시행 시 주요 문제점 6. 대단위 작문 평가의 주요 목적 7. 타당도와 신뢰도, 효율성을 갖춘 학업성취도 평가와 같은 대단위 작문 평가 실시 여부 8. 학생들의 작문 능력 평가 및 피드백 자료를 제공하는 대단위 작문 평가 실시 여부
대단위 작문 평가 문항 개발	9. 대단위 작문 평가 시행 시 평가의 타당도를 위한 고려 사항 10. 대단위 작문 평가 시행 시 평가의 신뢰도 고려 사항 11. 평가의 타당도, 신뢰도 및 효율성을 고려한 적절한 대단위 작문 평가 문항 유형 12. 대단위 작문 평가 유형 관련 보완 사항
대단위 작문 평가의 채점 방법	13. 기존 직접 방식의 작문 평가에 관한 문제점 14. 신뢰도 확보를 위한 채점 방법의 개선 방법 15. 대단위 작문 평가의 채점 방법 관련 보완 사항

[표 3-6]에 나타난 바와 같이 설문 문항은 총 3개의 영역으로 구성하였다. 첫째, 학교에서의 작문교육 관련 실태를 파악하기 위해 ① 학교에서의 작문교육 목적, ② 학교에서의 작문교육이 이루어지고 있는 실태, ③ 학교에서의 직접 평가 방식의 작문 평가 실태, ④ 직접 평가 방식을 포함한 전국 단위의 대단위 작문 평가 시행의 필요성 여부, ⑤ 대단위 작문 평가 실행 시 문제점, ⑥ 대단위 작문 평가의 주요 목적, ⑦ 평가의 타당도와 신뢰도를 갖춘 대단위 작문 평가 실행 여부, ⑧ 학생들의 작문 능력 평가 및 학생 개인별로 작문 결과에 대한 피드백 제공 등의

학업성취도 평가의 성격을 갖춘 대단위 작문 평가 실시 여부 등의 문항으로 구성된 설문지를 제공하였다.

둘째, 대단위 작문 평가의 문항 개발과 관련하여 교사들의 견해를 수렴하고자 하였다. ① 대단위 작문 평가를 시행할 때 문항 개발에 있어 평가의 타당도 확보를 위한 방안, ② 대단위 작문 평가 시행을 위해 평가의 신뢰도 확보 방안에 관한 설문 문항 및 대단위 작문 평가 문항 유형(A형 : 간접(선택형) 평가 + 직접 평가(서술형) 문항, B형 : 글 유형별(서사문, 설명문, 논설문) 작문 평가, C형 : 제시문 포함 읽기 + 작문 또는 듣기 + 작문 형태의 문항, D : 단독 논제 제시형)을 제시하고 그중에서 적절한 문항 형태 선정 및 평가 유형 및 평가 문항에 대해 고려해야 할 점에 대한 개방형 질문을 포함하였다. [표 3-7]은 대단위 작문 평가의 문항 개발의 원리와 실험 평가 문항 개발을 위해 대단위 작문 평가에서 실행 가능한 문항의 유형을 선정하도록 소개한 내용이다.

[표 3-7] 대단위 작문 평가 실험 문항 유형(교사의 사전 인식 조사용)

유형	문항의 특성	
	간접(선택형) + 직접 평가(서술형) 문항	
A형	성격	• 작문과 관련된 지식 및 정의적 요소를 간접적으로 평가함. • 학생들의 작문 수행을 직접적으로 평가하여 간접과 직접을 병행함.
	개발 방향	• 간접 평가 문항은 학업성취도 평가 작문 문항 및 대학수학능력 시험 언어 영역의 작문 영역 문항을 참조하면서 작문에 관한 지식 및 작문에 대한 동기와 태도 영역을 포함한 검사 도구 작성 • 간접 평가 문항은 작문 과정 및 전략에 관한 지식의 인식, 작문의 정의적 요소를 파악함. −(예시) 〈보기〉의 주제에 따라 글쓰기 계획을 세워 보았다. 세부 내용으로 적절하지 않은 것은? (작문 과정의 '계획하기' 관련 지식을 측정하기 위한 선다형 문항으로 출제함.)

		• 직접 평가는 하나의 논제를 통해 한 편의 글을 작성하는 형식의 문항으로 검사 도구 작성 　－(예시)문화 상대주의와 관련하여 세계화의 올바른 방향에 대해 자신의 입장과 견해를 800자 내외로 서술하시오.
B형	글 유형별(서사문, 설명문, 논설문) 작문 평가 문항(서술형)	
	성격	• 글 유형별 학생들의 작문 발달 양상을 고려하여 학교급 별로 적절한 글 유형의 서술형 평가 문항 개발
	개발 방향	• 해외 주요 대규모 작문 평가에서도 서사문, 설명문, 논술문의 글 유형을 바탕으로 작문 평가를 실시함. • 작문에 있어 글 유형 발달을 고려하여 친숙한 글 유형인 서사문으로부터, 중등학교 학생들에게는 서사문, 논술문의 흐름으로 접하도록 함. • 서사문, 설명문, 논술문 작성과 관련된 3개의 문항을 제시하고, 그중 학생들이 선택하여 작성하는 방법으로 검사 도구를 개발할 수도 있음.
C형	제시문 포함(읽기＋작문 또는 듣기＋작문)	
	성격	• 논술고사 형태의 제시문을 포함하여 학생들의 제시문에 대한 이해분석 및 이와 관련한 학생들의 작문 수행을 살펴 봄.
	개발 방향	• 논술고사 형태가 지니고 있는 반응 제한형의 문제를 제시하고, 논제와 제시문이 요구하는 의도에 따라 학생들이 답안을 작성하는 형태의 검사 도구 문항을 개발함. 　－(예시) 다음 제시문을 읽고 물음에 답하시오. 　　(가) 세계화 시대 민족의 정체성에 관한 글 　　(나) 문화 상대주의에 대해 다룬 글 　　(다) 생물 다양성 협약에 대한 과학 지문 (가)와 (나)를 바탕으로 세계화와 문화 상대주의의 개념에 대해 요약하고, 세계화 시대 일어나는 갈등의 원인과 해결 방안에 대해 자신의 견해를 서술하시오. (800자 내외)
D형	단독형 논제 제시	
	성격	• 가장 일반적인 형태의 서술형 평가 유형
	개발 방향	(예시) 세계화의 올바른 방향에 대해 자신의 견해를 서술하시오.

[표 3-7]은 대단위 작문 평가의 문항 개발을 위해 직접 평가 방식의 작문 평가가 포함되어 있는 문항 유형을 설문 대상 교사들에게 제공함으로써 대단위 작문 평가 유형을 선정하고 보완하고자 하였다. 교사들은 적절한 평가 유형을 선정하고 이와 함께 개방형 질문지를 통해 평가 문항이 포함하거나 고려할 요인들에 대한 견해를 밝힘으로써 의견을 수렴하여 대단위 작문 평가 문항의 개발 원리를 구안하고 이에 따라 타당도와 신뢰도를 갖춘 평가 문항을 개발하는 데 참조하고자 하였다.

대단위 작문 평가에 관한 인식 설문 조사 문항들은 전문가인 국어 교사 및 작문교육 박사과정 5명에게 검토를 받아 내용 타당도를 확인하였다. 일부 용어 및 진술 수준에 있어 명확성을 요구함에 따라 적절히 수정하였다.

(2) 대단위 작문 평가 문항 개발을 위한 체크리스트

대단위 작문 평가 관련 이론적 내용과 평가에 포함되어야 할 요소들을 실험 평가 문항에 반영하기 위해 먼저 대단위 작문 평가 문항 개발을 위한 체크리스트를 구안하였다. [표 3-8]은 대단위 작문 평가의 체크리스트 자료이다.

[표 3-8] 대단위 작문 평가 문항 개발 및 채점 방법을 위한 체크리스트

영역	세부 평가 기준	평가 척도				
		매우 적절함	적절함	보통	적절하지 못함	매우 적절하지 못함
평가 문항	작문 교육과정 내용 및 성취기준 반영					
	작문교육 내용의 적절한 위계성 고려					

개발	효과적인 작문 과제 부여					
	적절한 작문 수행 시간 마련					
	적절한 작문 방법 마련(전사 및 컴퓨터 입력 방식)					
	학생들의 인지적, 정의적 양상에 따른 작문 발달 고려					
채점 방법	평가 관점의 공유					
	실질적인 평가(채점) 기준 마련 여부(평가 지침서)					
	효과적인 평가(채점) 방식에 대한 고려					
	평가 예시문 마련 여부					
	학생들이 작성한 글에 대한 평가 피드백 제공 여부					

[표 3-8]은 대단위 작문 평가 문항 개발을 위한 체크리스트이다. 학생들의 작문 능력을 측정 및 평가한다는 주요 목표를 바탕으로 하여 평가의 타당도를 위해 작문교육 이론 및 작문 교육과정의 주요 이론에 대한 반영 여부, 대규모 언어 평가에서 작문 평가가 지녀야 할 특성, 평가 및 채점 방법의 적절성 및 평가의 신뢰도 확보와 평가의 효율성 고려 여부를 체크리스트를 통해 점검하고자 하였다. 특히 문항 개발에 있어서 체크리스트 점검을 통해 세부적으로 항목들의 적절성 여부를 판단하고자 하였다.

체크리스트의 각 항목에 대한 적절성 검증을 위해 전문가인 10년 이상의 국어 교사 또는 작문교육 박사과정 5명의 검토 과정을 수행하였다. 이를 통해 내용 타당도를 확보하였다.

(3) 대단위 작문 평가에 관한 교사와 학생의 인식 설문지

대단위 작문 평가를 위한 사전 인식 조사에 참여한 교사 62명과, 대단위 작문실험 평가에 참여한 학생 439명을 대상으로 대단위 작문 평가의 필요성 및 목적, 실행 여부, 평가의 적절성 등을 확인하기 위한 인식 설문지를 개발하였다.

[표 3-9]는 대단위 작문 평가에 관한 교사와 학생의 인식 실태를 알아보기 위한 설문지의 주요 항목들을 보여주는 자료이다.

[표 3-9] 대단위 작문 평가에 관한 교사 인식 설문 항목

주요 범주	설문 항목
작문 과목의 성격	1. 평가를 통해 학생들의 작문 능력의 중요성 인식
	2. 평가를 통해 학생들에게 작문이 의사소통의 중요한 방법 인식
	3. 평가를 통해 학생들에게 작문이 각종 문제를 해결하는 방법으로 사용됨을 인식
	4. 평가를 통해 학생들에게 작문이 자신의 새로운 지식을 생성하고 의미를 창조하는 방법으로 사용됨을 인식
작문 교육 과정	5. 평가를 통해 학생들에게 작문이 예상 독자, 목적, 과제, 글 유형 등의 상황과 관련이 있음을 인식
	6. 평가를 통해 학생들에게 작문의 계획하기, 내용 생성, 내용 조직, 표현, 고쳐쓰기 과정에 대해 인식
	7. 평가를 통해 학생들에게 작문에 필요한 전략과 방법에 대해 인식
	8. 평가를 통해 학생들에게 정보 전달, 설득, 정서 표현 및 친교(사회적 상호작용)에 대한 실질적인 글쓰기에 대해 인식
작문 수업 및 내용	9. 평가를 통해 학생들에게 작문 및 국어 수업 시간에 교사가 제시한 수업 내용이 도움이 되었음을 인식
	10. 평가를 통해 학생들에게 작문 및 국어 수업 시간에 교사가 제공한 학습 자료가 도움이 되었음을 인식
	11. 평가를 통해 학생들에게 작문 및 국어 수업 시간에 교사가 제시한 수업 방법이 도움이 되었음을 인식

작문 수행	12. 학생들에게 평가가 유창성에 대한 글쓰기 능력 향상과 관련이 있음을 인식
	13. 학생들에게 평가가 풍부하고 적절한 내용을 바탕으로 하여 글을 쓸 수 있는 능력과 관련이 있음을 인식
	14. 학생들에게 평가가 작문에 필요한 일반적인 규칙에 대한 인식과 관련이 있음을 인식
	15. 학생들에게 평가가 좋은 글을 쓸 수 있는 자신감과 꾸준히 글을 써야겠다는 태도가 관련이 있음을 인식
작문 평가 방법	16. 평가를 통해 학생 자신의 실질적인 작문 능력 결과에 대해 인식
	17. 평가를 통해 학생들에게 작문 능력과 관련하여 피드백 자료 제공
	18. 평가를 통해 평가의 목적과 관련하여 평가(평가 도구 및 절차)의 타당도 확보
	19. 평가를 통해 평가의 신뢰도와 평가 및 채점 방법의 효율성 확보

[표 3-9]에서 교사들에게 제공한 제시된 19문항은 대단위 작문 평가를 경험함으로써 '작문교육의 성격', '작문 교육과정', '작문 수업 및 내용', '작문 수행', '작문 평가'에 대단위 작문 평가가 어떤 영향을 미칠 수 있는지 인식 상태를 확인하는 데 중점을 두었다.

즉, '작문교육의 성격'에서는 학생들의 작문 능력, 의사소통에 필요한 작문 능력, 각종 문제 인식 및 해결을 위한 작문 능력으로 구성되었으며, '작문 교육과정'에서는 작문 상황과, 작문 과정, 작문 전략 및 방법, 다양한 현실 상황을 고려한 실제적인 글쓰기 항목들이 포함되었다. '작문 수업 및 내용'에는 교사가 수업을 통해 제공하는 수업 내용, 학습 자료, 수업 방법으로 구성되었고, '작문 수행'에서는 작문의 풍부함(작문 양), 정확성(작문 질), 기초적인 작문 규칙, 작문 동기 및 태도를 포함하였다. '작문 평가'에서는 대단위 작문 평가가 학생들의 작문 능력을 확인하는 데 효과적으로 활용될 수 있는지, 대단위 작문 평가와 평가 결과에 대한 학생들의 피드백 내용이 학생들의 작문 능력 신장에 도움이 될 수 있는지, 대단위 작문 평가가 작문 평가의 타당도를 확보하는지에 관한 교사들의 반응을 살펴보고자 하였다(이영진, 2012).

[표 3-10]은 대단위 작문 평가에 응시한 학생들을 대상으로 하여 기존의 작문 평가와 관련하여 대단위 작문 평가의 필요성 및 효과에 관한 인식 여부를 파악하기 위해 제공한 설문지의 항목 내용이다.

[표 3-10] 대단위 작문 평가에 관한 학생 인식 설문 항목

주요 범주	설문 항목
기초 설문	1. 대단위 작문 평가의 시험 방식이 자신의 작문 능력을 파악하는 데 도움이 되는지 여부
	2. 대단위 작문 평가를 통해 학생이 작성한 글에 대한 내용·조직·표현별 채점에 대한 자료를 제공한다면 자신의 작문 능력을 파악하는 데 도움이 되는지 여부
작문 과목의 성격	1. 평가를 통해 학생들의 작문 능력의 중요성 인식
	2. 평가를 통해 학생들에게 작문이 의사소통의 중요한 방법 인식
	3. 평가를 통해 학생들에게 작문이 각종 문제를 해결하는 방법으로 사용됨을 인식
	4. 평가를 통해 학생들에게 작문이 자신의 새로운 지식을 생성하고 의미를 창조하는 방법으로 사용됨을 인식
작문 교육 과정	5. 평가를 통해 학생들에게 작문이 예상 독자, 목적, 과제, 글 유형 등의 상황과 관련이 있음을 인식
	6. 평가를 통해 학생들에게 작문의 계획하기, 내용 생성, 내용 조직, 표현, 고쳐쓰기 과정에 대해 인식
	7. 평가를 통해 학생들에게 작문에 필요한 전략과 방법에 대해 인식
	8. 평가를 통해 학생들에게 정보 전달, 설득, 정서 표현 및 친교(사회적 상호작용)에 대한 실질적인 글쓰기에 대해 인식
작문 수업 및	9. 평가를 통해 학생들에게 작문 및 국어 수업 시간에 교사가 제시한 수업 내용이 도움이 되었음을 인식

내용	10. 평가를 통해 학생들에게 작문 및 국어 수업 시간에 교사가 제공한 학습 자료가 도움이 되었음을 인식
	11. 평가를 통해 학생들에게 작문 및 국어 수업 시간에 교사가 제시한 수업 방법이 도움이 되었음을 인식
작문 수행	12. 학생들에게 평가가 유창성에 대한 글쓰기 능력 향상과 관련이 있음을 인식
	13. 학생들에게 평가가 풍부하고 적절한 내용을 바탕으로 하여 글을 쓸 수 있는 능력과 관련이 있음을 인식
	14. 학생들에게 평가가 작문에 필요한 일반적인 규칙에 대한 인식과 관련이 있음을 인식
	15. 학생들에게 평가가 좋은 글을 쓸 수 있는 자신감과 꾸준히 글을 써야겠다는 태도가 관련이 있음을 인식

[표 3-10]은 대단위 작문 평가에 참여한 학생들을 대상으로 하여 대단위 작문 평가의 목적 및 필요성, 효과에 대한 인식 차이를 알아보기 위한 설문 내용이다. 학생 설문지의 내용은 기초 설문과 주요 설문으로 구분되며, 기초 설문에서는 대단위 작문 평가에 응시한 학생들이 평가 방식 및 결과 제공을 통해 자신의 작문 능력 향상에 도움이 되는지 여부를 파악하고자 하였다. 주요 설문은 교사 설문과 대체로 비슷한 내용을 포함하면서 학생들의 수준에 적합하게 이해하기 쉽도록 발문 내용을 진술하였다.

교사와 학생의 설문 문항에 관한 내용 타당도를 위해 전문가인 국어 교사 또는 작문교육 박사과정 5인을 통해 설문의 목적 및 주요 설문 항목 내용의 적절성, 용어의 사용, 문장의 진술 수준 등을 확인하였다. 이와 더불어 검사 도구의 신뢰도를 분석하였다. 15개 문항으로 구성된 교사와 학생 설문의 각 문항을 Cronbach α를 통해 추출한 내적 합치도 계수는 .957로 나타났으며, 교사 설문 항목의 경우 '작문 평가'와 관련하여 4문항이 추가된 총 19개 문항으로 구성된 교사 설문의 각 문항에 대해서는 내적 합치도 계수가 .918로 나타났다. 그리고 교사와 학생의 설문 문항 모두에서 신뢰도를 저해하는 항목의 신뢰도 계수가 발견되지 않아 모두 적절한 문항으로 판단되었다.

(4) 평가의 신뢰도 및 효율성 확보를 위한 채점자의 면담지

직접 평가 방식이 도입된 대단위 작문 평가에서는 채점자 간의 신뢰도 확보 여부가 중요하다. 이를 위해 이 연구에서는 '본 채점 I' 과정을 설정하여, 채점자들에게 분석적 평가 및 평가 영역별 평가를 요구하였다. 또한 채점자들에게는 평가 기준 및 구체적인 평가 지침서, 평가 예시문의 자료를 제공한 평가 집단과 일부분만 제공하거나 또는 기본적인 평가 기준 및 평가 척도의 정보만 제공한 평가 집단 간에 신뢰도를 분석함으로써 구체적인 평가 자료를 제공할수록 평가의 신뢰도가 높아진다는 연구자의 가정을 확인하는 절차를 수행하였다.

또한 평가를 경험한 채점자들에게 평가의 신뢰도 및 효율성 확보를 위한 심층 질문지를 제공하였다. 이는 델파이 방법을 통해 담당 평가 교사들에게 대단위 작문 평가의 사전 인식 조사 등 지속적으로 연구 수행을 통해 얻은 결과를 제공하였으며, 이러한 정보를 기반으로 하여 이 연구에서 의도하는 평가 방법의 적절성 및 개선 방안, 평가의 효율성 여부에 대한 견해를 수렴하도록 하였다.

[표 3-11]은 대단위 작문 평가에 참여한 채점자를 대상으로 한 심층 질문 항목을 나타낸 내용이다.

[표 3-11] 채점자를 대상으로 한 심층 면담 항목

범주	심층 면담 항목
평가 기준 및 평가 척도 관련	1. 내용·조직·표현 항목 설정은 적절한가? 2. 평가 기준 및 평가 척도의 제공 방식이 기존의 작문 평가 방식과는 차별이 있는가? 적절한 방식이라 생각하는가?
평가의 신뢰도 확보 마련	3. 평가 기준 및 채점 지침서 제공은 적절한가? 4. 평가 예시문 제공은 적절한가? 5. 평가 피드백 자료 제공은 적절한가? 6. 평가 관점의 일관성 확보를 위한 평가 협의회와 같은 대단위 작문 평가의 채점 방법이 기존의 방식과 차별점이라든지 위의 자료 제공이 채점자 간의 신뢰도 확보를 위해 도움이 된다고 판단되는가?

[표 3-11]의 심층 면담 항목은 평가 기준 및 평가 지침서, 평가 예시문과 관련하여 교사들의 적절성 여부를 묻는 질문 및 평가의 신뢰도 확보 마련 방안, 평가 방식의 개선에 관한 항목들을 세부 항목으로 분류하여 설문 문항으로 제시하였으며 이를 바탕으로 한 교사들의 면담 및 견해의 내용들을 개방형으로 작성하도록 요구하였다. 설문 문항의 내용 타당도를 위해 전문가인 국어 교사 또는 작문교육 박사과정 5인을 통해 설문 항목 내용의 적절성을 확인하였다.

3. 대단위 작문 평가 연구의 절차

이 연구에는 대단위 작문 평가의 문항 개발 및 채점 방법과 관련하여 대단위 작문 평가의 과정 모형에 따라 평가를 수행하도록 하였다. [표 3-12]는 대단위 작문 평가의 세부 절차를 제시한 내용이다.

[표 3-12] 대단위 작문 평가의 세부 절차 및 내용

대단위 작문 평가 과정	세부 절차 및 내용
① 대단위 작문 평가 문항 개발 및 평가 방법 개선을 위한 기초 연구 수행	가. 대단위 작문 평가의 목적 분석 나. 대단위 작문 평가에 필요한 교육내용 요소 추출 다. 학업성취도 평가로서의 대단위 작문 평가가 추구하는 성취기준 개발
② 평가 문항의 개발 원리와 대단위 작문 평가의 특성을 반영한 평가 문항 개발	라. 대단위 작문 평가를 수행하는 적합한 환경 고려 마. 대단위 작문 평가에 적합한 검사도구 유형 고려 바. 대단위 작문 평가 검사 도구 개발
③ 평가 자료 개발을 위한 '예비 채점' 과정	가. 예비 표집 나. 평가 기준 및 척도 마련 다. 평가 지침서(평가 기준, 척도, 평가 예시문 자료) 작성
④ 평가의 신뢰도 확보를 위한 '본 채점 I'	가. 분석적·영역별 평가 나. 채점자 간 신뢰도 분석 다. 평가 자료 제공 차이에 따른 내용·조직·표현별 채점의 신뢰도 분석 라. 신뢰도 확보 방안 모색
⑤ 평가의 효율성 및 학업성취도 결과 도출, 쓰기 피드백 자료 개발을 위한 '본 채점 II'	가. 평가 매뉴얼을 활용하여 채점 나. 평가 기준 및 척도의 초점화 다. 분석적·영역별 평가, 100편 단위의 묶음 평가, 채점 소요 시간 측정 라. 평가 결과 점검 및 점수 보정 과정 마. 평균 점수 산출 → 군집 및 판별 분석을 통한 성취수준(등급) 마련 바. 결과 보고서 작성 　－지역별, 성별, 학교별 분포 양상 사. 학생들을 위한 쓰기 피드백 자료 마련

　[표 3-12]는 [그림 2-4]의 대단위 작문 평가 과정 모형과 [그림 2-14]의 대단위 작문 평가 문항 개발 과정 모형, [표 2-16]의 대단위 작문 평가 채점 과정 모형을 바탕으로 하여 대단위 작문 평가의 단계별

세부 절차 및 내용을 제시한 자료이다.

각각의 단계의 특성을 살펴보면, 1단계는 대단위 작문 평가의 필요성과 적절성을 확보하기 위한 이론적 검토와 문항 개발 및 평가 방법을 마련하기 위한 선행 연구의 검토 단계이다. 대단위 작문 평가의 개념 및 특성, 기존 국외에서의 대규모 작문 평가 사례를 고찰하면서 우리나라 대단위 작문 평가 개발 및 시행에 있어 시사점을 찾고자 한다.

2단계는 대단위 작문 평가 문항 개발에 초점을 두고 있다. 일반적인 평가 문항 개발의 원리를 바탕으로 하여, 작문 평가가 지향해야 할 특성 및 대규모 언어 평가 중에서 작문 평가가 수행해야 할 평가의 요소를 추출하여 이를 적합한 문항으로 개발하는 데 목적이 있다. 이를 위해 전문가인 교사들의 견해를 통해 문항 유형 및 발문, 지시문의 제공 방식에 대해 견해를 수렴하여 반영하도록 하고 개발한 문항에 대한 전문가의 검토를 통해 내용 타당도를 확보하도록 한다. 또한 구인 및 결과 타당도로써 간접 및 직접 평가의 문항별, 영역 간 채점 결과를 바탕으로 하여 상관분석을 통해 간접 및 직접 평가 방식과 세부 문항 간에 어느 정도 변별력을 갖고 있는지 통계적으로 확인하고자 한다.

3단계는 대단위 작문 평가에서 평가의 신뢰도를 확보하며 원활한 평가 과정이 수행되도록 평가 및 채점을 위한 자료를 마련하는 과정이다. '예비 채점' 과정에서는 기존의 작문 평가와 관련한 평가 기준에 대한 선행 연구들을 수렴하여, 대단위 작문 평가에 적합한 평가 기준을 설정하고, 이를 적용하기 위해 대단위 작문 평가를 수행한 학생들의 답안 중에서 20편을 표집 하도록 한다.

평가 및 채점 과정의 주요 원리는 분석적 평가 및 평가 영역별 평가를 활용하도록 한다. 대단위 작문 평가의 목적은 학생들의 작문 능력을 측정하며, 일정 성취수준에 따라 변별하는 데 목적이 있다. 성취수준은 학생들의 작문 능력을 일정한 군집으로 구분하면서 절대 평가의 성격을 지니고 있다. 특히 기초 수준에 미달한 학생들에 초점을 두면 작문 부진 학생에 관한 연구에 보다 실질적으로 접근할 수 있는 장점을 지니고 있다.

이를 위해서 대단위 작문 평가는 평가 기준을 세분화하여 평가 척도를 통해 점수를 수량화할 필요가 있다. 그러나 평가 기준이 너무 세분화되거나 많은 평가 척도를 지닐 경우 직접 평가 방식의 작문 평가에서는 실질적으로 채점자들이 평가를 수행하면서 학생들의 결과물에 대해 어떤 평가 기준과 척도를 적용할 것인가에 대한 판단의 어려움을 겪을 수 있다. 판단의 어려움을 겪는다는 것은 곧 평가의 신뢰도를 저해하는 요인이 된다. 그러므로 대단위 작문 평가는 평가의 목적인 학생들의 작문 능력을 평가한다는 측면에서 변별될 수 있는 평가 영역과 평가 척도를 마련해야 한다.

이와 관련하여 선행 연구들을 검토하여 대단위 작문 평가의 일반적인 평가 기준 영역의 틀은 내용·조직·표현의 3개 영역으로 구성하도록 한다. 기존의 평가 기준의 연구에서는 위의 3개 영역을 보다 세분화하거나 어조 등을 독립된 평가 영역으로 설정하기도 했지만 일반적인 글을 평가할 때 내용·조직·표현의 3개 영역에서 살펴보는 것이 일반적인 평가 수행의 과정이다. 이를 통해 세부적인 평가 영역 및 적절한 수준의 평가 척도를 마련하였다.

4단계는 대단위 작문 평가의 신뢰도 검증 및 평가 방법의 효율성을 고려한 단계이다. '본 채점 Ⅰ'에서는 평가의 신뢰도를 확보하기 위해 평가 자료의 제공 여부에 따라 신뢰도가 어떻게 나타나는가에 초점을 둔 중재 연구의 성격을 지닌 평가 과정이다.

구체적으로 평가 기준 및 평가 지침서, 평가 예시문과 같이 채점자의 평가 수행에 도움이 될 만한 자료들을 제공해 주는 것이 채점자 간의 평가에 대한 관점 공유 및 이를 통해 평가의 신뢰도가 높아질 것이라는 가정 하에 추출한 학생 답안 40편을 중심으로 4개의 평가팀 A, B, C, D 로 집단을 편성하여 평가팀별로 자료 제공에 차이를 두는 방법을 취하였다.

또한 대단위 작문 평가의 규모가 일반 평가에 비해 큰 만큼 원활하고 효율적인 평가를 위해 채점자들은 분석적·영역별 평가 방식을 취하도록 하고, 기존의 총체적 평가를 취하는 집단과 비교하여, 평가에 소요된 시간 차이를 분석할 수 있도록 하였다.

5단계는 평가의 효율성을 고려하여 채점자의 적절한 평가 업무를 수행할 수 있는 여건을 고려하고, 대단위 작문 평가를 수행한 학생들의 결과물을 바탕으로 지역별, 학교별, 성별 특성 및 간접 평가 결과 및 직접 평가의 세부 평가 영역별 점수의 차이가 지역에 따라 어떠한 유의한 차이를 드러내는가를 살펴보고자 한다. 이와 함께 학생들의 작문 능력 향상이라는 목적 하에 학생들의 결과 및 평가 자료를 학생들에게 적절히 피드백하고 또한 작문 교과의 수업에서 교수·학습 자료로의 활용 가능성에 대해 모색하고자 한다.

4. 자료 수집 및 분석

이 연구의 자료 수집 및 분석을 통해 수행하고자 하는 통계적 방법 및 자료는 다음과 같다.

대단위 작문 평가 문항에 관한 평가의 타당도를 확보하기 위해 교사 사전 인식 조사를 실시하였다. 이에 관한 기술 통계 및 경력별 변인에

따른 세부 설문 문항간의 상관을 알아보기 위한 교차 분석을 실시하였
고, 또한 교사들에게 작문 평가 방식에 관한 인식 차이를 알아보기 위해
설문지를 제공하고, 19개의 항목으로 구성된 설문지의 각각 항목별 결
과를 비교하여 유의한 차이를 살펴보기 위해 t검증을 실시하였다.

이와 함께 결과 타당도의 측면에서 선다형 평가의 각 문항별 정오표
를 통해 문항 변별 여부를 확인하고, 선다형 평가 결과 및 서술형 평가
결과의 상관을 통해 드러나는 특징에 대해 고찰하였다.

'예비 채점'과 '본 채점 I '에서는 연구에 참여한 교사들에게 지속적으
로 연구에 대한 과정 및 결과에 관한 정보들을 제공하면서 교사들에게
심층 질문지 및 면담을 실시하고 Cronbach α와 일반화가능도 이론을 바
탕으로 한 일반화 연구(G-study)와 결정 연구(D-study) 결과에 주목하였다.
이와 함께 문항 반응 이론에 기반을 둔 Rasch 분석을 수행하였다. 이를
통해 신뢰도 여부 및 교사들의 평가 일관성을 확인하였다. 이와 함께 평
가의 효율성을 고려하여 20편의 학생 글에 대해 평균 1편 당 채점 소요
시간을 파악하여 그 차이를 알아보도록 하였다.

'본 채점 II' 과정을 통해 최종적으로 산출한 학생들의 채점 결과를
바탕으로 먼저 지역별, 학교별, 성별에 따른 선택형 점수, 내용·조직·
표현의 평가 영역별 점수 및 서술형 평가 점수, 그리고 전체 총점의 기
술 통계를 추출하였다.

그리고 채점 결과를 바탕으로 하여 군집 분석과 판별 분석을 통해 성
취수준을 결정하였으며, 결정된 성취수준에 따라 간접 평가 총점 및 직
접 평가의 세부 평가 영역별 점수의 결과가 성취수준 등급에 각각 어떠
한 영향을 미치는지 살펴보기 위해 중다회귀분석을 실시하였다.

또한 평가의 효율성을 고려하여 교사가 날짜별로 100편 씩 수행한 평
가 과정 중에서 각각 10편을 수행하는 데 걸리는 평균 시간을 추출하여

변화 추이를 살펴보도록 하였다.

자료 수집 및 입력과 분석 과정에 활용된 통계 프로그램은 주요 통계 분석을 위해 PASW 18.0을 활용하였고, 일반화가능도 이론을 적용하기 위해 EduG 5.0을 사용하였으며, 문항반응이론에 기반하여 Rasch 모형에 바탕을 둔 FACETS 프로그램을 활용하였다.

제 4 장

대단위 작문 평가 문항 개발

1. 대단위 작문 평가에 관한 교사의 사전 인식 조사 결과

대단위 작문 평가의 문항 개발 및 채점 방법을 마련하기 위해서는 평가가 일반적으로 갖추고 있는 타당도 및 신뢰도와 대규모로 시험이 진행된다는 점에서 평가의 효율성을 확보해야 한다. 대단위 작문 평가의 필요성을 인식시키고, 적절한 문항 개발 및 채점 방법을 마련하기 위해 먼저 대단위 작문 평가에 관한 교사의 사전 인식 조사를 실시하였다.

대단위 작문 평가에 관한 교사들의 사전 인식 조사는 상대적으로 설문에 응한 교사들의 다양한 반응을 최대한 수렴하고자 다중 응답 유형의 문항을 작성하였으며, 평가 문항 개발 및 평가 방법 개선의 측면에서 구체적인 견해를 얻기 위해 개방형 질문을 포함하였다. 설문 결과는 기술 통계를 주축으로 하면서 교사의 중요한 변인인 경력과 다중응답을 실시한 항목별 반응과의 교차 분석을 실시하여 유의한 차이$(p<.05)$를 알아보고자 하였다. 대단위 작문 평가의 문항 개발에 관한 교사의 인식 조

사 결과 중에서 먼저 [표 4-1]은 작문교육의 주목적과 관련한 교사의 인식 결과이다.

[표 4-1] 작문교육의 목적에 관한 교사 인식 결과

작문교육 목적	경력별 응답				총 반응			
	1~5년	6~10년	11~20년	21년 이상	총 응답	비율	무 응답	비율
1. 학생들의 기초 작문 능력 향상	1	16	11	11	39	62.9	23	37.1
2. 의사소통에서의 표현 능력 향상	5	16	10	11	42	67.7	20	32.3
3. 다양한 문제에 대한 해결방법 제시	2	10	9	4	25	40.3	37	59.7
4. 학생 개개인의 지식 생성 및 창조	2	6	2	2	12	19.4	50	80.6
5. 특별한 이유 없음.	0	0	0	0	0	0	62	100

[표 4-1]에 따르면 학교 현장에서 추구하고 있는 작문교육의 목적은, 주로 의사소통에서의 표현 능력 향상(항목의 전체 응답 중 62.9%), 학생들의 기초 작문 능력 향상(항목의 전체 응답 중 67.7%), 다양한 문제에 대한 해결 방법 제시(항목의 전체 응답 중 40.3%)를 위해 필요하다고 언급하였다. 작문이 의사소통의 수단으로써 그리고 문제를 해결하는 방법으로써 중요한 수단임을 인식시키고 이와 함께 학생들이 작문 능력을 향상시키는 것이 작문교육의 목적이 된다고 말하고 있다. 교차 분석 결과 1번(χ^2=7.006, p=.72), 2번(χ^2=2.19, p=.53), 3번(χ^2=2.05, p=.56), 4번(χ^2=1.95, p=.58), 5번(반응 없음) 세부 항목에 대한 경력별 교사의 반응 결과 모두 유의한 차이를 드러내지는 않았다. [표 4-2]는 학교에서의 작문교육의 실태와 현상을 파악하기 위한 자료이다.

[표 4-2] 학교에서의 작문교육 실태에 관한 교사 인식 결과

작문교육 실태	경력별 응답				총 반응			
	1~5년	6~10년	11~20년	21년 이상	총 응답	비율	무 응답	비율
1. 교육과정에 작문 과목이 개설되어 있음.	1	1	0	2	4	6.5	58	93.5
2. 국어 수업 시간에 작문 과제 및 수행 평가 실시	3	16	12	8	39	62.9	23	37.1
3. 학교의 글쓰기 행사 활용	0	4	0	1	5	8.1	57	91.9
4. 희망 학생에 한해 논술 수업 실시	2	3	5	1	11	17.7	51	82.3
5. 체계적인 작문교육이 실시되지 않음.	1	8	4	4	17	27.4	45	72.6

[표 4-2]에 따르면 실제 학교 현장에서는(고등학교 2학년 또는 고등학교 수업) 교육과정에 심화 선택으로 작문 과목이 개설되어 있는 경우가 드문 편이다(항목의 전체 응답 중 62.9%). 그러므로 1학년의 국어 수업 시간 및 2학년의 문학이나 독서 수업을 통해 작문 과제를 부여하거나 수행 평가로 직접적인 글쓰기 평가가 수행되고 있다(항목의 전체 응답 중 67.7%).

이는 현재 작문과목이 학교 단위 내에서의 실질적인 교육과정에 의해 진행되기보다는 국어과 영역 속에서 과제 및 평가의 방법으로 주로 수행되고 있다는 것을 파악할 수 있다. 이러한 방식은 작문이 가지고 있는 본질 및 작문에 필요한 지식 등을 전달함으로써 학생들이 글을 쓰는 데 있어 인지적 요소 등을 전달하기보다는 평가와 같은 결과를 우선적으로 요구함으로써 학생들에게 자칫 작문란 평가를 위한 도구라는 인식을 형성하도록 만들 수 있는 우려를 낳을 수 있다. 교차 분석 결과 1번(x^2=3.88, p=.27), 2번(x^2=1.07, p=.78), 3번(x^2=4.15, p=.24), 4번(x^2=4.22, p=.23), 5번(x^2=.75, p=.86) 세부 항목에 대한 경력별 교사의 반응 결과 모두 유의한 차이를 드러내지는 않았다.

[표 4-3]은 학교 현장에서의 직접 평가 방식의 작문 평가 시행에 관한 실태 결과를 제시한 내용이다.

[표 4-3] 직접 평가 방식의 작문 평가 실태에 관한 교사 인식 결과

직접 평가 방식의 작문 평가 실태	경력별 응답				반응			
	1~5년	6~10년	11~20년	21년 이상	총 응답	비율	무 응답	비율
1. 국어 교과의 수행 평가 활용	6	23	16	14	59	95.2	3	4.8
2. 국어 교과에서 지필 평가(내신)에 활용	3	7	6	7	33	53.2	29	46.8
3. 국어 수업의 진단 및 형성 평가 활용	0	3	4	2	9	14.5	53	85.5
4. 작문 직접 평가를 활용하지 않음	0	2	3	0	5	8.1	57	91.9

[표 4-3]에 따르면 현재 학교에서의 직접 평가 방식의 작문 평가는 수행 평가에서 활용하거나(항목의 전체 응답 중 95.2%), 서울·경기 지역의 경우에는 지필 평가와 관련하여 중간 및 기말고사 출제 시 일정 비율 이상을 서술형 또는 논술형 평가로 출제하는 지침에 따라서 현재 서술형 평가를 수행(항목의 전체 응답 중 53.2%)하고 있다. 교차 분석 결과 1번(χ^2=1.6, p=.65), 2번(χ^2=4.47, p=.25), 3번(χ^2=2.26, p=.52), 4번(χ^2=3.86, p=.27) 세부 항목에 대한 경력별 교사의 반응 결과 모두 유의한 차이를 드러내지는 않았다.

[표 4-4]는 학교 현장의 상황을 고려하여 직접 평가 방식을 포함한 대규모의 학업성취도 작문 수행 평가의 실시 여부와 필요성에 대한 견해를 담은 자료이다.

[표 4-4] 대단위 작문 평가 시행 필요성 여부에 관한 교사 인식 결과

현재 상황에서 대단위 작문 평가의 작문 시행 필요성 여부	경력별 응답				총 응답	퍼센트
	1~ 5년	6~ 10년	11~ 20년	21년 이상		
1. 전혀 필요하지 않다.	0	0	1	2	3	4.8
2. 필요하지 않다.	0	4	1	2	7	11.3
3. 별로 필요하지 않다.	0	8	4	2	14	22.6
4. 조금 필요하다.	2	7	8	2	19	30.6
5. 필요하다.	4	6	2	6	18	29
6. 매우 필요하다.	0	0	1	0	1	1.6

[표 4-4]에 따르면 대체로 교사들은(61.2%) 현재 학교 현장의 상황에서 직접 평가 방식이 도입되는 대단위 학업성취도 작문 평가에 대한 필요성을 인식하고 있었다. 비록 대단위 작문 평가가 어떠한 방식으로 시행될지 구체적인 정보를 접하지 못한 상황에서 판단을 다소 유보하는 견해나 나왔지만 교사들은 대체로 학생들에게 작문 능력을 향상시키는 것이 중요하다는 견해를 평소 갖고 있으면서 직접 방식의 작문 평가의 시행에 대해 긍정적인 입장을 지니고 있는 것으로 판단된다. 교차 분석 결과 $\chi^2=19.85$, $p=.17$로 경력과 설문의 세부 항목별 변인 간에 유의한 차이를 드러내지는 않았다.

[표 4-5]는 학업성취도 평가의 성격을 지닌 대단위 작문 평가를 시행함에 있어 발생할 수 있는 문제점에 관한 결과 자료이다.

[표 4-5] 대단위 작문 평가 시행 시 주요 문제점에 관한 교사 인식 결과

대단위 학업성취도 작문 평가 시행 시 주요 문제점	경력별 응답				반응			
	1~5년	6~10년	11~20년	21년 이상	총응답	비율	무응답	비율
1. 학생들의 과중한 학습 부담	2	5	7	3	17	27.4	45	72.6
2. 평가 목적의 불분명	0	12	6	5	23	37.1	39	62.9
3. 교사들의 인식 부족	1	4	4	3	12	19.4	50	80.6
4. 평가를 위한 교사들의 수업 부담	3	6	4	2	15	24.2	47	75.8
5. 평가 및 채점의 부담	4	19	11	14	48	77.4	14	22.6

[표 4-5]에 따르면 대체로 교사들은 대단위 작문 평가를 시행할 경우 평가 및 채점의 업무적 부담을 느낄 것(항목의 전체 응답 중 77.4%)으로 응답하였다. 대단위 작문 평가의 목적이나 필요성에는 대체로 공감하고 있지만 대단위 작문 평가가 시행될 경우 교사는 또 하나의 업무가 가중된다는 인식을 가질 가능성이 높다. 그럼에도 불구하고 대단위 작문 평가의 필요성에 대해 공감대를 형성하여 최대한 평가의 부담이나 채점 소요 시간을 단축시키는 방향에서 대단위 작문 평가가 시행될 필요가 있음을 인식하고 있다. 교차 분석 결과 1번(χ^2=2.66, p=.44), 2번(χ^2=4.48, p=.18), 3번(χ^2=.43, p=.93), 4번(χ^2=2.93, p=.402), 5번(χ^2=6.081 p=1.08) 세부 항목에 대한 경력별 교사의 반응 결과 모두 유의한 차이를 드러내지는 않았다. [표 4-6]은 대단위 작문 평가를 시행할 경우 주요 목적에 관한 교사들의 견해를 담은 결과이다.

[표 4-6] 대단위 작문 평가의 주요 목적에 관한 교사 인식 결과

대단위 작문 평가의 주요 목적	경력별 응답				반응			
	1~5년	6~10년	11~20년	21년 이상	총 응답	비율	무 응답	비율
1. 학생들의 작문 능력 확인	3	15	10	9	37	59.7	25	40.3
2. 국어 교과에서 작문 활동의 활성화	3	7	11	5	26	41.9	36	58.1
3. 기존 선다형 평가를 보완	1	5	1	4	11	17.7	51	82.3
4. 작문 평가와 관련하여 학생들에게 피드백 정보 제공	1	8	4	2	15	24.2	47	75.8
5. 학생들에게 작문 중요성 인식	2	13	8	6	29	46.7	33	53.2

[표 4-6]에 따르면 교사들이 대단위 작문 평가의 목적에 대해 다양한 견해를 가지고 있음을 파악할 수 있었다. 대단위 작문 평가는 학생들의 실질적인 작문 능력을 확인할 수 있는 기회를 제공하며, 국어 교과에서 작문 활동의 활성화를 유도하며, 학생들의 작문의 중요성을 인식시키는 데 도움이 된다고 밝히고 있다. 교차 분석 결과 1번(x^2=.363, p=.94), 2번(x^2=5.99, p=.11), 3번(x^2=2.85, p=.41), 4번(x^2=1.76, p=.622), 5번(x^2=2.11 p=.909) 세부 항목에 대한 경력별 교사의 반응 결과 모두 유의한 차이를 드러내지는 않았다.

[표 4-7]은 대단위 작문 평가 문항이 갖추어야 할 타당도 확보와 관련한 교사의 인식 조사 결과의 내용이다.

[표 4-7] 대단위 작문 평가의 타당도 확보에 관한 교사 인식 결과

대단위 작문 평가 타당도 확보를 위한 고려 사항	경력별 응답				반응			
	1~5년	6~10년	11~20년	21년 이상	총 응답	비율	무 응답	비율
1. 학생들의 기초 작문 능력 실태 고려	4	17	10	11	42	67.7	20	32.3
2. 국어 및 작문 교육과정 내용 반영	1	6	5	3	15	24.2	47	75.8
3. 국어 및 작문 수업 내용 반영	1	1	2	2	6	9.7	56	90.3
4. 학생들의 지적 수준을 고려한 작문 주제와 내용 선택	3	15	13	9	40	64.5	22	35.5
5. 학생들의 작문 동기 및 태도 고려	3	8	3	3	17	24.5	45	72.6

[표 4-7]은 타당도를 갖춘 평가 문항을 개발하기 위해서는 대단위 작문 평가가 어떠한 교육적 내용들을 반영하였는가에 대한 교사들의 견해를 담고 있는 내용이다. 이에 따르면 교사들은 대단위 작문 평가의 타당도 확보를 위해 현 수준에서의 학생들의 기초 작문 능력 실태를 고려하고(항목의 전체 응답 중 59.7%), 학생들의 지적 수준을 고려한 작문 주제와 내용을 선택한다(항목의 전체 응답 중 64.5%)고 언급하고 있다.

일부 견해이기는 하지만 작문 교육과정의 내용을 반영한다는 것은 대단위 작문 평가 문항을 개발하는 데 있어 가장 기본적인 고려 사항이라 생각하고, 또한 기존의 작문의 지식적 측면에서 벗어나 학생들의 작문 및 태도와 같은 정의적 요소가 평가에 반영되어야 한다고 견해에 대해서도 주목할 필요가 있다고 판단된다. 교차 분석 결과 1번(x^2=1.37, p=.71), 2번(x^2=.49, p=.92), 3번(x^2=1.68, p=.64), 4번(x^2=1.837, p=.607), 5번(x^2=2.86 p=.41) 세부 항목에 대한 경력별 교사의 반응 결과 모두 유의한 차이를 드러내지는 않았다.

[표 4-8]은 앞에서의 대단위 작문 평가와 관련한 인식 결과를 바탕으

로 문항 제작을 위해 대단위 작문 평가가 어떤 유형의 틀을 갖추어야 하는지에 대한 교사들의 견해를 담은 자료이다. 이 연구에서는 대단위 작문 평가에 관한 교사의 인식 조사를 준비하면서 특히 대단위 작문 평가에서 실행가능한 평가의 틀을 유형화하였다. 교사들은 몇 가지 유형 중에서 실행가능한 유형을 선택하며 이를 보완할 수 있는 문항의 특성 및 문항 개발 시 유의점에 대해 언급하도록 요구하였다.

[표 4-8] 효과적인 대단위 작문 평가 문항 유형에 관한 교사 인식 결과

대단위 작문 평가 문항 유형	경력별 응답				총 응답	퍼센트
	1~5년	6~10년	11~20년	21년 이상		
A형	1	6	3	6	16	25.8
B형	4	8	7	2	21	33.9
C형	1	7	5	6	19	30.6
D형	0	3	2	0	5	8.1
합계					62(결측1)	100

[표 4-8]에 따르면 학업성취도 평가의 성격을 지니고 있는 대단위 작문 평가의 문항 유형에 관하여 교사들은 기본적으로 논제와 제시문으로 구성된 기존 논술고사의 형식(C형)을 활용하되, 학교급별에 따라 학생들의 작문 발달을 고려하여 적절한 글 유형의 글쓰기 문항 제공(B형), 간접(선다형)과 직접(서술형) 방식을 혼합한 문항(A형) 유형을 언급하였다.

이 중에서 실질적으로 학교 현실상 다양한 글 유형의 글쓰기 활동은 학생들이 평가에서 최소 2개 이상의 글 유형의 글에 대한 완결된 글을 작성해야 하는 부담이 있다. 이에 대한 대안으로 작문 및 독서의 글 유형 발달과 관련하여 비교적 이른 시기에는 친숙하게 접할 수 있는 서사

글 유형을 활용하는 방법이, 이후에는 설명문과 논설문 글 유형을 활용하는 방법이 적절하다고 판단한다. 그리하여 초등학생들에게는 서사문 관련, 중학교에서는 설명문, 고등학교에서는 논설문 글 유형을 활용한 글쓰기 평가로 나아갈 수 있도록 제안한다. 이를 바탕으로 고등학교 2학년 대상은 쟁점을 지니고 있는 논제를 활용하여 쟁점에 대한 주요 내용 파악, 쟁점에 대한 자신의 주장 및 근거를 제시하는 방향으로 직접 평가 방식의 작문 평가를 구안하였다.

또한 교사의 견해를 수렴한 결과, 대단위 작문 평가에서는 간접 평가 방식과 직접 평가 방식을 혼용한 작문 평가를 요구하였다. 직접 평가의 경우 대체로 1개의 문항 내외로 출제되기 때문에 작문교육이 지향하는 다양한 목표를 포함할 수 없다는 단점 때문에 상대적으로 다양한 학습 목표 및 성취기준을 반영할 수 있는 간접 평가 방식의 문항을 개발하여 직접 평가를 보완하는 방향으로 진행하고자 한다. 교차 분석 결과 $\chi^2=$ 9.38, p=.403로 대체로 경력과 설문의 세부 항목별 변인 간에 유의한 차이를 드러내지는 않았다.

[표 4-9]는 대단위 작문 평가의 직접 평가 문항이 갖추어야 할 세부적인 특징에 대한 교사의 견해를 정리한 자료이다.

[표 4-9] 직접 평가 문항 유형 관련 교사 인식 결과

설문 문항	개방형 설문 응답
직접 평가 문항 유형	① B, C형일 경우 객관적이고 구체적인 평가 기준이 필요함 ② 학생 자신의 생각 느낌을 간략하면서도 정확하게 표현하는 능력을 유도하는 문항 개발 ③ 학생 수준을 고려하여 적절한 분량과 수준의 지시문(자료) 제공 ④ 논제의 핵심을 파악할 수 있도록 구체적인 발문 필요

[표 4-9]는 대단위 작문 평가의 직접 방식의 평가 문항 유형과 관련하여 교사의 주요 반응을 정리한 내용이다. 교사들은 직접 평가 방식이 활용될 경우 평가 및 채점의 기준이 되는 것이 평가 기준이기 때문에 변별력 있는 구체적인 평가 기준이 작성되어야 함을 강조하였다. 대단위 작문 평가는 학생들의 작문 능력을 평가함으로 학교급별 학생의 수준을 고려하여 적절한 글 작성 분량을 요구해야 하며, 논제와 관련하여 제공되는 제시문의 경우에도 학생들의 독해 수준을 고려해야 함을 언급하였다.

무엇보다도 직접 방식의 작문 평가는 높은 수준의 지식을 요구하는 평가이기보다는 학교생활 또는 사회 주변에서 일어나는 쟁점 주제를 바탕으로 하여 자신의 생각과 견해를 조리 있게 작성하는 방식으로 진행하는 것이 긍정적이라는 의견을 제시하고 있다.

대단위 작문 평가에 대한 교사의 사전 인식 조사 결과에 따르면 대체로 설문에 참여한 교사들은 대단위 작문 평가의 필요성과 실시에 관한 긍정적인 입장을 보이고 있었다. 현재 학교에서 작문교육의 목적은 주로 의사소통, 문제해결의 방법으로써 학생들이 기초적인 작문 능력을 갖추도록 하고 있다. 그러나 실질적으로 작문 과목이 개설되지 못한 현실을 고려하여 국어 과목의 과제 및 평가의 방법으로 작문이 주로 활용되고 있음을 파악할 수 있었다.

이에 따라 아직까지 우리나라 전반의 학생들의 작문 능력을 파악하고자 하는 대단위 작문 평가가 실시되지 않고 있기 때문에 다소 판단을 유보하는 견해가 있지만 대체로 교사들은 기초적인 작문 능력 향상을 위한 방법으로 직접 방식의 작문 평가 문항이 포함된 대단위 작문 평가에 대해 긍정적인 입장을 취하고 있다.

평가와 관련 작문 글 유형은 초등학교는 서사문, 중학교는 설명문, 고등학교는 논설문을 취하여 작문 발달에서의 글 유형 발달을 고려할 필요가 있다고 하였다.

　문항 유형은 간접 평가 방식과 직접 평가 방식을 혼합하여 간접 평가(5~10문항) + 직접 평가(1문항)로 구성하는 것이 적절함을 설문 조사 결과를 통해 판단하였다. 대단위 작문 평가가 학업 성취도 평가의 성격을 띠면서, 기존의 간접 평가의 문제점에 대한 대안으로서의 직접 평가 방식의 도입을 목적으로 하였지만, 평가 요소를 포함하는 데 제한이 있는 간접 평가의 특성을 보완하기 위해 간접 평가 방식을 병행하기로 하였다. 간접 평가 방식은 기존의 수능 및 학업성취도 평가의 작문 문항을 참조하면서, 작문의 지식적인 내용을 묻는 문항을 포함하는 방향으로 문항을 개발하였다.

　평가 시간은 학업성취도 평가에서의 읽기(언어) 평가와의 연계성을 고려하는 방안 또는 작문 과목 평가의 독립성을 고려하여, 60분 내외로 수행하도록 하는 방안을 검토하도록 하였다. 참고로 '예비 채점' 과정을 위한 선행 연구에 참여한 20명의 학생들에게 평가를 수행한 시간을 측정하도록 하였다. 평균 57분 정도가 소요되는 것으로 나타났다. 한편 응시 시간과 관련하여 2학년 460명의 여학생들을 대상으로 지난 1년간 시사적인 내용 중에서 쟁점의 성격을 띠고 있는 글을 제시하고 이와 관련하여 800자 내외의 글쓰기 수행 평가를 실시하였다. 대체로 학생들은(학급 당 평균 40명 중 4명 정도를 제외한 36명 이수) 50분 내외 답안을 작성하였다. 본 채점에서도 간접 및 직접 평가를 고려하여 60분 정도면 작문 능력을 갖춘 학생들이 수행할 수 있는 시간이라고 판단하였다.

　교사들의 사전 인식 조사 결과와 함께 작문 평가에서 활용되는 대표적인 방식인 간접 평가 방식과 직접 평가 방식에 대해 어떠한 인식을 가지고 있는가를 확인하고자 하였다. [표 4-10]은 직접 및 간접 평가 방식에 관한 교사들의 인식 차이를 분석한 t검증 결과이다.

[표 4-10] 작문 평가 방식에 관한 교사들의 인식 차이 분석

영역	세부 영역	집단	사례 수	평균	표준 편차	p
작문 과목의 성격	1. 기초 작문 능력 향상 도움(직접 평-간접 평가)	직접 평가	60	4.35	.82	.002
		간접 평가	60	3.83	1.23	
	2. 의사 소통 능력 향상 도움(직접 평가-간접 평가)	직접 평가	60	4.2	.85	.001
		간접 평가	60	3.62	1.2	
	4. 작문을 통한 새로운 지식 생성 도움(직접 평가-간접 평가)	직접 평가	60	4.33	.917	.000
		간접 평가	60	3.73	1.05	
작문 교육과정	8. 다양한 상황에서의 실질적인 글쓰기에 도움(직접 평가-간접 평가)	직접 평가	60	4.07	1.00	.001
		간접 평가	60	3.76	1.14	
작문 수업 및 내용	11. 교사의 작문 수업 및 내용(수업방법)이 도움(직접 평가-간접 평가)	직접 평가	60	4.03	.716	.048
		간접 평가	60	3.42	.93	
작문 수행	12. 작문 유창성 향상에 도움(직접 평가-간접 평가)	직접 평가	60	4.22	.92	.000
		간접 평가	60	3.28	1.10	
	15. 작문 동기 및 태도 향상에 도움(직접 평가-간접 평가)	직접 평가	60	4.22	.97	.000
		간접 평가	60	3.35	1.12	
작문 평가 방법	16. 평가와 학생들의 작문 능력 결과를 인식 관련 있음	직접 평가	60	4.32	1.03	.000
		간접 평가	60	3.35	1.36	
	17. 평가와 학생들의 작문 평가 결과 피드백 가능	직접 평가	60	4.25	1.08	.000
		간접 평가	60	3.35	1.37	
	18. 평가와 작문 평가의 타당도 확보	직접 평가	60	4.03	.956	.001
		간접 평가	60	3.33	1.16	

[표 4-10]은 작문 평가 방식에 따른 교사들의 인식 차이 결과를 분석한 자료이다. 19개의 설문 문항을 통해 간접 및 직접 평가 방식의 작문 평가에 대한 교사들의 인식 및 차이를 알아보고자 하였다. 총 62명 중 60명이 참여하였다.

그 결과 직접 평가 방식의 서술형 평가가 간접 평가 방식인 서답형, 선택형 평가에 비해, '작문과목의 성격'(기초 작문 능력 향상에 도움, 의사소통을 위한 작문 능력 향상에 도움, 작문을 통한 새로운 지식 생성, 문제 해결 능력 향상) 항목에 대하여 직접 평가가 간접 평가에 비해 유의수준 $p < 0.05$ 내에서 유의한 차이를 보여주고 있다. 그리고 '작문 교육과정'(다양한 상황에서의 실질적인 글쓰기)에 대해 직접 평가가 유의한 영향을 끼치고 있다. 또한 '작문 수업 및 내용'(교사의 작문 수업 및 내용, 교사의 작문 수업 방법)에 관하여 직접 평가에 유의한 영향을 끼치고 있다. 이와 함께 '작문 수행'(작문 유창성 향상, 바람직한 작문 동기 및 태도 향상)에 대해 직접 평가가 유의한 영향을 끼치고 있으며, '작문 평가 방법'(평가를 통해 학생들의 작문 능력 결과를 인식할 수 있다. 평가와 학생들의 작문 평가 결과에 관한 피드백이 가능하다. 평가의 타당도를 확보할 수 있다.)에서도 직접 평가가 유의한 영향을 끼치고 있음을 확인할 수 있었다.

이는 기존의 선택형 중심의 간접 평가 방식이 확보할 수 없었던 평가 관련 특성을 직접 평가 방식을 통해 보완할 수 있다고 해석된다. 한편 대규모 언어 평가에서의 작문의 특성을 고려하여 대단위 작문 평가 문항에 반영하고자 하는 내용들은 작문 교육과정 및 작문교육 관련 이론, 대단위 평가에서 추구하는 평가 변인인 담화 양식, 내용 영역, 수사학적 특징, 채점자 변인, 채점 규모, 작문의 맥락 변인, 시험 응시자 변인을 고려하도록 하도록 요구하고 있음을 파악할 수 있었다.

2. 대단위 작문 평가의 목적, 평가 요소, 성취기준

대단위 작문 평가에 관한 교사의 사전 인식 조사와 대단위 작문 평가의 주요 평가 방식인 간접 및 직접 평가에 관한 내용으로 이 연구는 대단위 작문 평가의 필요성을 확보하였다.

이와 함께 대단위 작문 평가의 문항 개발과 관련하여 대단위 작문 평가의 목적, 평가 요소, 성취기준을 마련하였다.

대단위 작문 평가는 '정보 전달, 문제해결, 사회적 상호작용을 위해 학생들이 주어진 주제에 관하여 작문의 과정 및 관습을 바탕으로 적절한 자료를 수집, 분류, 활용하여 적절히 표현할 수 있는 능력'을 평가한다는 목적을 설정하였다.

이와 함께 대단위 작문 평가 문항 개발을 위한 평가 요소 추출을 위해 [표 3-8]의 체크리스트를 활용하였다. 특히 이 연구는 고등학교 2학년을 대상으로 하여 실험 평가를 실시함으로 고등학교 교육과정에서 국어 과목의 작문 영역의 성취기준 내용을 고찰하였다. 이를 바탕으로 필요한 평가 요소를 첨가하거나 대체, 삭제의 재구조화 방법을 통해 평가 요소 간의 위계를 조직하였다. 최종적으로 간접 및 직접 평가 방식의 특성을 고려하여 평가 요소를 적절히 배치하고, 각각의 평가 방식에 따른 평가 요소를 통해 최종적으로 성취기준을 마련하였다.

고등학교 2학년을 대상으로 한 대단위 작문 실험 평가에서 간접 평가는 '작문 수행을 위해 필요한 관련 작문 지식에 대해 인식하고 작문의 긍정적인 동기와 태도를 통해 자신의 글쓰기에 대한 책임감을 가질 수 있다.'는 성취기준과 함께, '(1) 글을 쓰는 데 필요한 작문의 과정과 관습을 이해한다. (2) 여러 가지 표현 기법과 적절한 문체를 사용하여 글을 쓰고 자신이 쓴 글을 점검하며 고쳐 쓴다. (3) 작문의 긍정적인 동기와 태도를 통해 자신의 글쓰기에 대한 책임감을 갖도록 한다.'의 평가 요소들을 선정하였다.

직접 평가에서는 '작문의 상황과 맥락을 고려하여 통일성과 응집성을 갖추고 여러 가지 타당한 근거를 제시하여 주장하는 글을 쓸 수 있다.'는 성취기준과 함께, '(1) 작문 맥락에 대한 분석을 바탕으로 여러 가지 타당한 근거를 제시하여 주장하는 글을 쓴다. (2) 다양한 매체에서 얻은 정보를 작문 상황에 맞게 조직하여 통일성과 응집성을 갖춘 글을 쓴다.'의 평가 요소들을 선정하였다.

3. 대단위 작문 실험 평가 문항

대단위 작문 실험 평가 문항은 대단위 작문 평가에 관한 교사들의 인식 조사 결과를 바탕으로 하여, 대단위 작문 평가 문항 개발을 위한 체크리스트, 대단위 작문 평가 문항 개발의 원리와 문항 개발의 세부 단계, 채점의 세부 과정 모형을 고려하여 개발하였고 전문가인 국어 교사 및 작문교육 박사과정 5인의 검토를 통해 내용 타당도를 확보하였다. 그리고 교사들의 사전 인식 조사 결과에 따라 대단위 작문 평가의 유형은 간접 평가 직접 평가 방식을 병행하기로 하고자 하였다.

학업성취도 평가와 같은 대단위 작문 평가를 시행할 경우 실질적으로 시험이 시행되는 환경을 고려할 때 다른 학업성취도 평가의 시험 시간과 대비하여 대략 60분 정도 내외의 응시 시간을 확보할 수 있다. 그러므로 간접 및 직접 방식을 병행하고자 하는 대단위 작문 평가의 문항은 시험 시간에 영향을 받아 문항의 수가 제한을 받을 수밖에 없다.

이러한 환경을 고려하여 대단위 작문 실험 평가(간접 평가)에서는 총 5

문항으로 구성된 선다형 문항을 개발하였다. 평가 영역 및 내용은 작문 교육 이론 및 작문 교육과정을 고려하여 학생들이 실질적으로 작문을 수행함에 있어 필요한 작문 지식 및 작문에 관한 동기 및 태도 인식 여부를 확인하는 것에 초점을 두었다.

　구체적으로 간접 평가 방식의 작문 평가 문항에서는 ① 작문과 관련한 상황과 맥락, ② 작문 과정, ③ 작문의 정의적 요소 등이 주요 평가 요소로 추출되었다.

　[표 4-11]은 대단위 작문 실험 평가(간접 평가)의 문항 지시문을 제시한 것이다.

[표 4-11] 대단위 작문 실험 평가(간접 평가) 문항 지시문

주요 평가 영역	세부 평가 영역	간접 평가 작문 문항의 발문
작문의 상황과 맥락	작문의 상황과 맥락 작문 과정 중 계획하기	1. 〈보기〉의 주제에 글쓰기 계획을 세우고자 한다. 세부 내용으로 적절하지 않은 것은?
작문 과정	내용 생성 (자료의 수집 및 선정)	2. '청소년의 진로 선택'과 관련한 글을 작문 위해 필요한 자료를 〈보기〉와 같이 수집하였다. 자료 활용 방안으로 적절한 것은?
	작문 과정에 관한 지식	3. 〈보기〉는 작문 과정의 특성을 요약한 것이다. 적절하지 않은 내용은?
	수정하기	4. '자기소개서'에 대한 고쳐쓰기 계획으로 적절하지 않은 것은?
작문의 정의적 요소	작문 윤리 및 태도	5. 〈보기〉는 저작권과 관련한 법률 조항을 소개하고 있는 내용이다. 올바른 글쓰기 윤리 및 태도에 관한 내용으로 적절하지 않은 것은?

　[표 4-11]은 대단위 작문 실험 평가의 간접 평가 문항들이 대단위 작

문 평가에서 의도하는 평가 요소들이 어떻게 적용되고 있는지를 확인할 수 있는 자료이다. 1번 문항은 작문 상황, 맥락 및 작문 과정에서 계획하기, 2번 문항은 작문을 위한 자료의 수집 및 선정(내용 생성), 3번 문항은 작문 과정에 대한 지식, 4번 문항은 고쳐쓰기(수정하기) 수행에 필요한 지식, 5번 문항은 작문 동기 및 태도의 인식, 작문 윤리와 관련한 문항이다.

간접 평가 방식의 주요 유형 중 하나인 선택형 문항을 통해 문항 개발의 과정에서 기존에 실시되었던 학업성취도 평가 및 수능의 선택형 평가 문항들을 참조하였지만, 작문 관련 지식의 인식 여부(3번 문항), 작문과 관련한 동기 및 태도 등의 정의적 요소에 관한 학생들의 인식 여부(5번 문항)를 파악하기 위한 문항을 신설함으로써 기존의 작문 관련 선택형 문항과는 차별을 두도록 하였다.

무엇보다 간접 평가 방식의 대단위 작문 평가 문항들은 학생들이 작문을 수행하기 전에 필수적으로 알고 있어야 하거나 작문 수행 중에 필요한 지식 요소들의 확인에 목표를 두었다. 구체적으로 학생들은 한 편의 글을 작성하기 위해 글의 목적, 독자, 주제에 관한 인식들이 필요하다. 이와 함께 작성하고자 내용과 관련된 자료의 수집 및 선정, 조직 및 분류하는 과정과 함께, 글의 조직 구성, 표현하기 및 수정하기와 같은 작문 과정 전반에 대한 지식의 인식 여부를 측정하는 것은 중요하다. 이와 함께 기존에 다루지 못한 학생들의 작문에 대한 동기 및 태도, 올바른 글쓰기 태도를 갖추기 위한 쓰기 윤리와 같은 내용들은 올바른 글쓰기 태도 함양을 위해서 학생들의 작문 능력의 바탕이 된다는 점에서 필요한 작문 평가의 영역이라 판단되었다.

[표 4-12]는 대단위 작문 실험 평가의 직접 평가 예시 문항을 소개하고 있다.

[예시 문항 1] 사진 기자의 현장 윤리

[지시문 – 맥락 및 상황] 이번 국어 시간에는 사진 기사가 겪은 한 사건에 대한 내용을 주제로 토론 수업을 하고자 합니다. 아래 사진 및 신문 기사 자료를 읽고 바탕으로 하여, 관련 쟁점에 관한 토론을 진행하고자 합니다.

선생님께서는 토론 수업을 진행하기 전에 각각 학생들에게 원활한 토론 활동을 위한 토론문 작성을 과제물로 제시하셨습니다.

세계 보도 사진상 수상하고 성공했지만 괴로워 해

1985년 11월 프랑크 푸르니에란 사진가는 화산이 폭발해 이미 8만 명이나 사망한 콜롬비아에서 이 사진을 찍었다. 사진 속의 소녀는 용암에 떠밀려온 엄청난 양의 오물에 갇혔고 3일 동안 구조대원이 구출하려고 시도했다. 그 사이 전 세계는 텔레비전과  신문으로 이곳을 주시했다. 기중기나 배수펌프 같은 것이 신속히 오질 못했고 소녀는 허리를 다쳐 꼼짝할 수 없었다. 푸르니에가 할 수 있는 일은 아무 것도 없었다. 그저 국제적인 지원이 살아나길 바라면서 소녀의 고통을 증언하는 일을 하는 수밖에 없었다. 소녀는 놀랍게도 씩씩하게 얼마간을 견뎌냈고 사진을 찍는 푸르니에를 향해 웃어 보이기까지 했다. 그러나 결국 심장 발작으로 목숨을 거두고 말았다.

이듬해인 1986년 푸르니에는 이 사진으로 세계 보도 사진상을 수상했고 자신의 분야에서 성공했지만 괴로웠다. (…중략…)

—「곽기자(곽윤섭)의 사진이야기」

[지시문] 다음 조건에 따라 토론문을 작성하시오.

〈조건〉
1. 정해진 원고지 양식에 따라 토론문(논설문)을 작성합니다. 원고지 사용법 및 맞춤법에 유의하길 바랍니다. (800자 내외)
2. 토론 수업 시간에 발표할 내용임을 주지하여, 독자(청중)의 특성과 토론문(논설문)의 형식 및 내용적 특성을 고려하여 작성하길 바랍니다.

3. 먼저 위의 자료에서 쟁점이 되는 핵심 내용을 요약하여 진술합니다. 다음으로 자신
   이 취하고자 하는 입장을 정하여 밝힙니다.
4. 자신이 취한 입장을 뒷받침하기 위해 구체적인 근거를 제시합니다. 근거를 위해서
   는 적절한 사례를 인용하거나 자신이 알고 있는 사실을 활용할 수 있습니다.

[예시 문항 2] 동물 실험 허용 문제

[지시문-상황 및 맥락] 이번 국어 시간에는 동물 실험에 관한 토론 수업을 진행하고자 합
니다. 아래 토론 수업을 위한 안내문을 관심 있게 읽어 주시길 바랍니다. 선생님께서는 토론
수업을 진행하기 전에 각각 학생들에게 원활한 토론 활동을 위한 토론문 작성을 과제물로 제
시하셨습니다.

동물 실험에 대한 토론

논제 : 동물 실험을 금지해야 한다.
일자 : ○○년 ○○월 ○○일
장소 : ○○고등학교 도서실
사회자(교사) : 오늘의 논제는 '동물 실험을 금지해야 한다.'입니다. 기존의 동물 실험
은 의학과 과학의 발전에 필수적인 과정으로 인식되어 왔으며 현재에도 광범위하게 실
시되어 왔었습니다. 그런데 이러한 동물 실험이 정당한 것인지에 대한 논란이 일고 있
습니다. 현재 우리나라에서는 세계의 동물 보호 운동 추세에 발맞추어 동물 대체 시험
법이 논의되고 있지만, 여전히 동물 실험에 대한 의존도가 높습니다. 동물 실험에 대한
논란이 커지고 있는 요즘, 이 문제에 대해서 생각해 볼 시간이 필요합니다. (…중략…)
　　　　　　　　　　　　　　　　　　　　　　　　　－「고등학교 국어 교과서」 응용

[지시문] 다음 조건에 따라 토론문을 작성하시오.

〈조건〉
1. 정해진 원고지 양식에 따라 토론문(논설문)을 작성합니다. 원고지 사용법 및 맞춤
   법에 유의하길 바랍니다. (800자 내외)
2. 토론 수업 시간에 발표할 내용임을 주지하여, 독자(청중)의 특성과 토론문(논설문)
   의 형식 및 내용적 특성을 고려하여 작성하길 바랍니다.
3. 먼저 위의 자료에서 쟁점이 되는 핵심 내용을 요약하여 진술합니다. 다음으로 자신

[표 4-12]는 대단위 작문 실험 평가의 직접 평가 문항으로 개발된 2개의 예시 문항을 담은 자료이다. '대단위 작문 실험 평가(직접 평가)'는 대단위 규모에서의 직접 방식의 작문 평가를 고려하여 평가 문항을 개발하였다. 작문교육 이론 및 작문 교육과정에서의 작문 맥락 및 상황을 고려하여 학생들이 글을 써야 하는 상황을 구체적으로 제시하고(이번 국어 시간에는 사진 기사가 겪은 한 사건에 대한 내용을 주제로 하여 토론 수업을 하고자 합니다. 아래 사진 및 신문 기사 자료를 읽고 이를 바탕으로 하여 관련 쟁점에 관한 토론을 진행하고자 합니다. 선생님께서는 토론 수업을 진행하기 전에 각각 학생들에게 원활한 토론 활동이 이루어지기 위한 토론문 작성을 과제물로 제시하였습니다.) 이를 지시문의 형식으로 학생들에게 제공하여 학생들의 작문 맥락 및 상황, 글 유형적 특성, 학생들이 글을 써야 하는 목적 등을 분명하게 인식하도록 유도하였다.

다음으로는 작문의 주제와 관련하여 학생들이 주제를 파악할 수 있도록 제시문 및 관련 자료를 제시하였다. 작문의 주제는 쟁점의 성격을 지닌 내용으로 대단위 작문 평가가 학생들의 작문 능력을 평가한다는 점을 고려하여, 별도의 전문적인 지식 및 특정 교과의 지식을 배제하여, 생활 속이나 시사적인 내용, 또는 각종 뉴스들 중에서 학생들이 관심을 가지고 고민할 수 있는 내용들을 포함하도록 하였다.

직접 평가 문항을 작성하기 위한 조건으로 800자 내외의 글을 요구하였다. 직접 평가 방식의 작문 평가가 도입될 경우, 학생들의 글에 대해 내용·조직·표현의 평가 영역별로 평가하기 위한 최소한의 완결된 글의 분량을 고려하였으며, 또한 학생들이 지시문 및 제시 자료를 읽고 쟁점이 되는 주제를 분석하고, 이에 대한 자신의 입장과 근거를 제시하기 위한 내용 생성 및 내용 조직, 그리고 표현하기와 수정하기 활동을 수행하는 데 요구되는 시간을 고려하였다. 또한 작문 이론 및 작문 교육과정의 내용을 반영하기 위해, 토론 활동에서의 독자(청중)가 동료 학생이라는 점, 토론문(논설문) 형식 및 내용적 특성을 고려해야 한다는 작문에서의 독자 인식 및 글 유형적 특성 요소를 포함하도록 하였다.

학생들이 작문 과정을 통해 내용의 통일성과 조직의 일관성을 갖춘 완결된 글을 작성하기 위해 도움이 되도록 활동지를 제공하였다([부록 7] 참조). 활동지의 내용에는 학생들이 체계가 있는 한 편의 글을 작성하는 데 있어 작문의 과정 및 내용 조직의 중요성을 인식시키고, 개요 작성을 수행할 수 있도록 안내하였다. 곧 학생들은 연습지를 통해 글을 쓰는 데 필요한 적절한 내용 생성 및 조직의 과정이 원활하게 이루어지도록 하는 데 중점을 두었다.

대단위 작문 평가 문항을 학생들이 수행하는 데 소요되는 시간은 60분 내외로 정하였다. 학업성취도 평가의 성격을 지닌 대단위 작문 평가가 실질적으로 수행됨을 고려하여, 기존의 학업성취도 평가의 체계를 고려하여 편성하였다.

즉, 대단위 작문 평가가 기존의 평가에 포함될 경우를 고려하여 실행 방법을 크게 두 가지 방향으로 염두에 두었다. 첫째는 학업성취도 언어 평가에 포함되는 경우이다. 이를 위해 선택형 5문항이 기존의 언어 평가에 포함될 수 있도록 하였으며, 나머지 직접 평가 방식의 평가 문항은 독립적으로 45분 내외의 시험 시간을 두고 평가하는 방식이다. 둘째로는 독립적인 영역으로서의 학업성취도 평가이다. 이를 위해서 간접 및 직접 평가 문항이 포함된 위의 문항을 독립적인 '작문' 평가 과목으로 신설하고, 이를 수행하는 데 소요 시간을 60분 정도로 설정하였다.

대단위 작문 실험 평가의 직접 방식의 서술형 평가 문항으로 개발된 2개의 예시 문항에 대해 전문가인 교사 5인의 검토를 통해 최종적으로 사진기자의 현장 윤리와 관련한 문항이 최종 문항으로 선정되었다.

4. 대단위 작문 평가 문항의 타당도 검증

대단위 작문 평가가 갖추어야 할 평가의 타당도를 확보를 위해, 내용 타당도 및 문항 변별도, 구인 타당도에 대하여 검증하는 과정을 수행하였다. 먼저 대단위 작문 평가 문항 개발을 위해 일반적인 평가 문항 개발 원리에 따라 세부 과정을 진행하도록 하였으며, 또한 작문 평가임을 고려하여 작문교육이 추구하는 방향 및 목표, 작문교육 이론, 작문 교육 과정 등의 내용들을 반영하도록 하였다. 이와 함께 대규모의 언어 평가로서 작문 영역의 평가가 수행 시 고려해야 할 점들에 대해 평가 문항 개발 시 포함될 수 있도록 하였다.

대단위 작문 평가 문항이 갖추어야 할 평가의 타당도를 검증하기 위해서 먼저 대단위 작문 평가 문항 개발 과정 및 평가 문항 개발을 위한 체크리스트 점검을 통해 평가의 요소들을 추출하고, 대단위 작문 평가 문항의 원리를 구안하면서 대단위 작문 평가의 직접 및 간접 평가 방식의 작문 평가 문항들을 개발하였다. 개발한 문항에 대해서는 먼저 교육 경력 10년 이상의 국어 교사 또는 작문교육 박사과정 5명을 통해 평가의 요소와 문항 간의 관련성 여부, 발문 형식 및 내용의 적절성, 관련 자료의 활용에 관한 적합성 여부 등 내용 타당도를 확보하였다.

처음에 간접 평가 문항 개발 시 선택형 문항의 경우에는 기존의 학업성취도 평가 및 수능의 작문 문항을 토대로 하여 문항을 개발하였으나 작문 관련 지식에 대한 인식 여부와 작문과 관련한 정의적 요인에 대한 평가의 필요성에 따라 이와 관련하여 복수의 선다형 문항을 출제하였다. 서술형 문항에 있어서도 논제 및 작문의 맥락을 고려하여 특정 지역이나 성별에 유리하지 않도록 문항을 구성하였다.

통계적 방법을 통하여 문항 변별도 및 구인 타당도 확보 여부에 주목하여 간접 평가의 정답률 및 직접과 간접 평가 방식의 세부 평가 영역 간의 상관분석 결과를 확인하고자 하였다. [표 4-13]은 간접 평가 방식은 선택형 평가의 각 문항에 대한 정답 및 오답의 비율을 알아보기 위한 자료이다.

[표 4-13] 간접 평가 문항 정오 분석표

문항	빈도		퍼센트(%)	
	정답(인원)	오답(인원)	정답	오답
1	372	118	75.9	24.1
2	272	218	55.5	44.5
3	341	149	69.6	30.4
4	368	122	75.1	24.9
5	368	121	75.1	24.7

[표 4-13]은 대단위 작문 평가 문항의 타당도를 확인하기 위한 방법으로 문항 반응 및 정오표를 분석한 기술통계 자료이다. 대체로 정답이나 오답에 편중되지 않고 적절한 난도를 고려하여 평가 문항을 개발했다고 판단된다. 2번을 제외하고 대체로 75% 정도의 정답률을 확보하였다는 것은 기초적인 능력을 평가하는 학업성취도 평가와 같은 대단위 작문 평가의 문항 반응으로 적절하다고 말할 수 있다.

다음으로는 선택형 평가인 간접 평가 방식과 서술형 평가인 간접 평가 방식 간의 평가 유형 간 상관분석을 실시하였다. 이를 통해 대단위 작문 실험 평가 결과를 바탕으로 하여 간접 및 직접 방식의 작문 평가가 어떠한 관계를 맺고 있는가를 살펴보고자 하였다. 즉, 평가의 결과를 바탕으로 하여 간접 평가 미 직접 평가의 요소들이 독립성을 가지면서 제대로 측정되고 있는지를 검증하는 구인 타당도를 파악하기 위한 방법이다(성태제 외, 2006). 이 연구에서는 평가 요소들 간의 상관관계를 파악하는 방법을 활용하였다.

[표 4-14]는 평가 유형 및 세부 영역 간의 상관분석을 실시한 결과이다.

[표 4-14] 직접 및 간접 평가의 세부 영역 간 상관분석

Pearson 상관계수	간접 평가 총점	내용 총점	조직 총점	표현 총점
간접 평가 총점	1			
내용 총점	.102	1		
조직 총점	.159	.802	1	
표현 총점	.103	.715	.800	1

[표 4-14]는 대단위 작문 평가의 타당도와 관련하여 문항 간의 상관분석을 실시한 내용이다. 결과 타당도에 중점을 두어 유형별 또는 평가 항목별 평가 결과를 바탕으로 한 상관분석이다.

주목할 점은 직접과 간접 평가 문항의 상관은 낮은 것(간접 평가 총점 대비 내용 총점 .102; 간접 평가 총점 대비 조직 총점 .159; 간접 평가 총점 대비 표현 총점 .103)으로 나타났다는 점이다. 이것은 직접 평가 방식과 간접 평가 방식의 작문 평가가 각각 독립적으로 학업성취도 평가로서의 대단위 작문 평가에 영향을 미친다고 해석할 수 있다.

일반적으로 요인들 간의 상관이 높다는 것은 공통점을 가지고 긴밀하게 관련을 맺고 있다는 것으로 해석된다. 그런 면에서 상관이 낮다는 것은 공통점이 없다기보다는 작문 평가에서 각각의 역할과 특성을 유지하고 있는 것으로 해석할 수 있다.

이를 뒷받침하는 근거로써 직접 평가 방식의 서술형 평가에서는 각각의 세부 평가 기준들이 서로 높은 상관을 맺고 있다는 자료를 제시할 수 있다. 이는 이 세 가지의 세부 평가 기준들이 직접 평가 안에서 서로 간에 긴밀한 관련을 맺으며 영향력을 끼치고 있음을 판단할 수 있다.

한편 문항변별도 및 타당도 확보를 확인하는 근거로써 성취수준이 높은 집단과 낮은 집단을 사례로 하여 간접 및 직접 평가와 직접 평가의 세부 평가 영역 간의 점수 차이를 알아보고자 하였다. 점수의 평균 차이가 나타나며 성취수준이 높은 집단에게 긍정적인 결과가 나타났다는 것은 평가의 타당도가 높다는 것을 입증할 수 있는 근거가 되기 때문이다. [표 4-15]는 성취수준이 높은 '우수' 집단과 성취수준이 낮은 '기초 미달' 집단 간의 간접 평가 결과 차이를 분석한 자료이다.

[표 4-15] 성취수준 상·하위 집단 간의 간접 평가 결과 차이 분석

집단	사례수	평균	표준편차	p
우수	221	20.00	4.26	.000
기초 미달	77	15.91	7.05	

등분산성 가정을 충족하는지 Levene의 등분산 검정 방법으로 검정한 결과 충족하였다. t검증 결과인 [표 4-15]에 따르면 간접 평가 결과 25점 만점 중 성취수준이 높은 '우수' 집단은 평균 20점, 성취수준이 낮은 집단은 평균 15.91점을 획득하였다. 이는 유의확률 .000(P<.05)에 따라

유의한 차이를 드러냈다. 상위 및 하위 집단 간의 간접 결과의 차이가 난다는 것은 문항의 난도를 고려했다는 것이며 작문 능력이 높은 학생들에게 긍정적인 결과가 나왔다는 것은 곧 평가가 의도하는 목적에 충실했다는 것을 의미한다. 그러므로 평가의 타당도를 확보했다는 근거가 될 수 있다. [표 4-16]은 직접 평가 방식인 서술형 평가에 대해 평가의 세부 항목별로 상위 집단 및 하위 집단의 평가 결과가 어떠한 차이를 나타내는지 분석한 자료이다.

[표 4-16] 성취수준 상·하위 집단 간의 직접 평가 결과 차이 분석

평가 항목	집단	사례수	평균	표준편차	p
내용 총점	우수	221	32.25	4.90	.000
	기초 미달	77	6.90	5.80	
조직 총점	우수	221	26.19	4.01	.000
	기초 미달	77	3.30	3.73	
표현 총점	우수	221	26.76	3.38	.000
	기초 미달	77	3.36	1.67	
서술형 평가 총점	우수	221	63.89	4.26	.000
	기초 미달	77	10.16	7.36	

[표 4-16]은 대단위 작문 실험 평가의 결과에 따른 성취수준 '우수' 집단과 '기초 미달' 집단 간 서술형 평가의 세부 평가 영역별 점수 결과의 차이를 분석한 자료이다. 등분산성 가정을 충족하는지 Levene의 등분산 검정 방법으로 검정한 결과 충족하였다. t검증 결과 내용 총점은 40점 만점으로 '우수' 집단의 평균은 32.25점이나 '기초 미달' 집단의 평균은 6.9점으로 상당한 평균차를 보이고 있다. 30점 만점인 조직에서도 '우수' 집단은 26.19점을 획득한데 비하여 '기초 미달' 집단의 경우에는

3.3점에 불과하였다. 표현 총점에 있어서도 '우수' 집단은 26.76점에 비해 '기초 미달' 집단은 평균 3.36점이었다.

100점 만점 기준에서 작문 평가 총점 대비 환산한 75점 만점 기준의 서술형 평가 총점 또한 '우수' 집단은 평균 63.89점에 비해 '기초 미달' 집단의 경우 평균 10.16점이었다. 모든 평가 영역에서 유의확률 .000 (p<.05)로 유의한 차이를 나타내었다. 이러한 결과는 역시 직접 평가에서도 평가의 세부 영역별로 상위 집단과 하위 집단 간에 변별력을 나타내면서 직접 평가가 평가의 타당도를 확보하고 있다는 것을 의미한다.

또한 대단위 작문 실험 평가 결과 중에서 간접 평가 총점 및 직접 평가의 영역별 점수가 각각 가지고 있는 설명력을 알아보기 위해 중다회귀분석을 실시하였다.

간접 평가 총점, 내용·조직·표현 영역 각각의 총점을 독립 변인으로 하고, 우수·보통·기초·기초미달의 성취수준을 종속 변인으로 하였다. 독립 변인별 영향력을 살펴보기 위해 중다회귀분석을 실시하였고 그 결과는 다음과 같다. [표 4-17]은 회귀모형에 대한 분산분석의 결과이다.

[표 4-17] 회귀모형에 대한 분산분석표

모형	제곱합	자유도	평균제곱	F	유의확률
회귀모형	549.89	4	137.47	1281.30	.000
잔차	52.03	485	.107		
합계	601.92	489			
$R^2 = .914$ (수정된 $R^2 = .913$)					

[표 4-17]에 따라 통계적 유의성을 검증한 결과, $F = 1281.30$, 유의 확률은 .000으로 나타났다. 모형에 포함된 변인들은 유의 수준에서 .05의

성취수준의 등급에 대해 유의하게 설명하였으며, 성취수준의 등급의 총 변화량의 91.4%(수정된 결정계수에 의하면 91.3%)가 대단위 작문 평가의 세부 영역별 점수 변인을 통해 설명된다는 것을 파악할 수 있었다.

[표 4-18]은 대단위 작문 평가의 간접 평가 및 직접 평가의 세부 평가 영역별 결과가 전체 대단위 작문 평가 결과에 미치는 설명력을 알아보는 중다회귀분석 결과 자료이다.

[표 4-18] 대단위 평가 성취수준에 대한 중다회귀분석

독립변인	비표준화계수		표준화계수	t	유의확률
	B	표준오차	B		
조직 점수	.044	.003	.353	13.16	.000
표현 점수	.040	.003	.351	15.42	.000
간접 평가 총점	.045	.003	.268	17.19	.000
내용 점수	.029	.003	.233	11.74	.000

[표 4-18]에 따라서 대단위 작문 평가의 세부 영역별 점수가 성취수준의 등급에 대한 기여도와 통계적 유의성을 검정한 결과, 유의수준 .05에서 모든 독립 변인들이 영향을 미치는 것으로 나타났다. 또한 상대적 기여도를 나타내는 표준화 계수에 의하면 조직 점수(.353), 표현 점수(.351), 간접 평가 총점(.268), 내용 점수(.233)의 순으로 성취수준에 영향을 미치고 있음을 파악할 수 있다.

참고로 대단위 작문 실험 평가를 실시하여 얻어낸 결과 중에서 학교 및 지역별로 점수의 차이를 드러냈으며, 특히 평가의 세부 영역별로 지역 간의 차이를 알아보기 위한 분석에서도 유의한 차이를 드러내고 있다는 것이 평가의 타당도를 확보해 주는 자료로 뒷받침될 수 있다.

제 5 장

대단위 작문 평가의 채점 방법

1. 대단위 작문 평가에 관한 교사의 사전 인식 조사 결과

대단위 작문 평가의 채점 방법이 갖추어야 할 평가의 신뢰도와 효율성 확보를 위해 교사의 사전 인식 조사 결과를 바탕으로 방법을 탐색하고자 하였다. [표 5-1]은 평가가 일반적으로 갖추어야 할 타당도와 신뢰도를 확보할 경우 대단위 작문 평가의 실시 여부에 대한 인식 조사 결과 자료이다.

[표 5-1] 타당도와 신뢰도를 확보 시 대단위 작문 평가 실행 관련 교사 인식 결과

타당도 신뢰도 확보 시 대단위 작문 평가 실시 여부	경력별 응답				총 응답	퍼센트
	1~5년	6~10년	11~20년	21년 이상		
1. 실시할 필요가 있다.	5	9	6	6	26	41.9
2. 그저 그렇다.	1	13	9	3	26	41.9
3. 실시할 필요가 없다.	0	3	2	5	10	16.1

[표 5-1]에 따르면 [표 4-6]에서의 견해와 같이 교사들은 평가 및 채점의 부담을 느끼고 있지만, 타당도 및 신뢰도를 확보한 대단위 작문 평가를 실시할 경우 대체로(41.9%) 대단위 작문 평가를 실시할 필요가 있다고 인식하였다. 그러나 아직까지 교사들은 대단위 작문 평가를 실시할 경우 구체적인 평가의 내용에 대해 정확하게 인식하지 못하고 있으므로 '그저 그렇다'는 반응을 보인 사례들이 상당수 파악되었다. 교차 분석 결과 $\chi^2=11.018$, p=.08로 경력과 설문의 세부 항목별 변인 간에 유의한 차이를 드러내지는 않았다.

[표 5-2]는 대단위 작문 평가를 통해 학생들이 스스로 자신의 작문 능력을 확인할 수 있는 방법으로서 평가 관련 피드백 자료가 제공된다는 전제에서 대단위 작문 평가의 실시 가능성에 관한 견해를 담은 자료이다.

[표 5-2] 평가 피드백 자료 제공시 대단위 작문 평가 실행 여부 관련 교사 인식 결과

평가 피드백 자료 제공시 대단위 작문 평가 실시 여부	경력별 응답				총 응답	퍼센트
	1~5년	6~10년	11~20년	21년 이상		
1. 실시할 필요가 있다.	6	13	6	6	31	50
2. 그저 그렇다.	0	10	7	2	19	30.6
3. 실시할 필요가 없다.	0	2	4	6	12	19.4

[표 5-2]에 따르면 교사들은 대단위 작문 평가를 실시 후 학생들의 작문 능력을 확인하기 위한 평가 피드백 자료를 제공한다면 대체로(항목의 전체 응답 중 50%) 대단위 작문 평가를 실시할 필요가 있다고 인식하였다. 작문 능력을 평가하는 대단위 작문 평가를 통해 학생들은 자신의 결과물에 대한 피드백 자료를 받게 된다. 이는 자신의 작문 성취기준을 확

인하는 동시에 이러한 자료들을 수업의 과정을 통해 이루어질 수 있다. 이는 국어 수업에서의 작문 활동을 활성화시키는 역할을 할 수 있다는 것이다. 대부분의 교사들은 학생들에게 대단위 작문 평가 결과에 관하여 피드백 결과 자료를 학생들이 얻을 수 있는 것에 대해 긍정적으로 답변하였다. 교차 분석 결과 $x^2=15.26$, $p=.018$로 대체로 경력과 설문의 세부 항목별 변인 간에 유의한 차이를 보이고 있었다. 특히 2번 항목 '그저 그렇다'는 견해는 경력별 6~10년 및 11~20년 집단이 나머지 집단들에 비해 유의한 차이를 드러내며 응답을 나타내고 있었다.

[표 5-3]은 대단위 작문 평가의 신뢰도 확보 및 효율적인 평가 방법을 위해 고려할 사항에 대한 교사의 견해를 다루고 있다.

[표 5-3] 대단위 작문 평가의 신뢰도 확보에 관한 교사 인식 결과

대단위 작문 평가 신뢰도 확보를 위한 고려 사항	경력별 응답				반응			
	1~5년	6~10년	11~20년	21년 이상	총 응답	비율	무 응답	비율
1. 한 편의 완성된 글을 작성할 시간 고려	2	1	3	1	7	11.3	55	88.7
2. 발문 제시 및 문항 형식 고려	1	16	9	8	34	54.8	28	45.2
3. 작성할 글의 분량 고려	0	2	3	1	6	9.7	56	90.3
4. 작문 과정을 고려한 학생들의 글쓰기 유도	3	10	6	8	27	43.5	35	56.5
5. 효과적인 평가 기준 및 채점 방법 고려	5	18	12	10	45	72.6	17	27.4

[표 5-3]에 따르면 교사들은 대단위 작문 평가의 신뢰도 확보를 위해서는 학생들의 작문 평가 결과를 정확하게 측정하기 위해 효과적인 평가 기준 및 채점을 고려하며(항목의 전체 응답 중 72.6%), 발문 제시 및 문

항 형식 고려(항목의 전체 응답 중 54.8%)하도록 요구하였다.

한편 작문 과정을 고려한 학생들의 글쓰기 유도(항목의 전체 응답 중 43.5%)가 필요하다는 견해를 살펴볼 때 대단위 작문 평가가 단순히 학생들이 작성한 글의 결과에 초점을 두기보다는 어떻게 작문을 수행해 나가는가와 관련한 작문 과정에 대한 고려가 있어야 한다는 견해들이 타당하다고 생각한다. 교차 분석 결과 1번(χ^2=5.16, p=.16), 2번(χ^2=4.43, p=.21), 3번(χ^2=2.06, p=.56), 4번(χ^2=1.75, p=.62), 5번(χ^2=.39 p=.94) 세부 항목에 대한 경력별 교사의 반응 결과 모두 유의한 차이를 드러내지는 않았다.

[표 5-4]는 대단위 작문 평가에서 채점자 간의 신뢰도를 확보하면서 효율적으로 평가 및 채점하기 위한 방안을 찾기 위해 먼저 기존의 직접 방식의 작문 평가 및 채점 방법이 가지고 있었던 문제점들을 이끌어내는 자료이다.

[표 5-4] 기존 작문 직접 평가의 문제점에 관한 교사 인식 결과

기존 작문 직접 평가 방식의 문제점	경력별 응답				반응			
	1~5년	6~10년	11~20년	21년 이상	총 응답	비율	무 응답	비율
1. 평가 기준이 모호함	2	6	4	5	17	27.4	45	72.6
2. 교사별로 주관적인 작문 평가 관점을 지님	1	17	9	3	30	48.4	32	51.6
3. 평가 및 채점 방법에 관한 정보가 부족함	1	1	0	2	4	6.5	58	93.5
4. 평가 및 채점 방법에 소요되는 시간이 많음	6	19	12	9	46	74.2	16	25.8
5. 평가의 효과가 미약함	2	3	7	7	19	30.6	43	69.4

[표 5-4]에 따르면 교사들은 기존의 작문 직접 평가 방식이 지니고 있는 평가 및 채점상의 주요 문제점으로 교사별로 주관적인 작문 평가 관점을 지님에 따라 채점자 간 신뢰도 확보의 어려움이 있고, 평가 및 채점에 소요되는 시간이 오래 소요됨을 언급하고 있다(항목의 전체 응답 중 74.2%).

이는 일반적으로 직접 방식의 작문 평가를 수행함에 있어 일어나는 대표적인 문제점들이다. 기존의 직접 방식의 작문 평가는 학년별 또는 학급별 단위의 비교적 소규모 단위에서 이루어지고 있는 평가이다. 대규모인 대단위 평가일 경우에는 평가의 신뢰도 확보와 효율성이 더욱 고려될 필요가 있다.

교차 분석 결과 1번(χ^2=.86, p=.83), 2번(χ^2=10.48, p=.01), 3번(χ^2=3.88, p=.27), 4번(χ^2=2.96, p=.39), 5번(χ^2=7.464 p=.05) 2번과 5번 항목에 관한 경력별 교사의 반응 결과가 유의한 차이를 드러내었다. 구체적으로 2번 '교사별로 주관적인 작문 평가 관점을 지님'에 대해서는 6~10년 및 11~20년 경력 집단이 다른 집단에 비해 유의한 차이를 보이며 반응을 보이고 있었으며, 5번 '평가의 효과가 미약함'에 대해서는 11~20년 및 21년 이상 경력 집단이 다른 집단에 비해 유의한 차이를 보이며 반응을 나타내고 있었다.

[표 5-5]는 평가의 신뢰도 확보 및 효율성을 위한 적절한 채점 방법의 개선 방안을 찾기 위해 교사의 견해를 정리한 자료이다.

[표 5-5] 작문 직접 평가의 채점 방법 개선에 관한 교사 인식 결과

신뢰도 확보를 위한 작문 직접 평가 채점 방법 개선 방안	경력별 응답				반응			
	1~5년	6~10년	11~20년	21년 이상	총 응답	비율	무 응답	비율
1. 구체적인 평가 기준 제시 및 평가 예시 자료 제공	4	16	13	10	43	69.4	19	30.6
2. 복수 평가자 채점 및 평가 협의회 실시	2	14	8	8	32	51.6	30	48.4
3. 문항별 또는 분석적 평가 실시	5	4	0	4	13	21.0	49	79
4. 평가의 신뢰도 확보를 위한 채점 점검 과정	0	7	5	3	15	24.2	47	75.8
5. 예비 채점 등 평가 지침 방향 제공	1	4	6	1	12	19.4	50	80.6

[표 5-5]에 따르면 교사는 신뢰도 확보를 위한 작문 직접 평가의 채점 방법 개선으로, 구체적인 평가 기준 제시 및 평가 예시 자료(모범 답안 또는 채점의 내용이 포함된 평가 예시문)(항목의 전체 응답 중 69.4%), 복수 평가자 채점 및 평가 협의회 실시(항목의 전체 응답 중 51.6%)를 언급하고 있다. 무엇보다 교사들은 채점자들 간의 신뢰도 확보를 위해서는 일관된 평가관의 공유와 함께 평가 수행을 원활하게 진행하기 위해 참조할 만한, 평가 기준 및 평가 예시 자료와 같은 구체적인 평가 자료가 제공되어야 한다고 말하고 있다.

교차 분석 결과 1번(x^2=.79, p=.85), 2번(x^2=1.30, p=.72), 3번(x^2=19.45, p=.00), 4번(x^2=2.42, p=.48), 5번(x^2=4.31, p=.23) 3번 항목에 관한 경력별 교사의 반응 결과가 유의한 차이를 드러내었다. 구체적으로 3번 '문항별 또는 분석적 평가 실시'에 관하여 11~20년 경력 집단이 다른 집단들과 유의한 차이를 보이고 있었다.

다음으로 [표 5-6]은 대단위 작문 평가가 기존의 직접 방식의 작문

평가 및 채점 방법을 보완하여 개선해야 할 방향에 대한 교사들의 견해를 정리한 자료이다.

[표 5-6] 평가 및 채점 방법 보완에 관한 교사 인식 결과

설문 문항	개방형 설문 응답
평가 및 채점 방법 보완	① 작문 평가에 관한 교사의 전문성 신장(평가관의 공유 및 평가자 교육 필요) ② 평가 예시문 및 평가를 위한 참고자료 제공 ③ 채점의 신뢰도 확보를 위한 구체적인 평가 기준 마련 ④ 평가 협의회를 통한 평가 및 채점 기준, 결과의 조정

[표 5-6]은 대단위 작문 평가에서 수행할 평가 및 채점 방법의 개선안에 대한 의견을 수렴한 내용이다. 무엇보다 기본이 되어야 하는 것을 작문 평가를 위한 교사의 평가 전문성 신장이 필요하다는 점이다. 대단위 작문 평가에서는 일관된 평가 결과가 나오기 위해서는 교사나 전문가들이 개별적으로 가지고 있는 작문 평가관과는 달리 일관되고 공유된 평가관이 조성되어야 한다. 이를 위해서는 평가 협의회 및 매뉴얼과 같은 다양한 방식을 활용한 평가자 교육이 선행되어야 한다고 말하고 있다. 그리고 평가관을 공유하기 위해서 평가 기준을 포함하여 다양한 평가 자료를 갖추어야 한다고 필요성을 언급하였다.

그럼에도 불구하고 교사들은 대단위 작문 평가를 실시할 경우 평가 및 채점 과정에서 업무의 부담을 느낄 것이라는 견해를 밝히고 있다. 이를 위해 타당도와 신뢰도, 효율성을 갖춘 채점 과정이 마련되어야 한다고 언급하고 있다.

대단위 작문 평가에 관한 교사의 사전 인식 조사 결과에서는 교사의 경력을 주요 변인으로 하여 통계 결과를 분석하였다. 대체로 주요 항목

에서는 유의한 차이를 나타내지 않았지만, [표 5-4]의 기존의 직접 방식의 작문 평가의 문제점에서 '교사별로 주관적인 작문 평가 관점을 지님'과 '평가의 효과가 미약함'에 관한 항목에서 유의한 차이가 나타났다. [표 5-5]의 직접 평가 방식의 작문 평가에서 채점 방법의 개선에 관한 설문 결과, '문항별 또는 분석적 평가 실시'에서도 경력별 유의한 차이를 나타냈다.

대단위 작문 평가에 관한 교사의 사전 인식 결과를 바탕으로 이 연구가 대단위 작문 평가를 실행하기 위해서는, 학생들의 수준을 고려하여 적절한 발문 및 제시문 제공, 효율적인 평가 기준 및 채점 방법 마련이 필요함을 강조하고 있다.

그리고 평가 매뉴얼 제공 및 평가 협의회를 통한 구체적인 평가 기준과 채점 방법에 관해 구체적인 내용을 갖추어야 함을 강조하였다. 이를 위해 '예비 채점' 과정 및 '본 채점 Ⅰ · Ⅱ'의 과정을 통해 대단위 작문 평가 및 채점에 필요한 평가 자료 개발 및 평가 자료의 적절성 및 신뢰도 확보의 영향 여부, 평가의 효율성과 관련하여 드러나는 효과에 대해 밝히고자 한다.

2. '예비 평가' 과정과 평가 자료

'예비 평가'에서는 대단위 작문 실험 평가에 응시한 학생들의 답안 중에서 20명의 자료를 표집하여 예비 채점을 실시하였다.

직접 평가 방식의 서술형 평가에 대해서는 '예비 채점' 과정에 참여한 전문가인 교사들과 협의를 통해 내용 · 조직 · 표현 영역에 관한 평가 기준 및 학생들이 작성한 답안의 수준에 따른 변별을 위한 평가 척도를 마련하였다. 특히 척도에는 교사들이 채점을 수행하는 데 있어 점수를 판별하는 데 도움이 될 수 있는 평가의 지침 내용을 포함하였다. 또한 구체적인 평가 기준 및 척도에 따라 채점한 학생 답안 20편을 평가 예시문으로 작성하여 본 채점 과정에서 채점자들이 채점을 수행하는 데 참조할 수 있는 자료로 활용할 수 있도록 하였다.

[표 5-7]는 대단위 작문 평가 기준 및 척도의 내용을 담고 있는 평가 지침에 관한 내용이다.

[표 5-7] 대단위 작문 평가 기준 및 평가 지침서

평가 영역	평가 요소	점수	평가 기준	평가 지침
내용 (40점)	① 내용의 정확성	15 점	• 문제의 핵심 내용을 정확하게 파악하고 있다. • 자신의 주장을 뒷받침하기 위한 근거의 내용이 구체적이며 사실성을 갖추고 있다.	■15점 : 사진 기자의 현장 윤리(기자로서 현장의 심각성을 알려야 한다는 역할과 사람을 먼저 구해야 한다는 인도적 측면 사이에서의 갈등)이라는 문제의 핵심을 정확하게 진술하고 있으며, 근거와 사례로 제시한 내용들이 비교적 사실에 정확한 내용이다. ■12점 : 사건을 알려야 한다는 기자의 역할과 인도적 측면 사이의 갈등이라는 쟁점의 구체적 내용보다는 사람을 살릴 것인가 사진을 찍을 것인가와 같은 단순히 표면적인 쟁점 내용만 언급하고 있으나 비교적 문제의 핵심을 파악하여 진술하고 있으며, 근거와 사례로 제시한 내용들 또한 비교적 사실에 정확한 내용이다. ■9점 : 쟁점에 관하여 단순히 표면적인 쟁점 내용만을 언급하였으며, 일부 근거와 사례로 제시한 내용 중에서 사실에서 벗어난 주관적인 추측이나 추상적인 진술이 포함되어 있다. ■6점 : 쟁점의 내용에 대해 제대로 파악하지 못한 상황에서 진술하고 있으며, 일부 근거와 사례로 제시한 내용 중에서 사실에서 벗어난 주관적인

영역	평가 항목	배점	평가 기준	채점 기준
				추측이나 추상적인 진술이 포함되어 있다. ■1점 : 분량 부족 등의 사유로 인해 채점이 불가능할 경우
	② 내용의 풍부성	15 점	• 자신의 입장을 뒷받침하기 위한 근거로써 사례를 풍부하게 제시하고 있다.	■15점 : 근거의 사례로 예를 2가지 이상 언급하고 있다. ■12점 : 근거의 사례로 예를 1가지 언급하고 있다. ■9점 : 근거의 사례가 예 없이 추상적으로 진술되고 있다. ■6점 : 근거가 제시되지 않았다. ■1점 : 분량 부족 등의 사유로 인해 채점이 불가능할 경우
	③ 주제의 명료성 및 타당성	10 점	• 쟁점에 대한 자신의 입장을 분명하게 밝히고 있다. • 주제를 뒷받침하는 근거와 사례들이 주제에서 벗어나 있다.	■10점 : 쟁점에 대한 자신의 구체적인 입장(살리는 일이 우선이다. / 사진을 찍는 것이 중요하다)을 명확하게 문장으로 진술하고 있으며, 자신의 입장에 비추어 관련 있는 근거와 사례를 제시하고 있다. ■7점 : 쟁점에 대한 자신의 입장이 분명한 문장으로 표현되어 있지 않지만(명확하지 않은 문장, 양비양시론 등), 대체로 자신의 입장에 비추어 관련 있는 근거와 사례를 제시하고 있다. ■4점 : 쟁점에 대한 자신의 입장이 추상적이면서 일반적인 통념에서 벗어나 있고, 근거와 사례들 중에서 자신의 입장과 다소 벗어나 있는 근거와 사례들이 포함되어 있다. ■1점 : 분량 부족 등의 사유로 인해 채점이 불가능할 경우
조직 (30점)	① 구성의 적절성	15 점	• 적절한 구성 방식을 통해 주장과 근거를 제시하고 있다.	■15점 : 문항의 조건에 따라 다음 순서를 지킨 경우(①쟁점의 내용, ②자신의 입장, ③ 입장을 뒷받침하기 위한 근거) ■12점 : 서론에 쟁점의 핵심을 진술하기 전에 불필요한 도입 내용들이 포함되어 있거나, 마무리에서 자신의 주장과 관련 없는 추상적이고 당위적인 진술이 보였으나 대체로, ①, ②, ③의 순서

				를 따른 경우 ■9점 : ①, ②, ③의 내용만 진술하고 있으나 순서가 구분되지 못하거나 구분을 명확하게 파악하기 어려운 경우 ■6점 : 서론이나 결말에서 조건에 따른 ①, ②, ③의 내용 외에 불필요한 내용이 포함되어 있으며, ①, ②, ③의 순서가 구분되지 못하고 뒤섞여 진술한 경우 ■1점 : 분량 부족 등의 사유로 인해 채점이 불가능할 경우
	② 구성의 응집성	15 점	▪내용의 통일성과 관련하여 문단 및 문장 간의 연결이 응집성을 갖추고 있다.	■15점 : ①문단과 문단의 구분이 명확하게 구분되어 있으며, ②각각의 문장이 하나의 내용들을 구체적으로 포함되어 있으며, ③문단과 문단, 문장과 문장 사이에 적절한 접속어를 사용한 경우 ■12점 : 위의 내용들 중에서 2개 정도 부적절한 항목이 발견된 경우 ■9점 : 위의 내용들 중에서 3~4개 정도 부적절한 항목이 발견된 경우 ■6점 : 위의 내용들 중에서 5개 이상 부적절한 항목이 발견된 경우 ■1점 : 분량 부족 등의 사유로 인해 채점이 불가능할 경우
표현 (30점)	① 어조 및 태도 / 적절한 단어 및 표현 선택	10 점	▪독자를 고려한 적절한 어조, 적절한 단어 및 표현 선택, 형식 및 어법, 원고지 분량을 지키고 있다.	■10점 : 토론문(논술문)의 글 유형이 가지고 있는 문체적 특성(예를 들어 종결어미 등의 일관성)을 지니고, 적절한 단어 및 표현(예를 들어 부적절한 표현 및 불필요한 반복)을 사용하여 작성한 경우 ■7점 : 위의 내용들 중에서 2~3개 정도 부적절한 항목이 발견된 경우(동일 유형은 하나로 처리) ■4점 : 위의 내용들 중에서 4~5개 정도 부적절한 항목이 발견된 경우(동일 유형은 하나로 처리) ■1점 : 분량 부족 등의 사유로 인해 채점이 불가능할 경우

	② 어법	10 점		■**10점** : 원고지 사용법(예를 들어 필수적인 띄어 작문 오류) 및 맞춤법에 맞게 표현한 경우 ■**7점** : 위의 내용들 중에서 2~3개 정도 부적절한 항목이 발견된 경우(동일 유형은 하나로 처리) ■**4점** : 위의 내용들 중에서 4~5개 정도 부적절한 항목이 발견된 경우(동일 유형은 하나로 처리) ■**1점** : 분량 부족 등의 사유로 인해 채점이 불가능할 경우
	③ 분량	10 점		■**10점** : 800±50자 분량을 지킨 경우 ■**3점** : 800±50자 분량을 지키지 못한 경우 ■**1점** : 400자 미만 작성
미달	400자 미만 작성			기본 점수 합산 총점 8점 부여
	작성하지 않은 경우			0점 부여

[표 5-7]은 평가 기준 및 척도의 내용을 포함하고 있는 평가 지침서이다. 기존의 평가 척도와 차별성을 둔 것은 먼저 대단위 작문 평가는 각 평가 항목에 대해 변별이 가능한 최적의 평가 척도를 통해 점수를 수량화하여 산출할 수 있도록 유도하였으며, 평가 척도 간의 특징을 변별하여 제시함으로써 채점자가 쉽게 구별할 수 있도록 유도하였다. 학생들의 작문 능력을 평가한다는 점에서 내용·조직·표현의 평가 항목 중에서 최소한 갖추어야 할 자질 및 특성들을 고려하였다.

평가 영역은 내용·조직·표현으로 구성하였다. 직접 평가의 결과만 요구하는 것을 고려하여 평가의 총점은 100점 만점으로 하여 점수화하였으며, 후에 간접 평가와의 점수 비중을 고려하여 75점 만점으로 점수를 환산하도록 하였다.

내용 영역은 40점 만점, 조직과 표현의 영역은 각각 30점 만점을 기준으로 하였다. 앞에서 작문 평가 기준에 관한 선행 연구 결과를 토대로 하여 내용·조직·표현의 세 가지 영역을 정하였으나 점수 비중의 측면에서 기존 작문 평가에 비해 표현 영역이 상대적으로 약간 높은 점수 비중을 두었다. 대단위 작문 평가가 학업성취도의 성격을 지니면서 학생들의 작문 능력을 평가한다는 점에서 적절한 표현의 사용 및 어법, 맞춤법, 원고지 사용법 등의 일반적인 작문 규칙의 습득과 활용은 중요한 비중을 차지한다고 판단했기 때문이다.

내용 영역은 '① 내용의 정확성', '② 내용의 풍부성', '③ 주제의 명료성 및 타당성'의 3개의 세부 영역으로 구성하였다. '내용의 정확성'은 실질적으로 직접 평가의 서술형 문항의 핵심 내용을 정확하게 파악하고 있는가를 평가하며, 특히 주어진 제시문 자료의 주제를 정확하게 파악하여 이를 적절히 요약하는 능력을 갖추었는가를 살펴보는 데 목적이 있다. '내용의 풍부성'은 자신의 입장과 이를 뒷받침하는 과정 속에서 적절한 사례를 들어 활용할 수 있는가를 통해 작문 과제를 해결함에 있어 적절히 자신의 경험과 연관지어 서술할 수 있는가에 중점을 두었다. '주제의 명료성 및 타당성'은 쟁점이 되는 주제에 대해 자신의 명확하고 분명한 입장을 제시하고 이를 뒷받침하기 위해 타당한 근거를 제시하고 있는가에 초점을 두었다.

조직 영역은 '① 구성의 적절성'과 '② 구성의 응집성'의 2개의 세부 영역으로 구성하였다. 조직 영역은 실질적으로 내용과 밀접한 관련을 맺고 있으며, 자신이 전달하고자 하는 내용을 체계 있게 드러내고 있는가가 핵심이다. '구성의 통일성'은 내용과 관련지어 쟁점의 성격을 지니고 있는 주제에 대한 핵심 내용 파악, 이에 대한 자신의 입장, 입장을 뒷받침하기 위한 근거의 순서대로 자신의 글을 조직하여 진술하고 있는가에 초점을 두었다. '구성의 응집성'은 문단과 문단의 관계, 문장과 문장의 연결에 논리적 연결 여부에 평가의 중점을 두도록 하였다. 내용이

전환될 때나 앞의 내용과는 다른 내용이 진술될 때의 적절한 문단 구분, 효과적인 접속어의 사용, 문단 내에서의 핵심 문장과 구체적으로 뒷받침하는 문장 간의 연결의 적절성 여부에 대해 확인하고자 하였다.

표현 영역은 '① 어조, 태도 및 적절한 표현의 선택', '② 어법', '③ 분량' 등으로 세분화 하였다.

'어조, 태도'는 외국의 작문 평가에서 주로 활용되고 있는 평가 기준을 고려하여, 기존에 우리나라 작문의 평가 기준에서는 잘 다루지 않았던 새로운 영역으로 표현의 영역에 포함한 것이다. '어조 및 태도'는 직접 평가의 작문 문항을 제시함에 있어 기존의 작문 평가와는 달리 글 유형, 구체적인 독자와 필자의 역할, 작문의 상황과 맥락의 제시를 통해 글을 작성하는 학생들은 글 유형의 특성 및 독자를 고려한 표현 방식, 독자에게 호소하기 위한 적절한 문체의 선택 등에 대해 인식할 필요가 있다. 이에 중점을 두어 평가하도록 한다.

'어법'은 맞춤법의 인식과 정확한 사용에 초점을 두었다. '분량'은 작문의 가장 기본이 되는 평가 기준의 영역이다. 적절한 분량을 확보하지 못한 글은 기본적으로 내용·조직·표현 등의 요소를 평가하기가 불가능한 미완결된 글이기 때문이다. 이를 위해 주어진 작문 평가의 환경 속에서 학생들이 작성 가능한 글의 분량을 800자 내외로 선정하였고, 최소 기준인 400자 이내로 작성한 글에 대해서는 내용·조직·표현의 모든 영역에서 평가를 수행하기에 기준 미달로 판단하여 최하점인 1점을 부여하기로 하였다. 400자 이상을 초과하더라도 기준 분량에 훨씬 못 미치는 글에 대해서는 분석적 평가를 수행하면서 내용·조직·표현 영역 중에서 하나 또는 둘 이상의 영역에서 평가를 수행하기가 어려운 경우 각각의 영역 영역에 대해 최하점을 부여하기로 하였다.

이 연구에서는 작문에서 일반적으로 사용되고 있는 평가 영역과 평가 기준을 바탕으로 하여 대단위 작문 평가의 평가 기준과 실질적으로 적용 가능한 평가 척도를 마련하였다. 평가 척도를 마련하는 근거는 일단 각 척도 간에 평가에 있어 변별이 가능한가를 중점에 두고 적절한 평가 척도의 수 및 단계를 구성하였다. 이와 함께 각각의 평가 척도에 적절한 변별의 차이를 드러낼 수 있는 점수를 지정하였다. 각각의 평가 척도에 대해서는 채점자가 효율적으로 판단하기 위한 예시나 지침의 내용을 작성하였다.

평가 예시문은 직접 방식의 작문 평가에서 예비 채점 과정 중 학생들의 답안 사례에 대한 세부적인 평가 결과를 기록한 내용이다. 내용·조직·표현의 세부 평가 영역에 대한 채점자가 점수를 산출한 근거가 되는 부분을 파악하고, 이에 따라 산출된 점수를 확인할 수 있는 자료이다. 이러한 평가 예시문은 본 채점 과정에서 채점자들이 평가 기준 및 척도의 평가 지침 자료와 함께 신뢰도를 확보하기 위해 채점자의 채점 과정을 돕기 위한 평가 자료로 개발하였다.

3. 신뢰도 확보를 위한 '본 채점 I'의 결과

평가의 신뢰도 확보와 관련하여 '본 채점 I' 과정에 참여한 채점자들을 대상으로 심층 면담을 실시하였다. 델파이 분석을 활용하여 채점자들에게 분석 결과를 제공하면서 대단위 작문 평가에서 의도하고 있는 평가 방법에 대한 어떠한 견해를 갖고 있는지 면담을 통해 확인하였다.

[표 5-8]은 본 채점에 참여한 채점자들을 대상으로 하여 평가의 신뢰도와 효율성에 관한 심층 면담을 위해 제공한 질문지의 내용이다.

[표 5-8] 본 채점 I 채점자의 면담지

설문 항목	설문 내용
평가 기준 및 평가 지침서 관련	평가 기준 및 평가 지침서는 내용·조직·표현 항목으로 세부 항목을 설정하여 구체적인 평가 기준 및 채점 방법을 안내하고 있습니다. 평가 기준 및 평가 지침서 제공의 적절성에 관한 의견 부탁드립니다. ① 내용·조직·표현 항목 설정은 적절한가? ② 평가 기준 및 평가 지침서 제공 방식이 기존의 방식과는 차별이 있는가? 적절한 방식이라 생각하는가?
평가의 신뢰도 확보 마련	평가의 신뢰도 확보를 위해 다음과 같은 방식을 취하고 있습니다. 적절성과 관련하여 의견 부탁드립니다. ① 평가 기준 및 평가 지침서, ② 평가 예시문, ③ 평가 피드백 자료 제공 기존의 방식과 차별점이라든지 위의 자료 제공이 채점자 간의 신뢰도 확보를 위해 도움이 된다고 판단되는가?
평가 방식 관련	① 분석적 평가 / 평가 항목별 평가 ② 적정한 평가 척도 제시 / 평가 기준 및 척도의 초점화 ③ 채점자의 채점 시간 측정 등 기존의 직접 평가 방식의 작문 평가가 지니고 있는 평가 업무의 부담을 어느 정도 해소할 수 있는가?

[표 5-8]의 내용은 '본 채점 I'을 수행한 채점자들을 대상으로 실시한 면담의 질문 항목들이다.

대체로 채점자들은 내용·조직·표현의 평가 항목 특성에 따라 각 항목에서 필요한 세부 내용들을 구체화하는 것이 수량화에 도움이 되었다는 의견을 밝히고 있다. 또한 평가 기준을 참조로 하여 구체적인 평가 척도 및 각 척도의 관한 점수를 판단할 수 있는 평가 지침서가 평가를 수행하는 데 있어 보다 도움이 되었다고 밝히고 있다. 평가 지침서를 통해 판단이 어려울 경우 또한 '예비 채점' 과정에서 수행한 평가 예시문이 실질적인 사례로써 평가 및 채점 점수를 결정하는 데 도움이 되었다는 견해를 밝히고 있다.

그럼에도 불구하고 평가가 진행되면서 일부 항목에서 평가 척도의 경계가 분명하지 않아 채점의 객관성 확보를 확보하는 데 여전히 어려움을 겪는다고 말하고 있다. 또한 표현 영역에 있어 배점의 비중을 줄여야 한다는 의견이 제시되었다. 평가 기준 및 평가 척도의 분별이 어려울 경우에는 평가 예시문의 자료가 도움이 되었다는 의견이었다.

채점 과정에 평가한 채점자와의 면담을 통해서 구체적인 평가 자료를 제공한 채점자들이 비교적 공통된 평가관을 갖추면서 채점을 수행하는 데 도움이 되었다는 견해를 밝히고 있다. 이러한 면담 결과를 통계적으로 확인하기 위해 이 연구에서는 채점자 간의 신뢰도를 분석하는 절차를 수행하였다.

실제 대단위 작문 평가를 시행함에 있어서 '본 채점 I'은 직접 평가 문항에 대해 채점을 수행하는 채점자 간의 신뢰도를 어느 정도 갖추고 있는 가에 관하여 판단하는 과정으로 이해할 수 있다. 적정한 신뢰도의 확보 여부와 신뢰도가 낮은 경우에 그에 대한 보완 방안이 필요하다.

이 연구에서는 신뢰도 검증을 위해 먼저 [표 5-9]와 같이 Cronbach α를 활용하였다.

[표 5-9] 본 채점 I 의 신뢰도 분석

평가 영역	평가팀	수정된 항목-전체 상관관계	항목이 삭제된 경우 신뢰도 (Cronbach 알파)
총점	A	.842	.733
	B	.699	.774
	C	.704	.780
	D	.582	.886
내용	A	.547	.680

	B	.638	.655
	C	.488	.713
	D	.565	.696
조직	A	.636	.388
	B	.498	.430
	C	.216	.623
	D	.307	.652
표현	A	.807	.751
	B	.661	.795
	C	.772	.743
	D	.490	.865

[표 5-9]의 신뢰도 검증 결과에 따르면 내용과 조직 영역의 일부를 제외하고는 대체로 신뢰도가 평가팀 D(기본적인 평가 기준 및 척도만 제공)가 제외될수록 높게 나타났다. 또한 미세한 차이이기는 하지만 평가팀 C(평가 예시문 자료를 제외한 모든 자료 제공)를 제외했을 때도 신뢰도가 높게 나오는 경향이었다. 이는 구체적인 평가 기준 및 평가 척도가 반영된 평가 지침서, 평가 예시문을 제공한 것이 신뢰도 확보에 더욱 효과적이었다는 점이다.

보다 구체적인 수준의 신뢰도를 검증하기 위해 일반화가능도 이론과 문항 반응 이론에 바탕을 둔 Rasch 모형을 적용하고자 하였다. 주의할 것은 '본 채점Ⅰ'에서의 채점자 10명이 수행한 평가 결과들은 이 연구에서 의도한 평가 척도에 의해 점수화된 자료이다. 그러나 EduG 5.0 및 FACETS 프로그램에 이 원점수 자료를 입력하면, 프로그램은 실제 평가 등급에 따른 점수로 인식하게 되어 평가 등급 간의 격차가 벌어져 인식의 오류가 발생한다.

오류를 없애기 위해 평가 결과가 점수화되기 이전의 평가 척도를 그대로 적용하였다. 예를 들어 내용 영역에 있어 '내용의 정확성'과 관련한 세부 평가는 15, 12, 9, 6, 1점의 5개 척도가 적용되었으므로 척도를 점수로 환산하여 가장 높은 점수인 15점은 5, 12점은 4, 9점은 3, 6점은 2, 1점은 1로 평가 등급을 변환한 수치로 적용하여 입력하였다. '내용의 풍부성' 또한 5개 척도로 5, 4, 3, 2, 1로 환산하였으며, '주제의 명료성 및 타당성'과 관련한 세부 영역은 척도로 4, 3, 2, 1로 적용하였다. 이를 합하면 내용 영역의 총점은 원점수 40점에서 평가 척도로 환산한 점수 14가 되는 것이다. 14라는 수치는 내용 영역이 총 14개의 평가 척도, 평가 등급으로 구성되어 있다는 것이다. 이는 조직과 표현에도 적용되었다.

먼저 응시자(persons, P), 문항(test, T), 평가자(rater, R)의 국면을 고려하여 일반화가능도 이론에 따른 신뢰도 검증을 실시하였다.

고전검사이론의 신뢰도는 단순히 관찰대상의 검사 결과 또는 관찰 과정이 얼마나 안정적으로 일관성 있게 기록되었는가에만 초점을 두고 있기 때문에 평가에서 발생할 수 있는 여러 오차 요인에 대해 고려하지 못하고 있다는 단점을 지적 받았다. 이러한 문제점에 대한 대안으로서 제시된 일반화가능도 이론은 측정상황에서 발생할 수 있는 다중오차요인을 동시에 분석하면서, 측정점수에 대한 오차요인의 상대적 영향력을 산출하며, 일반화가능도 계수와 함께 안정적인 점수를 얻기 위한 측정 수준을 제시함으로써 신뢰도 추정의 수준을 보다 높이는 데 기여하였다 (김성숙 외, 2001).

일반화가능도 이론은 크게 일반화 연구(G 연구)와 결정 연구(D 연구)로 구분된다. G 연구는 가능한 한 많은 측정오차의 잠재적 원천의 크기를 추정한다. 이를 통해 각 오차원의 영향력을 분석함으로써 어떤 요인이 측정의 일반화 과정을 저해하고 있는지 파악한다. 한편 D 연구는 G 연구 결과를 토대로 하여 특정 목적을 위해 오차를 최소화시키는 측정을 설계한다. 특히 D 연구는 각 측정 국면의 조건을 변화시켜 제시함으로써 일반화가능도 계수를 상향 조정할 수 있다. 즉 적정 수준의 일반화가능도 계수를 산출하기 위해 해당되는 국면 중에서 최적의 조건이 어떤 것인지를 파악하게 하는 장점을 갖추고 있다(김성숙 외, 2001; 송인섭, 2002).

이 연구는 대단위 작문 평가의 신뢰도 분석을 위해 일반화 가능도 이론의 여러 유형의 국면 중에서 평가자들이 응시자들의 검사 결과를 서로 다른 문항에 대해 채점한 경우에 적용하였다. 구체적으로 P x (T : R)의 설계로 G 연구를 수행하였다. [표 5-10]은 P x (T : R) 설계를 기반으로 한 분산분석의 결과이다.

[표 5-10] P x (T : R) 설계 기반 분산분석 결과(G-Study)

Source	SS	df	MS	Random	Mixed	Corrected	%	SE
P	437.70000	39	11.22308	0.73823	0.73823	0.73823	10.4	0.20890
T	1277.58750	2	638.79375	3.76435	3.76435	3.76435	53.3	2.82469
R : T	320.66250	9	35.62917	0.85335	0.85335	0.85335	12.1	0.37982
PT	184.41250	78	2.36426	0.21725	0.21725	0.21725	3.1	0.09760
PR : T	524.83750	351	1.49526	1.49526	1.49526	1.49526	21.2	0.11255
Total	2745.20000	479					100%	

(SS : 제곱합, df : 자유도, MS : 평균제곱, SE 및 % : 분산추정치)

[표 5-10]에 의하면, 오차 분산이 가장 높은 것은 문항(T)로 나타났다(총 분산의 53%). 이는 과제의 특성에 따른 상황이 많은 영향을 미칠 수 있음을 판단하게 하는 것이다. 즉, 내용·조직·표현의 세부 평가 영역이 직접 평가인 작문 평가에서 중요한 영향을 지닌다는 것을 보여준다.

이와 관련하여 과제와 상호작용하는 평가자의 상호작용 분산(R : T) 또는
상대적으로 높은 것으로 나타났다(총 분산의 12.1%). 다음으로는 응시자의
분산은 상대적으로 다른 국면들에 비해 오차 분산의 범위가 크지 않았
다. 또한 알 수 없는 오차 분산도(PR : T)도 21.2%를 차지하였다.

이를 통해 대단위 작문 평가의 평가 및 채점의 상황에서 직접 평가의
서술형 문항에 관한 세부 평가 영역과 평가자의 특성이 평가에 많은 영
향을 미친다는 것을 통계적으로 확인할 수 있다.

다음으로는 [표 5-11]은 직접 평가의 채점을 수행한 평가팀 간의 신
뢰도 차이를 분석할 수 있는 D 연구 결과 자료이다.

[표 5-11] P x (T : R) 설계에 관한 D 연구 결과(D-Study)

	G-study		Option 1		Option 2	
	Lev.	Univ.	Lev.	Univ.	Lev.	Univ.
P	40	INF	40	INF	40	INF
T	3	INF	3	INF	3	INF
R : T	4	INF	3	INF	2	INF
Observ.	240		480		360	
Coef_G rel.	0.69		0.78		0.75	
rounded1	0.70		0.79		0.76	
Coef_G abs.	0.30		0.32		0.31	
rounded2	0.30		0.33		0.32	
Rel. Err. Var.	0.32		0.19		0.23	
Rel. Std. Err. of M.	0.56		0.44		0.48	
Abs. Err. Var.	1.71		1.52		1.58	
Abs. Std. Err. of M.	1.31		1.23		1.26	

(Rel. Err. Var. : 상대 오차, Abs. Err. Var. : 절대 오차, rounded1 : 일반화가능도 계수,
rounded2 : 파이 계수)

[표 5-11]은 P x (T : R) 설계에 관한 D 연구 결과의 내용이다. 이 자료에서는 G-Study는 결정 연구의 자료를 바탕으로 한 것이며, Option 1은 일반 평가팀 D가 제외된 조건, Option 2는 평가팀 C(평가 예시문이 제외된 평가자)이 제외된 조건의 상황에서의 D 연구(결정 연구) 결과이다. 일반화가능도 계수는 처음 조건에서는 .70에서 Option 1의 상황에서는 .79로 상승하였다. 비록 Option 2의 상황 즉, 동일한 조건의 평가 자료를 제공한 평가팀 A와 B만의 조건 상황보다 Option 1의 상황이 일반화가능도 수치가 높게 나왔지만 유의할만한 수치가 아닌 미세한 차이로 판단된다.

위의 결과를 통해 평가에 필요한 자료들을 제공할 경우 신뢰도가 높아진다는 점을 확인할 수 있었다.

마지막으로 문항반응이론을 바탕으로 한 Rasch 분석을 통해 평가자의 내적 신뢰도, 일관도 및 편향, 과적합 및 부적합 양상에 대해 살펴보고자 하였다.

Rasch 분석, 다국면 측정 모형은 기존의 선다형 문제 형식에서 벗어나 수행 평가 및 직접 평가 방식의 작문 평가 등에서 다분형 문항 반응에 근거한 문항반응이론 모형으로 활용되고 있다. 주로 FACETS 프로그램을 활용하며, 다분형 점수로 나타난 결과를 이용하여, 특히 평가자들의 채점 경향을 통계적으로 조정함으로써 채점 오류를 찾아내어 평가자(채점자)의 내적 일관성을 높이는 데 도움이 된다(장소영 외, 2009). 또한 채점자의 엄격성 외에도 편향 분석(bias analysis)을 가능하게 하여 평가자 집단과 수험자 집단, 평가 과제나 영역 간의 상호작용에 대한 편향 지수를 제공하는 장점을 가지고 있다. 평가와 관련한 다양한 국면, 즉 문항 난이도, 과제의 특성, 채점자의 엄격성, 채점자의 경력, 평가 환경 등을 고려하여 평가의 추정치를 확률적으로 분석하는 특징이 있다.

[그림 5-12]는 다국면 Rasch 모형에서 신뢰도를 산출하기 위해 전제하고 있는 기본 공식이다.

[표 5-12] 다국면 Rasch 모형의 공식

$$Log(Pnjk/Pnjk-1)=Bn-Di-Cj-Fk$$

Pnjk-1 : 피험자 n이 문항(평가 영역) i에 대해 평가자 j에게서 하나의 얻는 등급 점수 k
Pnji : 피험자 n이 문항(평가 영역) i에 대해 평가자 j에게 보다 얻을 수 있는 보다 높은 점수 k
Bn : 피험자 n의 능력(작문 능력)
Di : 문항 I의 난도
Cj : 평가자 j의 엄격도
Fk : 평가 척도 k-1에 대한 척도 k의 난도(어떤 등급 점수 k-1에서 그 다음 등급의 능력 k
　　로 올라가기 위해 드는 어려움

[그림 5-12]에 기반한 다국면 Rasch 모형은 피험자의 능력, 주어진 문항의 난도, 평가자의 엄격성 등의 직접 평가가 구성하고 하고 있는 여러 단면들을 고려하여 보다 평가자의 얼마나 정확하게 평가 및 채점을 하는지에 대한 정보를 확인할 수 있다.

구체적으로 평가자의 신뢰도 확보 여부를 채점 자료의 모형 적합도 검증, 평가자 국면 분석, 평가 등급표 해석, 평가 결과의 비신뢰성 검증, 편향 분석 등의 측면에서 확인할 수 있다. [그림 5-1]은 Rasch 모형에 따라 내용·조직·표현 영역에 대한 평가자들의 평가가 어느 정도의 신뢰도를 확보하고 있는지 검증하는 데 필요한 자료이다.

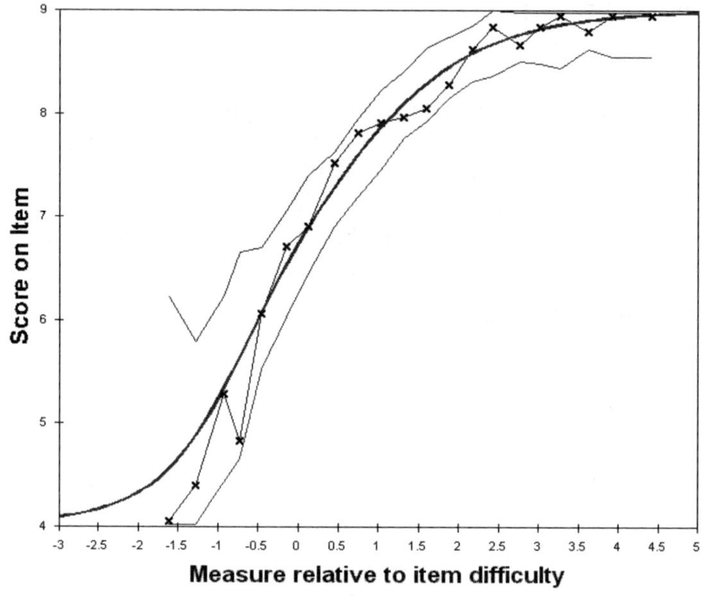

[그림 5-1] 평가 자료의 모형 적합도

[그림 5-1]은 평가자의 평가 자료가 문항반응이론에 기반한 Rasch 모형에 적합한지 파악하기 위한 과정으로 모형 적합도를 검증한 자료이다. X축은 '학생 작문 능력의 추정치. 즉, 과제의 난도 추정치'를 나타내고, Y축은 그에 따른 '기대점수'를 나타낸다. x로 표시된 것은 평가자가 채점한 점수의 '관찰 점수'이며, 굵은 선은 '문항 특성 곡선'을 나타낸다.

특히 주목할 점은 양쪽의 얇은 선인데 이는 95% 신뢰 구간을 설정하고 있는 것이다. 이 사이로 x로 표시된 관찰 점수의 곡선이 양쪽 실선 안으로 들어오면 대체로 평가 자료가 95%의 유의 확률을 가지며 평가 자료가 문항반응이론의 Rasch 모형에 적합하다는 것을 알 수 있다. 반대로 실선 밖의 자료는 문항반응이론의 Rasch 모형에는 적합하지 않다는 것을 의미한다. 위의 자료는 평가팀 A~D팀 총 10명의 국어 교사가 내용·조직·표현 영역에 관한 평가 결과가 대체로 Rasch 모형에 적합한 것으로 파악할 수 있다.

[표 5-13]은 평가자 국면에서 신뢰도와 관련한 평가자들의 경향을 파악하기 위한 자료이다.

[표 5-13] 평가자 국면 분석

Rater	Measure	Model S.E.	Infit		Outfit		Agree	
			MnSq	ZStd	MnSq	ZStd	obs.	exp.
A	−.86	.10	1.06	.4	.94	−.2	22.8	27.5
B	−1.28	.12	.90	−.5	.95	−.1	27.7	33.3
C	−1.65	.14	1.02	.1	1.13	.6	31.6	33.5
D	−2.19	.15	.77	−1.1	.81	−.8	27.4	32.0
Exact agreements : 98. = 27.3% Expected : 113.4 = 31.6%								

(measrue : 측정값, Model S.E. : 오차 또는 측정오류값, Inft : 내적 합치도, Outfit : 외적합치도, Agree : 기대 일치도)

[표 5-13]은 평가자들의 평가 경향을 알아보기 위한 평가자 국면 분석 자료이다. 먼저 살펴볼 것은 측정 오류값인 Model S.E. 값이다. 이는 수치가 0에 가까울수록 좋으며, 순서대로 평가자 A(.10), B(.12), C(.14), D(.15) 모든 팀이 높지 않은 수치를 나타내었다. 이는 보통 피험자의 수가 많고, 시험시간이 길고, 과제가 많고, 평가자가 많을수록 정확하며, 시험이 어렵거나 채점 등급이 많으면 값이 낮아진다.

다음으로는 평가팀에 소속되어 있는 개인 평가자들 각각의 채점 결과를 중심으로 하여 실제(Obs) 일치도(Exact Agree)와 모형에 의해 추정된 기대(Exp) 일치도를 살펴볼 필요가 있다. 대체로 기댓값보다는 5% 내외에서 차이가 나타났다. 특히 이의 퍼센트 값을 활용하여 평가 자료의 Rasch 모형 전체 일치도 통계를 산출할 수 있다. 이 값은 맨 마지막에 나와 있는 'Rater Agreement'를 통해 확인할 수 있는데 평가자의 전체 일치도는 26.8%, 기댓값은 31.7%가 나타났다. 보통 이 값은 '—' 값을 보일 경우 예측된 채점자 간 일치도에 비해 실제 채점자 사이에 채점 불일치가 더 크다는 것을 의미하며, '+' 값은 기대 이상의 과적합 양상 의 채점자 간 일치도를 의미한다(장소영 외, 2009). [표 5-13]에서는 과적 합은 아니지만 예측된 일치도보다 어느 정도 적합도가 높은 수치라고 판단할 수 있다.

　마지막으로 평가자의 내적 신뢰도를 파악할 수 있다. 이는 내적 합치 도(Infit MnSq와 Infit ZStd), 외적 합치도(Outfit MnSq와 Outfit ZStd) 점수를 통 해 확인할 수 있는데 이 중에서 Infit 값을 더 활용하고 있다. 대체로 Infit MnSq가 0.5 이하일 경우를 과적합(significant overfit)라 하고, 1.3 이상 의 수치를 나타낼 때에는 부적합(significant misfit)이라 한다. Infit ZStd의 경우에는 —2 이하일 경우 부적합, +2 이상일 경우 부적합이라 한다. [표 5-13]의 4개 평가팀에 소속되어 있는 각각 개인 평가자의 내적 신 뢰도 관련 Infit Mnsq 수치는 0.5 이하나 1.3 이상의 수치를 보이지 않 았고, Infit ZStd의 경우에는 —2 이하나 +2 이상의 수치를 보이지 않아 결국 과적합이나 부적합 현상은 일어나지 않았다. 곧 어느 정도의 엄격 한 내적 신뢰도를 갖추고 있음을 확인할 수 있다.

　[표 5-14]는 평가 기준과 관련하여 각각의 평가 세부 영역에서 점수 를 변별하기 평가 척도들이 얼마만큼 적절하게 설정되었는지를 알아보 기 위한 자료이다.

catergory score	used	count(%)	Quality control		
			Aver Means	Exp. Meas	Outfit Mnsq
4	13	4	−.87	−.68	.6
5	11	4	−.45	−.35	.8
6	32	11	.04	.05	.9
7	64	22	.64	.54	.9
9	75	26	1.22	1.17	1.0
9	98	33	1.91	1.97	1.1

(category : 척도의 수, used : 해당 척도를 사용한 사례, count : 전체 대비 척도 사용량)

[표 5-14]는 Rasch 모형을 적용한 FACETS 프로그램의 평가 등급표 자료이다. 여기서 특히 살펴보아야 할 항목은 'Quality control outfit MnSq'이다. 이는 평가 등급의 신뢰도를 말한다. 보통 '1.0'에 가까울수록 신뢰로운 채점 등급이라고 말할 수 있다. 위의 자료에 따르면 척도의 등급이 낮을수록 변별할 수 있는 척도의 수가 제한되어 있으므로 신뢰롭지 못한 판단 기준이 되고, 척도 등급을 높일수록 신뢰도가 높은 평가 등급이라고 말할 수 있다. 이를 통해 평가의 척도 등급이 세분화될수록 보다 신뢰도를 확보할 수 있음을 확인할 수 있다. [그림 5-2]는 평가 척도의 적절성을 알아보기 위한 방법으로 측정지 변화에 따른 등급 척도의 기대 점수를 나타낸 자료이다.

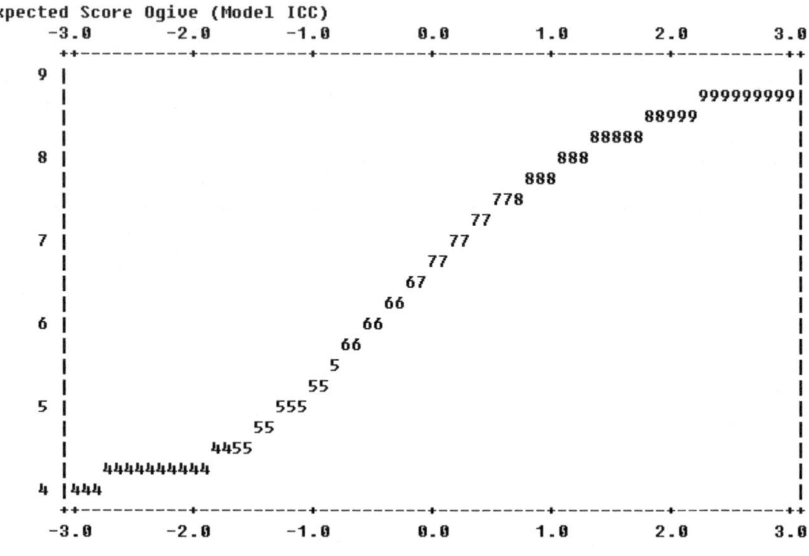

[그림 5-2] 측정치 변화에 따른 등급 척도의 기대 점수

[그림 5-2]는 측정치 변화에 따른 등급 척도의 기대 점수이다. [표 5-14]와 관련지어 볼 때 척도의 등급이 많아질수록 평균 측정값의 신뢰도와 정확성 역시 높아지는 것을 확인할 수 있다.

다국면 Rasch 모형을 활용한 FACETS 프로그램에서의 가장 중요한 특징 중의 하나는 평가 결과에 대한 비신뢰성 검증이 가능하다는 것이다. 이는 모형을 통한 확률 추정치에 따라 평가자의 평가 결과 중에서 어떤 평가자가 평가 기준에 따라 일반적인 평가 결과의 흐름에 비추어 볼 때 벗어나 있는지를 확인할 수 있는 자료이며 이를 활용하면 평가자의 관점을 공유하기 위한 평가자 훈련에 확인할 수 있는 것이다.

'본 채점Ⅰ'에 참여한 채점자들의 평가 및 채점 결과를 바탕으로 하여 비신뢰성 검증을 실시한 결과 평균적인 평가의 흐름에서 벗어난 사례가 산출되지 않았다. 이는 대체로 채점자들이 어느 정도의 평가 신뢰도를 갖춘 평가를 수행하였음을 확인할 수 있는 내용이다. [그림 5-3]은 평가자와 평가 영역 간의 상호 작용 속에서 특히 평가자가 평가를 수행하는 과정 속에서 엄격성을 벗어나 편향되어 있는 정도를 확인하기 위한 자료이다.

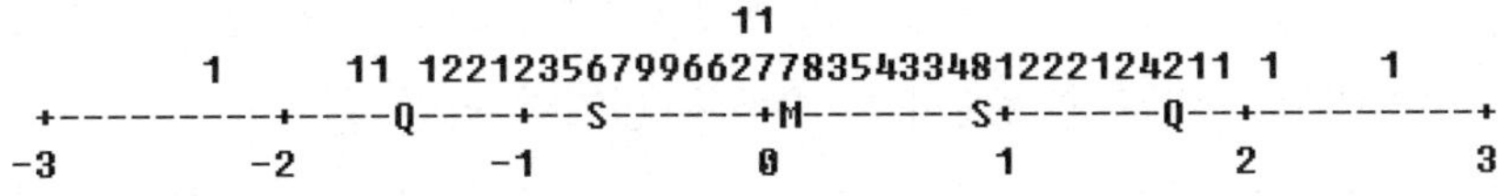

[그림 5-3] 평가자 X 평가 영역 간의 Z 검증

[그림 5-3]은 특정 채점자와 평가과제 간의 상호작용 또는 편향(bias)적 채점 경향을 파악하기 위한 자료이다. 보통 표준 z값 +2.0과 −2.0 범위의 위치한 항목들을 확인하는 데 2개의 건수를 확인할 수 있었다.

구체적으로 어떤 평가자가 평가의 엄격성에서 벗어나 편향적인 채점 경향을 보이는가를 알아보기 위해서 편향 분석을 실시하였다.

[표 5-15]는 평가자와 평가 영역 간의 상호작용을 분석한 자료이다.

[표 5-15] 평가자와 평가 영역간의 상호작용 분석

Rater	Obsvd Score	Exp. Score	Obs−Exp Average	Infit MnSq	Outfit MnSq
4 rater 4	9	6.5	2.45	.3	.3
4 rater 4	8	5.4	2.63	.8	.8

(Rater : 채점자 집단의 담당 채점자 및 평가 영역, Obsvd Score : 관찰 점수, Exp. Score : 실제 점수, Obs-Exp Average : 관찰-실제 점수의 평균)

[표 5-15]는 평가자와 평가 영역 간의 상호작용 분석 중에서 편향을

드러내는 항목들을 나타낸 자료이다. 평가자 4, 즉 평가팀 D(1명)가 평가 영역 4(총점)에 대해 비교적 관대한 평가를 내렸다는 것을 확인할 수 있는 자료이다. 평가팀 D는 일반 평가자로 일반적인 평가 기준 및 척도를 사용하여 평가를 하였다. 이는 Cronbach α를 통해서도 신뢰도가 낮아졌다는 것과 연관하여 확인할 수 있는 결과이다.

이처럼 다국면 Rasch 모형을 활용한 FACETS 프로그램의 분석은 기존의 고전적인 신뢰도 검사에서 확인할 수 없었던 직접 평가 방식의 다양한 국면들, 즉 평가자, 평가 과제, 평가 문항의 난이도, 평가 척도 등과 관련하여 신뢰도와 관련한 다양한 정보를 획득할 수 있다.

Rasch 모형을 활용한 FACETS 프로그램의 분석에 따르면, '본 채점 I'에 참여한 평가자(팀)들은 평가팀 D의 특정 몇몇 사례에서 관대한 평가 양상이 드러났지만 주로 95% 범위 내에서 신뢰로운 평가 경향을 드러내고 있다. 이는 연구자의 관점에서 살펴볼 때, 분석적 평가 및 평가 영역별 평가 방식을 요구하면서, 변별이 가능한 평가 기준 및 적절한 평가 척도와 평가 판단을 위한 지침이 포함되어 있는 평가 지침서, 그리고 '예비 채점' 과정을 통해 실질적인 평가 사례를 보여주는 평가 예시문을 제공하면서 평가자들은 대체로 신뢰도를 확보한 평가를 수행한 것으로 판단할 수 있다.

신뢰도 확보를 위한 통계적 검증과 함께 대단위 작문 실험 평가에 참여한 학생 답안 내용을 질적으로 분석함으로써 평가 기준 및 평가 척도의 내용이 '본 채점 I · II' 과정에서 어떻게 적용되었는지 살펴보고자 하였다.

대단위 실험 평가를 진행하고 평가 결과를 바탕으로 하여 성취수준을 판별하였다. 그중에서 우수, 보통, 기초, 기초 미달 학생의 등급을 얻은 학생들의 답안 중 1편씩을 선정하여 특히 직접 평가에 대한 결과의 내용을 분석하였다. 우수 등급의 사례는 38번 학생의 답안, 보통 등급의 사례는 103번 학생의 답안, 기초 등급의 사례는 132번 학생의 답안, 기초미달의 사례는 317번 학생의 답안을 선정하여 평가 기준 및 평가 척도에 따라 점수를 부여한 결과가 각각의 사례별로 어떠한 차이를 보이는지 분석하였다.

[표 5-16]은 대단위 작문 평가에서 우수 등급을 받은 학생의 직접 평가 문항에 대한 작성한 답안이다.

[표 5-16] 대단위 작문 평가 우수 등급 학생 답안 사례

위 글은 재해가 일어났을 경우 그 재해의 희생자들의 사진을 찍어 세상에 보여주는 행위의 당위성에 대해 묻고 있다. 푸르니에의 행동처럼 소녀의 사진을 세계에 배포하여 콜롬비아 사태의 심각성을 알리는 것이 옳으냐는 것이다.

전반적으로 나는 푸르니에의 행동을 지지한다. 사진이라는 시각적 매체를 통하여 사태의 심각성을 효과적으로 세상에 알린다면 피해를 입은 국가에 대한 지원이 늘어나 소녀와 같은 희생자들을 줄이고 그 국가의 빠른 회복을 도모할 수 있기 때문이다. 일본에서 일어난 지진해일로 수많은 사람들이 집과 가족들을 잃었을 때 뉴스를 통해 전해진 사진들은 전 세계적으로 일본에 대한 지원을 늘리는 데 일조했으며 회복 또한 촉진시킨 것이 그 예이다.

또한 참혹한 희생자들의 실태를 찍은 사진은 본질적으로 구경거리가 아니다. 이러한 사진은 단지 사실을 드러내어 세상에 전하는 메신저의 역할을 하는 것이다. 9·11 테러 당시의 상황이 구경거리라 할 사람은 없다. 무너져 내리는 빌딩의 참혹한 모습은 사람들에게 충격을 주기에 충분한 시각적 메신저였지, 관광명소에서 찍은 사진과는 의도와 목적이 분명히 다르다.

푸르니에는 최선을 다해 그 상황에 충실했다. 비록 그것이 사진을 다르게 바라본 몇몇 사람들에 의해 매도되었을 지라도 그의 사진은 사실상 성공적으로 목적을 달성한 것이다. 따라서 이와 같이 사고의 실태를 보여주는 사진들은 비난의 대상이 아닌, 바람직 하며 앞으로도 권장되어야 할 것들이다. 심각성을 극명하게 드러낼 수 있는 사진의 사용으로 우리는 전세계에 알리고자 하는 바를 효율적으로 전할 수 있는 것이다.

[표 5-16]은 대단위 작문 평가에서 서술형 문항에 대해 우수 등급을 획득한 학생의 글이다. 위 학생은 내용·조직·표현의 영역에서 매우 높은 점수를 획득하였다.

내용의 측면에서 분석하면, 먼저 '내용의 정확성'과 관련하여 평가 기준 및 평가 지침서가 의도하는 바는 제시문의 내용을 요약함으로써 문제가 의도하는 쟁점이 되는 내용을 명확하게 파악하고 있는가가 평가의 중점이 된다. 이와 관련하여 학생의 글은 '재해가 일어났을 경우 그 재해의 희생자들의 사진을 찍어 세상에 보여주는 행위의 당위성 여부'라는 진술을 통해 사진 기자의 현장 윤리(기자로서 현장의 심각성을 알려야 한다는 역할과 사람을 먼저 구해야 한다는 인도적 측면 사이에서의 논란과 갈등)라는 논점의 주제를 압축하여 적절히 표현하였다.

'내용의 풍부성'과 관련하여 평가 기준 및 평가 지침서가 의도하는 바는 자신의 명확한 주장과 주장을 뒷받침하는 근거를 제시함에 있어 자신이 경험하거나 알고 있는 지식과 연관하여 사례를 제시하는 것이 평가의 중점이 된다. 이와 관련하여 학생의 글은 최근 일본의 지진 해일로 인해 많은 사람들이 집과 가족들을 잃었을 때 뉴스를 통해 전해진 사진들이 전세계적으로 일본에 대한 지원을 늘리는 데 일조했다는 사례와 미국의 9·11 테러 당시 무너져 내린 건물의 모습을 촬영한 사진과 영상이 사람들에게 참혹한 현장의 모습과 피해의 심각성을 인식시키는 데 중요한 역할을 했다는 사례를 제시하여, 근거로서 적절한 사례들을 인용하고 있음을 파악할 수 있었다.

'주제의 명료성 및 타당성'과 관련하여 평가 기준 및 평가 지침서가 의도하는 내용은 쟁점에 대한 자신의 입장을 분명히 밝히고 주제를 뒷받침하는 근거와 사례들을 효과적으로 제시하고 있는가가 평가의 중점이 된다. 이와 관련하여 학생은 사진기자인 푸르니에의 행동에 대해 지지한다는 긍정적인 입장을 밝히고 관련 사례들을 근거로 하여 주장을 뒷받침하고 있다.

조직의 측면에서 분석하면, 먼저 '구성의 적절성'과 관련하여 평가 기준 및 평가 지침서가 의도하는 바는 ① 쟁점의 내용 요약, ② 자신의 입장, ③ 입장을 뒷받침하는 근거의 순서로 글이 체계를 갖추도록 요구하고 있는데 학생의 글은 이와 같은 순서로 글이 전개되었다. '구성의 응집성'과 관련하여 평가 기준 및 평가 지침서가 의도하는 내용은 문단과 문단, 문장과 문장이 일관성을 갖추면서 연결되고 있음을 평가의 중점으로 다루고 있는데, 학생의 글은 비교적 내용에 따라 문단 구분 및 문장과 문장 간의 연결이 원활하게 진행되고 있었다.

표현의 측면에서 분석하자면, 먼저 '어조 및 태도, 적절한 단어 및 표현 선택'과 관련하여 평가 기준 및 평가 지침서가 의도하는 바는 독자를 고려한 적절한 어조의 사용, 적절한 단어 및 표현 선택에 중점을 두고 있는데, 위의 학생은 자신이 전달하고자 하는 내용을 적절한 표현을 활용하여 진술하였으며 특별히 어색하거나 부정확한 표현은 발견되지 않았다.

'어법'과 관련해서는 주로 일반적인 작문 규칙 및 원고지 사용법의 정확성을 요구하고 있는데, 대체로 이를 준수하고 있었다. 마지막으로 '분량'과 관련하여 위의 학생은 800자 내외라는 글의 분량을 준수하고 있다.

[표 5-17]은 대단위 작문 평가에서 보통 등급을 받은 학생의 직접 평가 문항에 대한 작성한 답안이다.

[표 5-17] 대단위 작문 평가 보통 등급 학생 답안 사례

　　이 글은 어떤 사고로 인하여 고통을 겪고있는 사람들을 사진으로 찍어서 보도해도 된다 안된다라는 주제를 가지고 수 차례 논쟁이 되고 있습니다. 여러분들도 각자의 생각을 가지시고 각각의 다양한 찬반이유가 나오시겠지만, 우선 저의 의견은 사진을 찍어도 된다 즉 찬성에 한 표를 던지겠습니다.

　　사람들은 이 기사에 나온 말처럼 흔히 이렇게 얘기를 할 수 있겠죠. "지금 생사를 넘나드는 사람들을 가지고 이게 뭐하는 짓이냐?" 네 이 말은 틀린말이 아닙니다. 분명 겉으로 보기에는 그렇게 생각이 들 수 있을지도 모릅니다.

　　하지만 지금 이렇게 찍어서 세계 보도 사진상까지 되어 더 많은 사람들이 이 파급효과는 상상 이상의 효과를 낼 수 있습니다. 사진 한 장에서 나오는 절박하고 강렬한 모습은 전체를 그냥 보여주는 것보다 더욱 더 우리의 마음속에 와 닿을 수 있습니다. 또한 이것은 어떤 자연재해가 또한번 유사하게 일어났을 때 이 사진을 보았던 것을 기억하면 더 능동적으로 그들을 도우려는 마음이 생길 것 입니다. 하지만 저는 이 의견에 대해서는 정말로 의문을 갖고 있습니다. 그것이 사는 것 그 것보다 더 중요한 일인 것일까? 개똥밭에서 굴러도 이승이 더 좋다는 말이 있는 데 그것이 과연 신경이 쓰일까? 이것은 저의 어이없는 발상일 수도 있지만 정말 궁금합니다.

　　어쨌든 저는 이러한 이유로 이 의견에 찬성의사를 표합니다.

[표 5-17]의 학생 답안 글을 분석한 결과, 내용과 관련하여 학생은 논제의 핵심을 파악하기보다는 단순히 제시문의 내용을 인용하는 수준에서 글을 작성하였으며 자신의 주장에 대한 입장을 밝혔지만 핵심 내용을 명확하게 드러나지 못했다. 또한 자신의 주장을 뒷받침하기 위한 근거로써 적절한 사례들을 제시하지 못했다.

이에 반해 조직과 표현의 측면에서는 비교적 긍정적인 평가를 받았다. 논제의 핵심 파악, 주장, 근거로 이어지는 글의 흐름을 비교적 적절히 파악하고 전개하였으며 내용 간의 구별을 위한 문단 및 문장 간의 구분은 적절하였다. 표현은 원고지 사용법이나 맞춤법에 적절하지 않는 표현이 2~3개 정도 발견된 점을 제외하고는 대체로 기본적인 작문 규칙을 습득하여 활용한 것으로 판단되며, 분량 또한 800자 내외의 분량을

준수하고 있었다.

　[표 5-18]은 대단위 작문 평가에서 기초 등급을 받은 학생의 직접 평가 문항에 대한 작성한 답안이다.

[표 5-18] 대단위 작문 평가 기초 등급 학생 답안 사례

　　프랑크 푸르니에란 사진가의 이야기를 듣고 저 또한 생각을 해보았습니다. 과연 푸르니에는 콜롬비아에서 오물에 갇힌 고통스러운 순간의 모습을 찍은게 죽어가는 소녀를 구경거리로 내몰은 파렴치한 것인가에 대해서 말입니다. 저는 푸르니에가 할 최선의 일을 한것이고, 푸르니에에 의해 콜롬비아의 참사를 세상 사람들에게 알려주었기 때문에 소녀의 죽음에 대한 죄스러운 마음을 가질 필요는 없다고 생각합니다.

　　이 소녀에 의해서 콜롬비아의 최악의 참사도 달라지게 되었고, 세계 보도 사진상을 수상하게 해도 이 소녀에 대해 고마운 마음을 가지고 살아가면 이 소녀도 행복하게 하늘에게 지켜볼 수 있을 것입니다. 이처럼 자연으로 인한 대참사는 많은 인명피해와 자연파괴가 일어나는데 우리는 어떤 기사를 보고 무엇인가 느낄게 있다고 생각합니다. 물론 이러한 참사는 화산이 폭발한 자연재해와 인간의 비도덕성 상실의 인간과 오물이 합쳐지면서 일어났지만 이런 참사를 예방하기 위해서는 평소 우리가 바르게 생활하며, 자연을 아끼고 보살펴야 한다고 생각합니다. 평소 주변환경을 꼼꼼히 체크애보고 미리 일어날 자연재해에 대해서는 예방을 할 수 있다면 이처럼 잔인한 대참사는 일어나지 않을 것입니다.

　　우리모두 주변환경과 자연에 관심을 갖고 다시는 이러한 일이 덜 일어나도록 노력합시다.

　[표 5-18]의 학생 답안 글을 분석한 결과, 내용의 측면에서 제시문을 통해 문제가 의도하는 바와 관련 없는 진술의 내용이 드러났으며, 주장의 명확한 진술에도 불구하고 이를 뒷받침하기 위한 근거가 불충분한 면이 보였다. 내용을 구분하기 위한 문단과 문단의 연결 또한 적절하지 않은 부분이 발견되었으며, 표현에 있어서도 원고지 사용법 및 띄어작문의 오류 등 일반적인 작문 규칙에 어긋나는 부분이 발견되었다. 그리고 분량에 있어서도 800자 내외(+50자)에 부족한 분량을 갖추어 감점을 얻었다.

　[표 5-19]는 대단위 작문 평가에서 기초미달 등급을 받은 학생의 직

접 평가 문항에 대한 작성한 답안이다.

[표 5-19] 대단위 작문 평가 기초미달 등급 학생 답안 사례

1985년 11월, 끔찍한 화산폭발이 일어난 콜롬비아에서 프랑크 푸르니에라는 사진작가는 엄청난 양의 오물에 갇힌 한 소녀를 찍어 세계적인 사진작가가 되었다. 그 사진에 찍힌 소녀는 결국 오물 속에 갇혀 심장마비로 목숨을 잃었고 그로 인해 프랑크 푸르니에는 다 죽어가는 소녀를 구경거리로 만들었다며 많은 사람들에게 비난을 받았다.

하지만 나는 그가 옳은 선택을 했다고 생각한다. 만약 프랑크 푸르니에가 그 소녀의 목숨이 어떻게 되든 상관없이 자기의 명예만을 위해 사진을 찍었다면 충분히 파렴치한 사람이 될 수 있었지만 몇날몇일을 그 소녀 곁에서

[표 5-19]의 학생 답안을 분석한 결과, 기본적으로 학생이 작성한 답안의 분량이 원칙적으로 정한 800자 내외의 1 / 2인 400자 수준도 지키지 못한 300자 정도의 글이 작성되었다. 이러한 글의 분량을 내용·조직·표현의 세부 평가 기준 및 평가 지침서를 적용하기는 어렵다고 판단되어 최하점이 부여되었다.

'본 채점 I '에서 이 연구가 의도한 것은 평가의 신뢰도 확보에 초점을 둔 평가 과정이 되도록 하였다. 분석적 평가를 통해 보다 객관적이고 세분화된 점수가 산출될 수 있도록 유도하였으며, 학교 현장에서 활용하고 있는 방법을 응용하여 평가 영역별로 평가를 하도록 하였다.

참고로 영역별·분석적 평가를 수행하면서 각각의 학생 답안에 대해서는 내용·조직·표현별로 각각 ①~③의 세부 영역에 대해 + 또는 - 표시를 평가가 적용된 글의 부분에 적절히 표시하도록 요구하였다. 후에 이 자료가 학생들에게 다시 피드백 자료로 제공될 때 학생들은 각각 평가의 세부 영역에 대한 점수를 확인할 수 있다. 답안을 작성한 학생은 점수를 확인하고 각각의 세부 영역이 적용된 부분을 찾아 평가 결

과가 나오게 된 이유를 확인하면서 학습할 수 있는 장치를 마련하도록
하였다.

4. 평가의 효율성을 고려한 '본 채점 I · II' 결과

평가의 신뢰도 확보 못지않게 대단위 작문 평가에서는 평가의 효율성
부분 또한 중요하다. 신뢰도를 높이는 정확한 평가와 더불어 주어진 평
가 과제에 대한 업무를 신속하게 처리하는 것이 평가의 효율성을 높이
는 중요한 방법이기 때문이다. 이를 위해서는 연구가 의도한 분석적 및
영역별 평가 방식의 소요 시간이 일반적인 총체적 평가 방식을 활용하
는 채점자의 소요 시간과 비교하여 어떤 차이가 있는지 확인하는 것이
평가의 효율성 확보의 측면에서 중요한 과정이라 판단한다. [그림 5-4]
은 '본 채점 I' 과정에 참여한 교사들이 주어진 학생들의 답안들을 평가
하는 데 소요된 시간을 측정한 자료이다.

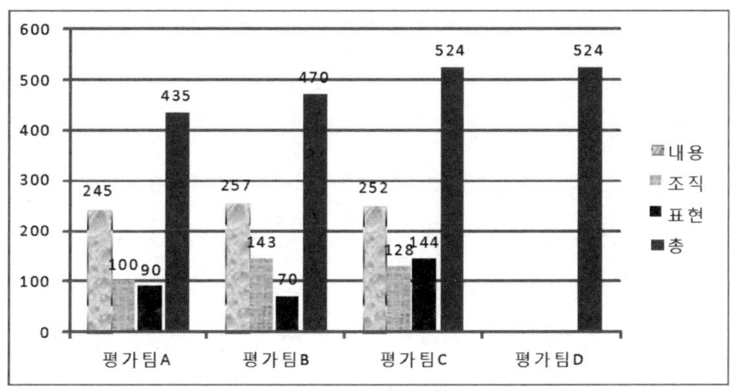

[그림 5-4] 본 채점 I 채점 소요 시간(단위 : 초)

　[그림 5-4]는 평가팀별로 학생들이 작성한 1편의 답안에 대해 평균적으로 소요된 시간을 측정한 결과이다. 이에 따르면 평가팀 C에서 표현 영역에 대한 평가를 수행하는 데 소요된 시간이 평가팀 A, B에 비해 유의한 차이를 나타내었다. 이러한 특이점을 제외한다면 대체로 분석적 평가를 수행한 평가팀 A(7분 15초), B(7분 50초), C(8분 44초)의 1편당 평균 채점 소요 시간이 일반 평가자인 D(8분 40초)에 비해 평가 시간이 어느 정도 단축되었음을 파악할 수 있다.

　평가팀 D에 비해 상대적으로 다른 평가팀들은 평가를 수행하는 데 있어, 구체적인 평가 기준 및 평가 예시문의 자료가 더 주어짐에도 불구하고, 평가 시간이 상대적으로 단축되었다는 것은 평가자가 해당 평가 영역에 관한 공통적인 평가의 관점을 확보했다는 의미이다. 또한 분석적 평가는 일반적 평가에 비해 평가 결정을 내리는 데 있어 참조해야 할 학생들의 글을 읽는 범위가 상대적으로 줄어들게 된다. 즉 일반 평가자인 평가팀 D는 내용·조직·표현을 종합적으로 살펴보기 위해 학생들의 글을 반복해서 읽는 과정에 따라 채점 소요 시간이 상대적으로 늘어났다고 해석할 수 있다.

　한편 '본 채점 I' 과정에서 채점자들이 일부 평가 항목 및 평가 척도에서 변별의 어려움을 면담 결과를 통해 언급하였다. 이러한 문제를 해결하기 위해 '본 채점 II'에서는 공통적인 평가관을 공유하며 '본 채점 I'보다 신속하고 일관성 있는 평가가 이루어질 수 있도록 평가 기준 및 평가 척도 간의 분별을 보다 원활하게 하기 위한 '평가 기준 및 평가 척도의 초점화' 과정을 마련하였다.

　[표 5-20]은 기존에 제시된 평가 기준 및 평가 척도를 바탕으로 하여 채점자가 보다 명확하게 각 평가 영역별로 평가 척도를 변별할 수 있도록 각 영역별로 평가 척도의 분명하게 드러낸 자료이다.

[표 5-20] 평가 기준 및 척도의 초점화(본 채점Ⅱ)

평가 영역	평가 요소	점 수	평가 기준 및 척도의 초점화
내용 (40점)	① 내용의 정확성	15 점	■15점 : 쟁점의 출제의도에 따라 명확하게 제시하고 있다. ■12점 : 쟁점의 내용을 표면적으로 진술하되 자신의 말로 언급하고 있다. ■9점 : 쟁점의 내용을 제시문 내용 그대로 인용하고 있다. ■6점 : 쟁점의 내용을 다른 관점에서 의도와 벗어나게 파악하고 있다. ■1점 : 분량 부족 등의 사유로 인해 채점이 불가능할 경우
	② 내용의 풍부성	15 점	■15점 : 근거의 사례로 예를 2가지 이상 언급하고 있다. ■12점 : 근거의 사례로 예를 1가지 언급하고 있다. ■9점 : 근거의 사례가 예 없이 추상적으로 진술되고 있다. ■1점 : 분량 부족 등의 사유로 인해 채점이 불가능할 경우
	③ 주제의 명료성 및 타당성	10 점	■10점 : 정확하게 자신의 입장(찬성, 반대)을 밝히고 있다. ■7점 : 자신의 입장을 밝히되 문장이 분명하게 표현되어 있지 않다. ■4점 : 쟁점이 잘 드러나지 않고 일부 의도에서 벗어나는 내용들을 근거로 포함하고 있다. ■1점 : 분량 부족 등의 사유로 인해 채점이 불가능할 경우
조직 (30점)	① 구성의 적절성	15 점	■15점 : 쟁점 내용 + 주장 + 근거 제시 순서를 지키고 있다. ■12점 : 쟁점의 내용이 길고 주장이 중간 이후에서 확인되었다. ■9점 : 쟁점이 잘 드러나지는 않지만 대체로 위의 방식을 취하고 있다. ■6점 : 도입 등 불필요한 부분이 있거나 쟁점 내용 등이 진술되지 못하고 주장이 먼저 제시되었다. ■1점 : 분량 부족 등의 사유로 인해 채점이 불가능할 경우
	② 구성의 응집성	15 점	■15점 : ① 문단과 문단의 구분이 명확하게 구분되어 있으며, ② 각각의 문장이 하나의 내용들을 구체적으로 포함되어 있으며, ③ 문단과 문단, 문장과 문장 사이에 적절한 접속어를 사용한 경우. 해당 항목 중 부적절한 내용 1개 이하 ■12점 : 부적절 2개 ■9점 : 부적절 3~4개 ■6점 : 부적절 5개 이상 ■1점 : 500자 이내 분량 부족 등의 사유로 인해 채점이 불가능할

			경우
표현 **(30점)**	① 어조 및 태도 / 적절한 단어 및 표현 선택	10 점	■**10점** : 문체적 특성에 어긋난 종결어미 진술, 비속어 사용, 거친 표현 등 내용과 관련하여 적절하지 못한 표현 1개 이하 ■**7점** : 부적절 2~3개 ■**4점** : 부적절 4~5개 ■**1점** : 500자 이내 분량 부족 등의 사유로 인해 채점이 불가능할 경우
	② 어법	10 점	■**10점** : 원고지 사용법 및 맞춤법 1개 이하 ■**7점** : 부적절 2~3개 ■**4점** : 부적절 4~5개 ■**1점** : 500자 이내 분량 부족 등의 사유로 인해 채점이 불가능할 경우
	③ 분량	10 점	■**10점** : 800±50자 분량을 지킨 경우 ■**3점** : 800±50자 분량을 지키지 못한 경우 ■**1점** : 400자 미만 작성
미달	400자 미만 작성		기본 점수 합산 총점 8점 부여
	작성하지 않은 경우		0점 부여

[표 5-20]은 교사들이 채점자들이 공통적인 평가의 관점을 갖추고 평가 척도를 명확하게 변별하기 위한 평가 기준 및 척도의 초점화 과정이다. '본 채점Ⅰ'에서 수행한 평가 결과를 살펴보면, 일부 평가 항목 및 척도를 적용함에 있어 어려움을 겪었다고 평가자들이 견해를 밝히고 있다. 이는 평가의 신뢰도를 저해하는 동시에 평가를 수행하는 데 있어 평가자들이 긍정적으로 학생 답안의 점수를 결정하는 데 있어 중요한 각 세부 영역별 평가 척도를 변별하기가 어렵다는 것을 의미한다. 이러한 부분은 곧 평가관의 공유하는 데 있어 장애가 되는 문제점이 된다.

대단위 작문 평가의 평가 및 채점 과정에서 중요한 점은 평가에 참여한 교사들이 세부 영역별로 평가를 수행하기 위해 공통된 평가관을 갖추는 것이다. 이와 관련한 문제점을 해소하기 위해 각 항목의 평가 척도를 변별하는 위한 기준을 명확하게 제시함으로써 평가 수행의 정확성 및 신속성을 유도하고자 하였다.

'본 채점Ⅱ'에서는 '본 채점Ⅰ'과 반대되는 상황에서 진행될 수 있도록 하였다. 즉, '본 채점Ⅰ'이 상대적으로 적은 평가 분량에 대해 많은 수의 채점자들이 각각의 업무를 할당 받으면서 주어진 평가 업무에 대해 평가관을 엄격히 적용하여 적절히 적용하는 데 초점을 두었다면, '본 채점Ⅱ'는 채점자들이 공통된 평가관을 확보하여 신속하게 적용하는 데 목적을 두었다.

이를 위해서 '예비 채점 과정' 및 '본 채점' 과정을 수행하거나 평가 매뉴얼에 따라 평가 과정을 숙독하고 있는 전문가인 국어 교사 3명을 통해 각각 내용·조직·표현 영역별로 490명의 전수 표집에 대한 답안을 모두 평가하도록 하였다. 그리고 평가의 집중도를 고려하여 평가 기간을 5일로 설정하여 1일 평균 100편 내외의 평가 업무의 양을 제시하였다.

또한 채점자 3명이 수행한 평가에 대해 평가 결과의 적절성을 확인하는 '보정 과정'을 평가가 끝난 뒤에 진행하였다. 이 상황에서 평가 결과의 신뢰도 확보를 위해 평가 결과의 정확성을 위한 검토 방법에는 몇 가지가 있다. 우선 모든 학생 답안을 검토하는 방식이다. 이를 효율적으로 수행하기 위해서는 평가 영역별로 진행하는 방법이 있으며, 또한 각각의 평가 영역 안에서도 평가 척도가 동일하게 적용된 답안들끼리 분류하는 평가 척도가 잘못되게 적용된 사례가 있는지 확인하는 방법이다.

한편 '보정 과정'에서 모든 학생들의 답안을 일일이 살펴보지 않는 방법은 앞에서 평가의 신뢰도 여부를 확인하기 위한 연구 방법인 일반화 가능도 이론 및 FACETS 프로그램을 활용하는 것이다. Rasch 모형을 적용한 FACETS 프로그램의 결과에는 평가자의 비신뢰성 검증이 있다. 이 검증 작업 중에는 비교적 확률적으로 추정된 기댓값에서 벗어나는 평가자의 사례들을 발견할 수 있다. 이렇게 통계적 방법을 통해 추출한 사례를 평가 기준 및 평가 지침서, 평가 예시문 등의 자료를 기반으로 하여 검토하고 평가 척도에서 벗어난 부분에 대해서는 다시 점수를 보정하는 작업을 수행할 수 있다.

[그림 5-5]는 본 채점Ⅱ 과정에 참여한 채점자들의 평가를 수행하는 데 있어 소요된 시간과 관련한 자료이다.

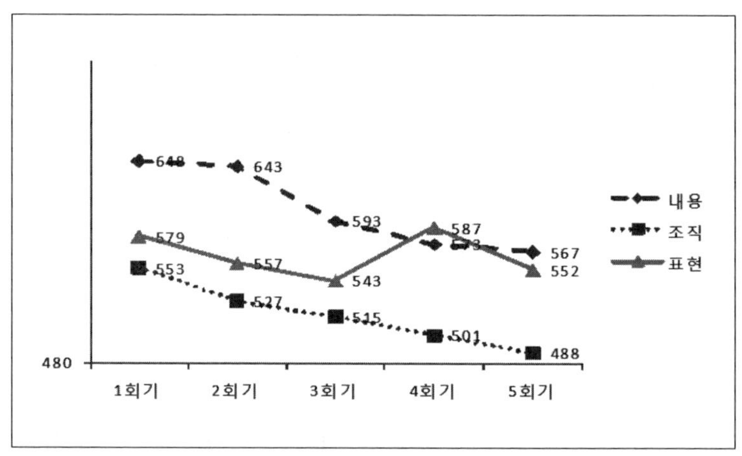

[그림 5-5] 본 채점Ⅱ 채점 소요 시간(단위 : 10편 당 소요시간, 초)

[그림 5-5]는 평가 과정의 효율성을 판단하기 위해 1일에 100편씩의 평가를 실시하는 가운데 임의로 10편을 선정하여 소요된 시간을 회기별로 나타낸 것이다. 대체로 내용과 조직에서는 회기가 증가할수록 채점자의 숙련도에 따라 채점 소요 시간이 단축되었으나(내용 : 648초 → 567초, 조직 : 553초 → 448초), 표현에 대해서는 학생 답안의 편차에 따라 채점 소

요 시간이 다르게 측정되었다. 대체로 채점자들은 한 항목의 평가를 수행하는 최대한의 평가 대상이 100편 정도가 적정하다고 언급하였으며, 평가 기준 및 척도의 초점화를 통해 각 항목의 해당 척도 확인 및 점수화가 신속하면서도 분명하게 구분되었다고 말하고 있다.

이 연구는 평가의 타당도를 갖춘 대단위 작문 평가 문항 개발과 평가의 신뢰도와 효율성을 확보한 평가 및 채점 방법을 마련하고, 이에 학업 성취도 평가의 성격을 지닌 대단위 작문 실험 평가를 실시하여 그 결과를 분석하였다.

대단위 작문 평가는 광역자치단체별(해외는 주 단위로) 또는 전국 단위의 학생들을 대상으로 전수 표집을 통해 실시하기 때문에, 기존의 작문 평가에 비해 결과에 대한 많은 정보를 획득할 수 있다.

대단위 작문 실험 평가 결과를 통해 지역별, 학교별, 성별 등의 차이를 살펴보고 또한 평가의 총점뿐만 아니라 간접 및 직접 평가 점수 간에 있어서도 어떠한 차이가 드러나는가를 파악하고자 하였다. 그리고 대단위 작문 평가 결과의 총점에 간접 평가의 결과 및 직접 평가의 각각 영역별 점수가 어떠한 영향을 미치는가를 분석하였다. 이는 우리나라 학생들 전반의 작문 능력을 확인한다는 측면에서 학생들의 작문 능력 실태를 확인할 수 있는 자료가 될 수 있다.

5개 지역 8개 학교 490명 학생들을 대상으로 실시한 대단위 작문 실험 평가를 분석한 결과 선다형 평가 점수 및 서술형 평가의 내용·조직·표현 점수별 지역별 차이를 분석한 결과 모두 유의하게 나타났다. 이와 관련하여 [표 5-21]은 성별에 따른 대단위 작문 평가 결과 자료이다.

[표 5-21] 대단위 작문 평가 성별 차이 분석

성별	내용 총점 (40점)		조직 총점 (30점)		표현 총점 (30점)		선택형 총점 (25점)		서술형 환산 총점(75점)		총점(100점)	
	평균	표준편차	평균	표준편차	평균	표준편차	평균	표준편차	평균	표준편차	평균	표준편차
남 (242)	27.69	8.48	20.97	7.70	22.10	8.59	17.36	5.27	53.06	16.57	70.42	18.09
여 (248)	23.54	11.10	18.14	9.88	18.38	10.24	17.62	5.83	45.03	21.86	62.65	21.36

[표 5-21]은 대단위 작문 실험 평가에 응시한 성별 차이를 나타낸 결과이다. 일반적으로 작문 평가에서는 여학생이 비교적 성취가 높다고 알려져 있다. 이와는 달리 선택형 총점을 제외한 다른 영역에서 남학생들이 여학생들에 비해 학업성취가 높은 것으로 나타났다. 이는 학생 답안을 점검하는 과정에서 다수의 여학생이 직접 평가 문항에 대한 답안으로 정해진 조건의 분량보다 훨씬 부족하게 작성한 사례를 발견했으며 이를 통해 짐작할 수 있는 결과였다. 물론 전수 표집이 아니므로 하나의 사례로 참조하였으면 한다. 중요한 것은 이 결과 분석의 목적은 대단위 작문 평가의 경우 학교별, 지역별, 성별 작문 능력의 차이를 수치를 통해 확인할 수 있다는 것을 안내하는 것에 있다[부록 6] 참조).

한편 대단위 작문 실험 평가의 결과를 바탕으로 하여 학생들의 작문 능력을 일정 성취수준별로 등급화 하였다. 다음으로는 학생들의 대단위 작문 평가 결과를 중심으로 성취수준을 결정하기 위한 분류 분석을 실시하였다. 주요 분석 방법으로는 K-평균 군집 분석 방법을 활용하였다. [표 5-22]는 군집 분석의 결과 자료이다.

[표 5-22] 성취수준 결정을 위한 K-평균 군집 분석

	군집(예상 등급)			
	1	2	3	4
간접 평가 총점	14(4)	19(1)	17(3)	18(2)
내용 총점	22(3)	33(1)	6(4)	27(2)
조직 총점	15(3)	27(1)	2(4)	21(2)
표현 총점	13(3)	27(1)	3(4)	23(2)
서술형 총점	37.48(3)	66.16(1)	8.05(4)	53.40(2)
총점	51.33(3)	85.13(1)	25.33(4)	71.10(2)

[표 5-22]는 학생들의 성취 등급을 결정하기 위한 군집 분석 결과이다. 이 연구가 학업성취도 평가의 성격을 지닌 대단위 작문 평가를 의도하면서 평가 등급을 기존 국가수준 학업성취도 평가의 성취수준인 우수, 보통, 기초, 기초미달의 4등급을 적용하고자 하였다.

10번의 반복계산을 통한 군집 분석은 각 세부 평가 영역별 점수의 중심경향치를 파악할 수 있었다. 가령 총점의 경우에는 85.33점을 중심으로 우수한 집단들이 분포되어 있음을 확인할 수 있었으며, 다음으로는 71.1점을 중심으로 한 집단의 분포를 살펴볼 수 있었다. 세 번째는 51.33점을 중심으로 하였고, 마지막으로는 25.33점을 중심으로 학생들의 성적 분포가 집중되어 있는 것을 확인할 수 있었다. 이를 참조하여 영역별 학생들의 성적을 직접 평가 총점, 내용·조직·표현, 간접 평가 총점의 순으로 정렬하여 일정한 등급에 따라 성취수준을 분류하였다.

군집 분석은 연구자의 의도에 따라 군집을 나누어 각 군집 간의 중심경향치 및 군집들 간의 거리를 살펴보는 데 분석의 목적이 있다. 이를 통해 대단위 작문 평가에서는 성취수준 등급을 결정하는 데 있어 학생

들의 점수 결과의 분포를 파악하는 기초 자료로 활용할 수 있다.

　이러한 군집 분석의 결과를 바탕으로 하여 우수, 보통, 기초, 기초미
달의 4개의 성취수준을 설정하고, 학생들의 총점 및 세부 평가 영역별
점수의 분포를 고려하여 학생들의 분포 여부를 확인하였다. [표 5-23]
은 군집 분석 및 대단위 작문 평가의 점수 분포 및 평균을 고려하여 배
치한 결과가 타당한가를 살펴보기 위한 분류분석을 실시하고, 각각 성
취수준별 해당되는 표집 인원을 보여주는 자료이다.

[표 5-23] 대단위 작문 평가 성취기준 분류 결과

	예측				
	우수	보통	기초	기초미달	정확도(%)
우수	221	0	0	0	100.0%
보통	0	119	0	0	100.0%
기초	0	0	73	0	100.0%
기초미달	0	0	0	77	100.0%
전체 대비 비율(%)	45.1%	24.3%	14.9%	15.7%	100.0%

　[표 5-23]에 따르면 성취수준별 학생들의 분포는, 우수 221명(항목의
전체 응답 중 45.1%), 보통 119명(항목의 전체 응답 중 24.3%), 기초 73명(항목
의 전체 응답 중 14.9%), 기초 미달 77명(항목의 전체 응답 중 15.7%)로 나타
났다.

　이 연구는 대단위 작문 평가를 실시하면서 학생들의 대단위 작문 평
가를 상대평가가 아닌 절대평가의 관점에서 학생들의 성취수준을 결정
하였다. 실질적으로 기초 미달에 해당하는 학생들 중 상당수가(43명, 전체
피험자 대비 8.8%) 직접 평가에서 요구하는 기본적인 분량인 400자 이내

를 채우지 못함으로 평가 기준 및 평가 지침서에 따라 각 세부 평가 영역별 점수에서 최하점을 부여 받았다. 최초 수합한 학생들의 답안 중에서 직접 평가 답안을 전혀 작성하지 않은 11명의 학생 답안까지 포함하면 전체 피험자 대비 10.7%로는 직접 평가 방식의 서술형 문항에 대해 요구하는 답안의 글을 기본적인 수준에서조차 작성하지 못한 것으로 판단할 수 있다.

성취수준의 등급 간에 등급 결정에 영향을 주는 요인이 무엇인지 판단할 수 있는 판별 분석을 실시하였다. [표 5-24]는 대단위 작문 평가의 성취수준과 관련한 판별 분석의 결과이다.

[표 5-24] 대단위 작문 평가 성취수준 관련 판별 분석

	분류 함수 계수			
	우수	보통	기초	기초미달
간접 평가 총점	2.31	1.89	1.47	.99
내용 총점	1.85	1.54	1.29	.55
조직 총점	1.93	1.52	1.10	.41
표현 총점	2.00	1.66	1.20	.52
(상수)	−106.63	−71.90	−43.21	−12.77

[표 5-24]은 성취수준 결정에 영향을 주는 결정 요인을 찾기 위한 판별 분석의 결과이다. 판별 분석은 각 등급별 구분을 결정하는 요인들을 추출하며, Fisher의 선형 판별함수에 따라 상수를 활용하여 결정 요인들이 등급에 영향을 미치는 판별함수식을 산출할 수 있다.

중요한 것은 간접 평가 총점 및 내용·조직·표현 영역의 총점이 모두 성취수준을 결정하는 데 있어 결정 요인으로 작용한다는 점이다. 이

는 세부 평가 영역들이 각각의 독립 변인들로써 대단위 작문 평가 결과에 영향을 미친다는 것을 간접적으로 확인할 수 있는 것이다.

대단위 작문 실험 평가를 통해 얻어낸 결과들은 우리나라 모든 학생들을 전수 표집하여 분석한 결과가 아니라 결과 해석의 한계가 드러나고 있지만 대단위 작문 평가가 실시될 경우 지역별 차이가 드러나는 것을 일반적으로 추측할 수 있다. 그럴 경우에 각 지역별로 차이를 나타내는 변인에 대해 파악할 필요가 있다. 내적인 변인들로는 학교에서의 작문 수업의 활성화, 작문과 관련한 수행 평가 지도, 학교에서의 글쓰기 관련 행사, 논술고사의 학생 참여 및 준비 여부, 교사의 글쓰기 지도에 대한 인식 등 글쓰기와 관련한 학습 환경적인 요소들이 포함될 수 있으며, 외적인 변인들로는 학생들의 글쓰기와 관련한 지역교육 단체에서의 영향력 여부, 각종 글쓰기 행사, 글쓰기 능력을 요구하는 사회 문화적 맥락과 상황에서부터, 부모의 교육 정도, 부모의 교육 수준 및 교육에 대한 관심도, 사교육 등이 영향 요인으로 작용할 수 있음을 예상할 수 있다.

이와 함께 학업성취도 평가의 성격을 갖춘 대단위 작문 평가인 만큼 학생들의 평가 결과를 적절히 성취수준으로 분류하는 방법을 통계적으로 분석하였다. 그리고 학생들이 대단위 작문 평가에 대해 가지고 있는 인식 차이를 설문 결과를 분석하여 파악하였다. 특히 성취수준이 높은 4등급 학생들과 성취수준이 낮은 1등급 학생들의 집단 사이에 대단위 작문 평가에 관한 인식이 어떠한 차이가 나는지 알아보기 위해 t검증을 실시하였다.

이영진(2012)은 부천 지역 고등학교 3학년 여학생 290명을 대상으로 작문 평가 방식의 차이에 따른 학생들의 인식 차이를 분석하였다. 작문 영역의 본질적 성격, 작문 교육과정, 작문 수업 및 내용, 작문 수행과 같은 전반적인 작문 관련 활동에 직접 평가 및 간접 평가 방식의 작문 평가가 어떠한 영향을 미치는지 알아보기 위한 연구로, 설문은 총 15개 문항으로 구성되었다.

t검증 결과에 따르면, 작문의 간접 평가 방식을 통해 평가의 필요성을 인식하는 항목은 '5. 작문 상황(간접 4.20 대비 직접 4.02)', '9. 작문 수업 내용(간접 3.96 대비 직접 3.68)', '10. 작문 학습 자료(간접 3.92 대비 직접 3.67)', '14. 작문 규칙(간접 3.73 대비 직접 3.52)'로 나타났다. 5번과 관련한 주요 영역은 '작문 교육과정'이며, 9번과 10번은 '작문 수업 및 내용', 14번은 '작문 수행'이다.작문의 직접 평가 방식을 통해 인식 및 필요성을 느끼는 항목은 '2. 의사소통 글쓰기(직접 3.91 대비 간접 3.72)', '4. 지식 생성 글쓰기(직접 3.93 대비 간접 3.75)', '15. 작문 동기 및 태도(직접 3.35 대비 3.14)'로 나타났다. 2번과 4번의 주요 영역은 '작문 과목의 성격'이고 15번은 '작문 수행'이다.

이영진(2012)의 설문지의 문항을 바탕으로 하여 대단위 작문 평가에 관한 학생들의 인식 차이를 분석하였다.

특히 설문에 참여한 총 439명 중에서 우수 등급을 획득한 집단 221명 중에서 설문에 참여한 208명과 기초미달 등급을 획득한 집단 77명 중에서 설문에 참여한 69명을 대상으로 하여 설문지를 제공하고 설문 응답 결과를 중심으로 인식 차이를 알아보기 위해 t검증을 실시하였다. [표 5-25]는 성취기준 상·하위 집단 간에 대단위 작문 평가에 관하여 학생들의 인식 차이를 살펴보는 분석 결과이다.

[표 5-25] 대단위 작문 평가에 관한 학생들의 인식 차이 t검증

주요 영역	설문 항목(세부 항목)	성취수준 (집단)	사례 수	평균	표준편차	t	p
작문 과목의 성격	1. 기초 작문 능력	우수	208	4.5	1.029	2.82	.005
		기초미달	69	4.16	1.066		
	3. 문제해결 작문 능력	우수	208	4.25	1.111	4.06	.000
		기초미달	69	3.66	.915		
작문 교육 과정	5. 작문 상황	우수	208	4.51	.978	2.80	.005
		기초미달	69	4.14	.905		
	7. 작문 전략 및 방법	우수	208	4.03	1.192	2.18	.030
		기초미달	69	3.68	1.064		
	8. 글쓰기의 실제	우수	208	3.97	1.181	2.85	.005
		기초미달	69	3.51	1.032		
작문 수업 및 내용	10. 작문 학습 자료	우수	208	3.77	1.180	2.59	.010
		기초미달	69	3.35	1.122		
	11. 교사의 작문 수업 방법	우수	208	3.77	1.183	2.24	.002
		기초미달	69	3.40	1.172		
작문 수행	12. 작문 양	우수	208	4.31	1.126	3.06	.003
		기초미달	69	3.83	1.154		
	15. 작문 동기 및 태도	우수	208	4.67	1.300	3.40	.001
		기초미달	69	4.07	1.208		

등분산성 가정을 충족하는지 Levene의 등분산 검정 방법으로 검정한 결과 충족하였다. [표 5-25]에 따르면 대단위 작문 평가의 성취수준이 높은 집단이 낮은 집단에 비해 1, 3, 5, 7, 8, 10, 11, 12, 15번 설문 문항에 대해 유의한 차이를 나타냈다. 대체로 성취수준이 높은 집단이 낮은 집단에 비해 대단위 작문 평가의 필요성에 대해 인식하고 있었다.

‘작문 과목의 성격’에서는 1번 ‘기초 작문 능력(우수 4.5, 기초미달 4.16), 3번 ‘문제 해결 능력(우수 4.25, 기초미달 3.66)’이 나타났다. 성취수준이 높은 대체로 대단위 작문 평가와 학생들의 기초 작문 능력 및 문제 해결 능력 향상에 어느 정도 영향을 미칠 수 있다고 인식하고 있으나 낮은 집단은 별로 그렇지 않다는 견해에 가까웠다.

‘작문 교육과정’에서는 5번 ‘작문 상황(우수 4.51, 기초미달 4.14)’, 7번 ‘작문 전략 및 방법(우수 4.03, 기초미달 3.68)’, 8번 ‘글쓰기의 실제(우수 3.97, 기초미달 3.51)’이 나타났다. 성취수준이 높은 학생들은 대체로 대단위 작문 평가를 통해 작문 교육과정에서 추구하는 작문교육의 이론적 내용들을 학습하고 이해하는 데 어느 정도 도움이 되었다고 인식하였으나 낮은 집단은 별로 그렇지 않다는 견해를 보이고 있다.

‘작문 수업 및 내용’에서는 10번 ‘작문 학습 자료(우수 3.77, 기초미달 3.40)’, 11번 ‘교사의 작문 수업 방법(우수 3.77, 기초미달 3.40)’이 나타났다. 대체로 다른 항목에 비해서는 인식 수준의 차이가 낮은 편이기는 하지만 성취수준이 높은 학생들이 낮은 학생들에 비해 대단위 작문 평가가 학교의 작문 관련 수업에서 긍정적인 영향을 미칠 수 있다는 견해를 보여주고 있었다.

‘작문 수행’에서는 12번 ‘작문 양(우수 4.31, 기초미달 3.83), 15번 ‘작문 동기 및 태도(우수 4.67, 기초미달 4.07)’로 나타났다. 성취수준이 높은 학생들은 낮은 학생들에 비해 대체로 대단위 작문 평가가 작문의 풍부성과 작문에 대한 긍정적인 동기 및 태도에 영향을 미친다고 인식하고 있었다. 이를 통해 대체로 대단위 작문 평가에서 성취수준이 높은 학생들은 평가가 작문과 관련한 각종 교육적인 내용을 수행함에 있어서도 어느 정도 긍정적인 영향을 미친다고 인식하고 있다.

[표 5-26]은 대단위 작문 실험 평가에 응시한 학생들 중에서 설문조

사를 실시하여 성취수준 상·하위 집단 간에 대단위 작문 평가의 필요
성 인식 차이를 알아본 분석 결과이다.

[표 5-26] 대단위 작문 평가의 필요성 인식 차이 t검증

주요 영역	설문 항목(세부 항목)	성취수준(집단)	사례수	평균	표준편차	t	p
대단위 작문 평가의 필요성	자신의 작문 능력 파악에 도움	우수	208	4.30	1.011	4.684	.000
		기초미달	69	3.61	1.83		
	대단위 작문 평가 결과의 피드백	우수	208	4.75	1.032	6.20	.000
		기초미달	69	3.86	1.094		

[표 5-26]은 대단위 작문 평가의 필요성과 관련하여, 대단위 작문 평
가를 실시할 경우 자신의 작문 능력 파악에 도움이 될 것인가와 대단위
작문 평가를 수행하고 결과에 대한 피드백을 받을 경우 자신의 작문 능
력 향상에 도움이 될 것인가의 2개의 문항에 대해 성취수준이 높은 집
단과 낮은 집단 간의 인식 차이를 분석한 결과이다. 등분산성 가정을 충
족하는지 Levene의 등분산 검정 방법으로 검정한 결과 충족하였다. t검
증 결과 2개 문항 모두 유의한 차이를 보이고 있다. 특히 성취수준이 높
은 학생들은 대단위 작문 평가 및 결과에 대한 피드백이 학생 자신의
작문 능력 향상에 많은 도움이 될 것이라고 인식하고 있지만 성취수준
이 낮은 학생들은 부정적인 반응을 보이고 있다.

대단위 작문 평가는 평가 결과에 대해 학생들이 인식하고 더욱 좋은
글을 작문 위한 방향으로 나아갈 수 있도록 피드백하는 데 목표를 두고
있다. 특히 직접 평가 방식이 도입된 작문 평가에서는 세부 평가 영역별
로 판단한 평가 척도의 내용을 학생들이 접함으로써 자신의 작성할 글
에서 어떤 요소가 부족하고 적절하지 못한지 확인할 수 있기 때문이다.

쓰기 피드백 자료는 대체로 2개의 영역으로 나누어 정보를 제공하고자 한다. 첫 번째는 채점자의 평가 정보가 담겨진 학생 답안이다. 학생들은 자신이 작성한 답안에 표기되어 있는 평가 정보를 확인하면서 내용·조직·표현의 영역 및 하위 세부 영역 중에서 어떤 요소들에 대해 부족하게 또는 적절치 못하게 작성하지 못했는가에 대해 파악하도록 한다.

그러나 실제로 채점자가 자세한 논평 수준의 평가 정보를 제공할 수 있는 여건이 되지 못하기 때문에 채점자는 평가 기준 및 평가 지침서에 따라 부족한 항목에 대해 적절히 표기하는 방식을 취하게 된다. 학생들은 특히 마이너스(−) 요소로 지적되어 있는 부분을 확인하고, 이에 대한 근거를 학생 스스로 또는 지도 교사의 도움을 통해 찾는 과정을 거치게 된다. 이를 분명하게 하기 위해서 두 번째 자료로는 학생들에게 평가 기준 및 지침의 내용이 포함되어 있으면서, 각각의 세부 평가 영역 중에서 자신에게 결정된 평가 척도의 정보가 드러나 있는 자료를 받게 된다. 이를 통해 학생은 자신의 답안에서 부족한 부분으로 평가된 표시를 확인하고 이와 관련한 평가 영역의 평가 척도에서 자신이 구체적으로 어느 부분이 부족하거나 부적절했는지를 파악할 수 있다.

학생들의 쓰기 피드백 자료는 작문 수업 시간에 수업 내용 및 교재로도 활용할 수 있다. 위에서 언급한 학생들은 평가 결과 확인, 평가에서 부족하거나 부적절한 항목으로 드러난 평가 영역 및 척도의 내용을 파악하여 작문 담당 교사의 도움을 받아 구체적인 내용 확인 및 작문 능력 향상을 위한 개선 방안, 앞으로의 작문 학습의 방향에 대해 논의할 수 있는 기초 자료가 될 수 있다.

제 6 장

대단위 작문 평가 실행을 위한 평가 매뉴얼 개발[3]

1. 대단위 작문 평가 시험의 개념 및 평가 목표

(1) 시험의 개념

대단위 작문 평가는 정보 전달, 문제해결, 사회적 상호작용을 위해 학생들이 주어진 주제에 대해 작문의 과정 및 관습을 바탕으로 하여 적절한 자료를 수집, 분류, 활용하고 적절히 표현할 수 있는 능력을 측정하는 시험이다.

(2) 평가 목표

대단위 작문 평가는 우리나라 학생들의 전반적인 작문 능력을 파악하

---

[3] 현재 학업성취도 평가를 비롯하여 대규모 평가의 평가 매뉴얼은 공개되지 않는다. 대신 이 연구에서는 공개된 자료인 대학수학능력시험 출제 매뉴얼(문영진 외, 2005)의 내용을 참조하여 틀을 구성하였다.

는 데 목적이 있다. 즉, 대단위 작문 평가에서 요구되는 작문 능력은 작문의 과정과 관습을 이해하고 독자, 목적, 갈래 등의 작문과 관련한 상황 및 맥락을 인식하여 여러 관련 자료를 통해 적절한 정보를 수집, 분류, 활용하여 내용을 조직함으로써 한 편의 글을 작성할 수 있는 능력을 말한다.

특히 직접 평가 방식의 대단위 작문 평가 문항에서는 학교급별로 다양한 갈래(초등학교는 서사문, 중학교는 설명문, 고등학교는 논설문)를 적용하여 학생들이 적절한 갈래적 양식에 적합한 글을 쓸 수 있는가를 평가하도록 한다.

대단위 작문 평가의 구체적인 하위 목표는 다음과 같다.

〈고등학교〉[4]

- 작문 맥락에 대한 분석을 바탕으로 여러 가지 타당한 근거를 제시하여 주장하는 글을 쓴다.
- 글을 쓰는 데 필요한 작문의 과정과 관습을 이해한다.
- 다양한 매체에서 얻은 정보를 작문 상황에 맞게 조직하여 통일성과 응집성을 갖춘 글을 쓴다.
- 여러 가지 표현 기법과 적절한 문체를 사용하여 글을 쓰고 자신이 쓴 글을 점검하며 고쳐 쓴다.
- 작문에 대한 긍정적인 동기와 태도를 가지며 자신의 글쓰기에 대한 책임감을 갖도록 한다.

---

[4] 위의 내용은 2009년 국어과 교육과정의 국어 I, II의 작문 영역 성취기준을 참조하여 기본적으로 학생들이 도달해야 할 기초적인 성취수준을 추출한 내용이다(교육과학기술부, 2009).

(3) 출제 세부 내용

① 일반 지침

- 학업성취도 평가로서 학생들의 작문 능력을 측정하도록 출제한다.
- 작문 과목 및 국어과 작문 영역의 교육과정 내용과 수준에 맞추어 출제한다.
- 선택형 평가와 같은 간접 평가 방식과 서술형 평가와 같은 간접 평가 방식을 병행하도록 한다.
- 현 학업성취도 평가의 언어 과목을 고려하여 간접 평가 방식의 문항은 기존 언어 영역에 포함시키고, 직접 평가인 서술형 평가를 독립적인 과목으로 설정하여 실시할 수 있다. 또한 대단위 작문 평가를 독립적인 과목으로 설정하여 간접 평가와 직접 평가를 함께 실시할 수 있다.
- 우리나라 학생 전반의 작문 능력을 측정한다는 목표에서 출제되는 문항의 관련 자료들은 특정 성별이나 지역별 요인에 편중되지 않도록 한다.
- 직접 평가 방식의 서술형 평가에서 활용되는 자료는 특정 교과의 지식에 편중되기보다는 각 학교급 별로 일반적인 학생들이 읽고 이해할 수 있는 수준의 글, 그림, 시각자료, 통계 및 그래프 자료 등을 제공하도록 한다.

② 영역별 지침

〈대단위 작문 간접 평가〉

- 대단위 작문 간접 평가는 주로 서술형 평가를 통해 학생들이 한 편의 글을 작성하는 데 필요한 작문 관련 지식의 인식 여부를 측정하

는 중점을 둔다.

- 대단위 작문 간접 평가의 시험 시간은 10분 내외로 평가 문항별로 1~2분 이내 해결할 수 있도록 문항 수를 설정하도록 한다.
- 작문 영역과 관련하여 지엽적이고 단순한 지식보다는 실질적으로 학생들의 작문 수행에 도움이 될 수 있는 지식들을 확인하도록 한다.
- 기존에 작문 관련 대규모 평가에서 실시되지 못한 작문 영역의 정의적 요소들을 측정할 수 있는 문항을 개발하도록 한다.
- 간접 평가 방식인 대단위 작문 간접 평가의 주요 평가 요소는 다음과 같다.
  - 작문과 관련한 상황 및 맥락(글의 목적, 독자, 글 유형적 특성에 관한 인식)
  - 작문 과정(계획하기, 내용 생성하기, 내용 조직하기, 표현하기, 고쳐쓰기)와 관련한 지식
  - 작문 동기 및 태도, 작문 윤리와 관련한 정의적 요소

〈대단위 작문 직접 평가〉

- 대단위 작문 직접 평가는 실질적으로 50~60분 정도의 응시 시간이 주어지는 만큼 여러 작문 관련 평가 요소들을 포함하고 있는 통합형 문항으로 하되 1문항 이내의 문항을 출제하도록 한다.
- 직접 평가 방식의 서술형 평가에서는 학생들의 일반적인 특성을 고려한 화제 선정, 적절한 수준의 자료(글, 그림, 시각자료, 도표 및 통계 자료) 제공과 함께 글의 목적, 독자, 글 유형을 고려한 구체적인 작문 상황을 지시문을 통해 안내하도록 한다.
- 대단위 작문 직접 평가 문항의 화제 선정에 있어서 성별이나 지역별 특성을 고려하여 보편적인 주제를 정하되, 특정 교과의 지식을

활용하기보다는 학교 생활 및 주변 사회 환경 속에서 쉽게 접할 수 있는 시사적인 주제를 제공하여 일반적인 수준의 학생이라면 인식할 수 있는 수준의 내용을 다루도록 한다.

- 대단위 작문 직접 평가는 평가 목적, 평가 요소, 성취수준 등을 추출하면서 평가의 타당도를 확보하며, 내용·조직·표현의 평가 영역과 관련한 평가 기준 및 척도를 마련하여 일정한 수준의 변별력을 갖출 수 있도록 채점 방법을 마련하여 평가의 신뢰도를 확보할 수 있도록 한다.
- 간접 평가 방식인 대단위 작문 간접 평가의 주요 평가 요소는 다음과 같다(고등학교의 경우).
  - 내용 : 내용의 정확성, 내용의 풍부성, 주제의 명료성 및 타당성
  - 조직 : 구성의 적절성, 구성의 응집성
  - 표현 : 어조 및 태도와 적절한 단어 및 표현 선택, 어법, 분량

③ 제작 문항 수

- 문항 수는 간접 평가의 응시 시간(10분), 직접 평가의 응시 시간(50분)을 고려하여 문항 수를 결정하도록 한다.
- 간접 평가 문항은 문항 당 1~2분의 시간이 주어진다는 점을 고려하여 5~10문항 이내의 선다형 평가로 구성한다.
- 직접 평가 문항은 1문항 이내로 출제하되, 시험 응시 시간을 고려하여 800~1,000자 내외의 글쓰기 분량을 요구하도록 한다.

④ 배점 원칙

- 원점수의 총점은 100점으로 한다.
- 간접 평가인 대단위 작문 간접 평가의 총점은 25점, 직접 평가인

대단위 작문 평가II의 총점은 75점으로 한다.

- 직접 평가인 대단위 작문 직접 평가는 1차적으로 총점을 100점으로 한 후에 최종적으로 75점 만점으로 환산 처리하도록 한다.
- 직접 평가인 대단위 작문 직접 평가의 평가 영역별 점수는 다음과 같다(고등학교).
  - 내용(40점) : 내용의 정확성(15점), 내용의 풍부성(15점), 주제의 명료성 및 타당성(10점)
  - 조직(30점) : 구성의 적절성(15점), 구성의 응집성(15점)
  - 표현(30점) : 어조 및 태도 / 적절한 단어 및 표현 선택(10점), 어법(10점), 분량(10점)

2. 출제 절차

문항 개발 단계	내용	사례
① 목표의 분석·조직·진술	대단위 작문 평가의 목적 분석	• 학생들의 작문 능력의 실태의 점검 및 분석을 위한 자료 마련 • '정보 전달, 문제해결, 사회적 상호작용을 목적으로 하여 작문의 상황 및 맥락과 작문의 과정, 절차를 인식하여 한 편의 글을 작성할 수 있는 능력'에 초점을 둠.
② 평가 요소 추출	대단위 작문 평가에 적절한 교육 내용 요소를 추출	• 작문교육 이론 및 작문 교육과정의 목표, 내용, 성취기준의 내용을 분석하여 추출함. －(예시) 작문의 독자, 목적, 글 유형, 작문 과정에 대한 인식 및 작문 전략 등에 대한 학생들의 인식 파악 및 수행 능력을 평가하는 데 중점을 둠.
③ 성취 기준	학업성취도평가로서의 대단위 작	• 학생들의 직접적인 작문 수행 및 결과를 통해 평가 목적에 따른 성취기준 마련(간접 평가 및 직접 평가의 성취기준)

개발	문 평가가 추구하는 성취기준 개발	
④ 시험 환경 설정	대단위 작문 평가를 수행하는 적합한 환경 고려	• 학업성취도평가로서의 대단위 작문 평가 의 직접 및 간접 평가를 수행하기 위한 시험 환경을 고려함. −(예시) 　가. 평가 대상 : 고등학교 2학년 　나. 평가 형태 : 학업성취도 언어 영역과의 연관성 / 또는 독립된 영역(과목) 　다. 평가 시간 : 1시간(60분) 내외 　라. 학생들의 수행 방법 : 지필 평가(원고지 양식 활용)
⑤ 검사 문항 형태의 선정	대단위 작문 평가에 적합한 검사 도구의 유형 고려	• 평가 방식의 선정 −(예시) 　가. 간접 평가 방식의 선택형 문항 및 직접 평가 방식의 서술형 평가 문항 　나. 적절한 문항 수 선정 　다. 직접 평가 : 개방형 또는 응답 제한형, 작성 조건, 문항 단독 제시 또는 연관 자료 제공 유무 　라. 간접 평가 : 작문 관련 지식의 측정
⑥ 검사 문항 작성	대단위 작문 평가 검사도구 개발	• 대단위 작문 평가 검사 도구 개발 −평가의 타당도와 신뢰도, 효율성을 고려한 검사 도구 예시 문항 개발

• 대단위 작문 평가의 목적(고등학교−정보 전달, 문제해결, 사회적 상호작용을 목적으로 하여 작문의 상황 및 맥락과 작문의 과정, 절차를 인식하여 한 편의 글을 작성할 수 있는 능력을 측정한다)을 설정한다.

• 작문교육 이론 및 작문 교육과정의 학습 내용, 성취기준을 분석하여 평가 요소를 추출한다. 특히 간접 및 직접 평가 각각의 평가 요소를 추출한다.

• 간접 및 직접 평가의 요소를 바탕으로 하여 각각의 성취기준을 마련한다.

- 대단위 작문 평가의 직접 및 간접 평가를 수행하기 위한 환경을 설정한다. 간접 및 직접 평가를 분리하여 간접 평가를 기존의 학업성취도 언어 평가에 포함하는 방식 및 직접 평가만을 독립적으로 진행하는 방식을 고려할 수 있다. 또한 간접 및 직접 평가를 함께 독립된 과목으로 편성하여 60분 동안 진행하는 방식 또한 고려할 수 있다. 특히 직접 평가인 서술형 평가인 경우 응시 시간 내에 학생들이 작성할 수 있는 글의 분량(800~1,000자)과 작성 양식(원고지) 및 학생들의 작문 과정을 돕는 활동지를 제작하도록 한다.
- 대단위 작문 평가는 간접 및 직접 평가 방식을 병행하도록 하며, 간접 평가는 직접 평가인 서술형 평가에서 학생들이 한 편의 글을 작성하는 데 바탕이 되는 작문 관련 지식의 인식 여부를 확인하는 데 중점을 둔다. 간접 평가는 10분 내외, 직접 평가는 50분 내외의 응시 시간을 제한하고, 간접 평가의 경우 10분 내외에 해결할 수 있는 수준과 문제 수(5~10문항)를 고려한다.
- 대단위 작문 평가의 평가 문항을 개발할 때에는 대단위 작문 평가가 갖추어야 할 평가의 타당도, 신뢰도, 효율성을 고려하여 출제하도록 한다.

3. 평가 요소 추출

	평가 요소	성취기준
간접 평가	(1) 글을 쓰는 데 필요한 작문의 과정과 관습을 이해한다. (2) 여러 가지 표현 기법과 적절한 문체를 사용하여 글을 쓰고 자신이 쓴 글을 점검하며 고쳐 쓴다. (3) 작문의 긍정적인 동기와 태도를 통해 자신의 글쓰기에 대한 책임감을 갖도록 한다.	작문 수행을 위해 필요한 관련 작문 지식에 대해 인식하고 작문의 긍정적인 동기와 태도를 통해 자신의 글쓰기에 대한 책임감을 가질 수 있다.
직접 평가	(1) 작문 맥락에 대한 분석을 바탕으로 여러 가지 타당한 근거를 제시하여 주장하는 글을 쓴다. (2) 다양한 매체에서 얻은 정보를 작문 상황에 맞게 조직하여 통일성과 응집성을 갖춘 글을 쓴다.	작문의 상황과 맥락을 고려하여 통일성과 응집성을 갖추고 여러 가지 타당한 근거를 제시하여 주장하는 글을 쓸 수 있다.

- 대단위 작문 평가의 평가 요소는 작문교육 이론 및 작문 교육과정의 내용을 중심으로 각 학년별 수준에서 도달해야 할 학습 내용 및 성취기준을 대상으로 필요한 요소들을 선정한다.
- 대단위 작문 평가의 성취기준은 각 학년별로 추출한 평가 요소를 가지고 학생들이 도달해야 할 구체적인 진술 수준을 작성한다. 또한 간접 및 직접 평가의 평가 요소 및 성취기준을 나누어 진술하도록 한다.

4. 평가 문항 개발 예시

대단위 작문 실험 평가(간접 평가)

1. [작문 상황과 맥락, 작문 과정 중 계획하기] <보기>의 주제에 따라 글
   쓰기 계획을 세우고자 한다. 세부 내용으로 적절하지 <u>않은</u> 것은?

<보기>

주제 : 청소년의 건강 및 체력 증진을 위해 정부와 관련 단체는 적극적인 노력을 기
울여야 한다.

상황	세부 내용
① 예상 독자	지역 교육청 및 정부 교육 기관 관계자
② 문제 인식 및 목적	• 과중한 학업 부담으로 인한 청소년의 잦은 질병 및 체력 저하 현상 • 청소년 건강 및 체력 문제에 대한 인식 부족 • 청소년 건강 및 체력 문제의 심각성에 대한 인식 확대 및 정부 및 관련 단체의 적극적인 해결 방안 제시 요구
③ 자료 조사	• 청소년 보건 및 체육 예산 현황 파악 • 청소년 체육 시설 현황 파악 • 학교에서의 청소년 보건 및 체육 교육 실태 파악
④ 글의 전개 방향	• 실태 조사 결과를 통한 문제 제기→대안 제시와 노력 촉구
⑤ 해결 방안 제시	• 청소년의 정기적인 건강 검진 실시 및 관리 시스템 체계화 • 청소년의 체력 향상 프로그램에 적극적으로 참여하기 • 수시로 자신의 건강 상태 점검 및 규칙적인 운동 습관 갖기

▣ 개발의 방향

   학생들이 한 편의 글을 작성하기 위해서는 작문의 상황 및 맥락에 대한 인식이
필요하다. 글의 전체적인 계획에 대한 인식, 글의 목적 및 독자 등 글을 작성하기
전에 학생들이 고려해야 할 내용들을 적절하게 파악하고 있는지를 점검하기 위한
문항이다.

2. [자료의 수집 및 선정] '청소년의 진로 선택'과 관련한 글을 작문 위해 필요한 자료를 <보기>와 같이 수집하였다. 자료 활용 방안으로 적절한 것은?

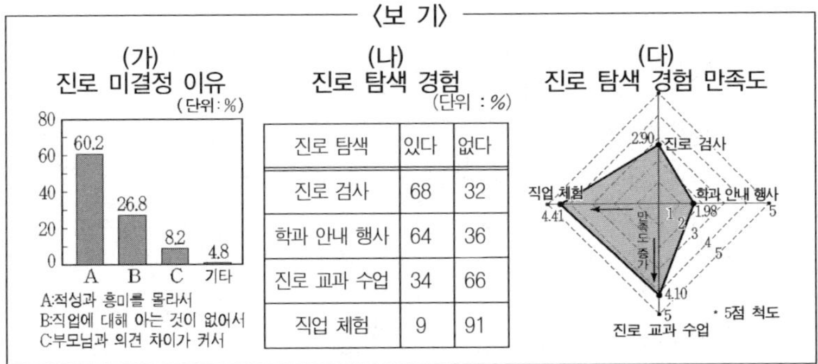

진로 탐색	있다	없다
진로 검사	68	32
학과 안내 행사	64	36
진로 교과 수업	34	66
직업 체험	9	91

	자료 선택	자료 활용 방안
①	(가)+(나)	학생들이 '진로 탐색 경험' 기회가 없어서 '적성과 흥미'를 파악하지 못하고 있음을 문제로 제기한다.
②	(가)+(다)	학생들이 '적성과 흥미'를 보다 효율적으로 찾을 수 있도록 만족도를 고려한 진로 지도를 해결 방안으로 제시한다.
③	(가)+(다)	학생들의 진로 결정을 돕기 위해서는 '학과 안내 행사'를 보다 지속적으로 수행해야 함을 해결 방안으로 제시한다.
④	(나)+(다)	학생들의 진로 결정을 위해 부모님과의 상담 시간 확보 및 '진로 교과 수업'이 보다 확대되어야 함을 해결 방안으로 강조한다.
⑤	(나)+(다)	학생들의 효과적인 진로 결정을 위해서는 학교는 효과적인 진로 탐색 프로그램을 마련하지 못하고 있음을 문제점을 지적한다.

▣ 개발의 방향
    작문의 상황과 맥락을 인식한 다음으로는 주제와 관련하여 적절한 정보를 수집, 분류, 활용하는 방법에 대해 파악하고 있는지 여부를 판단하는 문항이다.

3. [작문 과정에 대한 지식] <보기>는 작문 과정의 특성을 요약한 것이다. 적절하지 <u>않은</u> 내용은?

〈작문 과정〉

① 계획하기	글의 목적을 달성하기 위해 작문의 여러 상황들을 탐색하고, 글을 작문 위한 전체적인 틀을 작성하는 단계이다.
② 내용 생성하기	아이디어를 생성하거나 책과 인터넷 등의 다양한 매체를 활용하여, 모든 자료를 수집하여 글쓰기에 활용하도록 한다.
③ 내용 조직하기	내용 생성을 통해 선정한 자료를 중심 내용과 세부 내용으로 구분하여 글의 조직 원리에 따라 체계적으로 배열하는 과정이다.
④ 표현하기	필자가 전달하고자 하는 내용을 독자, 목적, 주제를 고려하여 적절한 표현으로 작성하는 단계이다.
⑤ 고쳐쓰기	표현하기 단계 이후에 필자가 자신이 쓴 글을 다시 읽고, 부적절한 부분을 수정하는 활동이다.

▣ 개발의 방향

　한 편의 완성된 글을 작성하기 위해서는 작문의 과정에 대한 인식이 필요하다. 무엇보다 학생들은 일반적인 작문의 과정이 어떻게 이루어져 있는지 어떠한 절차에 따라 진행되는지에 대해 파악해야 한다. 이 문항은 작문 과정에 대한 학생들의 인식 여부를 파악하기 위한 문항이다.

4. [작문에서 고쳐쓰기] '자기 소개서'에 대한 고쳐쓰기 계획으로 적절하지 <u>않은</u> 것은?

　저는 국어국문학을 전공하고 싶습니다. 평소에 우리말과 글에 대한 관심도 컸고, 국어 국문학을 전공하기 위한 준비도 착실하게 해 왔으며, 앞으로의 공부 방향에 대한 계획도 가지고 있습니다. 그래서 저는 국어 국문학과에서 제 소질과 능력을 연마할 기회를 얻을 수 있기를 바랍니다.

　저는 어려서부터 책을 읽고 글을 쓰는 것을 좋아했습니다. 제가 국어국문학을 본격적으로 공부하고 싶다는 결심을 굳치게 된 데에는 몇 가지 계기가 있었습니다. 우선 고등학교 3년 동안 문예반 활동을 한 것을 들 수 있습니다. 우리 문학 작품을 읽고 제 자신이 직접 창작도 해 보면서 우리 문학의 우수성도 알게 되었습니다. 제 자신도 글을 읽고 쓰는 능력이 뛰어납니다.

국어국문학 공부를 위해서는 우리말이 가지는 고유한 특성도 잘 알아야 하고, 우리글이 배경으로 삼고 있는 역사와 사회에 대해서는 잘 알아야 한다고 생각합니다. 그래서 저는 이들 분야에 대한 교양서적들을 널리 읽었습니다. 이처럼 저는 국어국문학에 대해 깊은 관심과 철저한 준비를 하였습니다. 국어국문학을 전공하게 된다면 우리말과 우리글을 지키고 가꾸는 일에 크게 기여할 수 있을 것이라고 자부합니다.

고쳐쓰기 과정

전체적인 조정 과정			
	①	필자의 의도와 목적에 맞게 내용을 생성하고 있는가?	첫째 문단에서 자신의 전공 관련 미래 계획에 관한 구체적인 내용을 추가해야겠다.
	②	문단 및 문장의 흐름은 자연스러운가?	둘째 문단에서 두 문장의 연결이 자연스럽지 못한 부분이 있으니 바르게 고쳐야겠다.
	③		셋째 문단에서 서술어의 호응이 적절하지 못하고 잘못 생략된 부분이 있으니 바르게 고쳐야겠다.
	④	적절한 표현 및 맞춤법을 지키고 있는가?	'연마할'과 '자부합니다'는 문맥에 어울리지 않으니, '연습할'과 '자인합니다.'로 바꾸는 것이 적절하겠다.
	⑤		'굳치게'는 맞춤법 규정에 따라 '굳히게'로 고치는 것이 적절하겠다.

◾ 개발의 방향

한 편의 글을 작성한 후에 자신의 글을 점검하는 것은 필수적이다. 고쳐쓰기의 일반적인 수준인 글 전체 수준, 문단 및 문장 수준, 어휘 수준에서 각각 점검해야 할 대상이 무엇인지를 특성을 파악하고 이에 따라 자신의 글 중에서 부적절한 부분을 찾아내어 수정하는 방법을 인식해야 한다. 이는 고쳐쓰기와 관련한 학생들의 인식 여부를 판단하기 위한 문항이다.

5. [작문 동기 및 태도] <보기>는 저작권과 관련된 법률 조항을 소개하고 있는 내용이다. 올바른 글쓰기 윤리 및 태도에 관한 내용으로 적절하지 <u>않은</u> 것은?

─── 〈보 기〉 ───

저작권법은 저작재산권 제한 사유 중의 하나로 공표된 저작물을, 보도·비평·교육·연구 등을 위해, 정당한 범위 안에서, 공정한 관행에 합치되게 인용할 수 있다고 규정하고 있으며, 이러한 범위를 넘어서는 경우에는 저작재산권 침해로 처벌(법 제97조의 5)을 받게 된다. 또한 '공표된 저작물을 인용'하는 경우에도 합리적이라고 인정되는 방법으로 그 출처를 명시하여야 하며 출저를 명시하지 않을 경우 저작권법상 '출처명시' 위반(법 제100조)이 된다.

- 표절은 베끼기 행위를 통한 일종의 지적 사기라는 불법 행위임을 주의 깊게 인지해야 한다.
- 남의 저작물을 임의로 모방하거나 자신의 독창적인 노력인 양 주장하는 것은 글쓰기 윤리에 위반하는 비양심적인 행동임을 인식해야 한다.
- 보고서를 작성할 경우 본인이 작성하는 글과 다른 연구자들이 인용하는 글을 분명히 구분하고, 적절한 형식에 맞게 인용을 명확히 표시하도록 한다.
- 학생들이 작성한 글은 인쇄나 출판으로 이어지지 않고 학습의 과정이므로 글쓰기 과정 속에서 다른 동료 학생들이 작성한 글이나 연구자들의 저작물들을 자신의 글 안에서 자유롭게 활용할 수 있다.
- 설명문 작문에서 기존에 밝혀진 연구 내용들을 짤막한 문단이나 하나의 문장으로 본인의 표현을 사용하여 줄이는 요약에서도 인용표현을 통해 원 저작자의 독창성을 인정해 주거나 또는 완전히 자신의 말로 바꾸는 것이 필요하다.

▣ **개발의 방향**

기존의 다루지 않았던 정의적 영역을 신설하였다. 학생들이 작문의 인지적 과정뿐만 아니라 자신이 작성한 글에 책임을 지는 태도 및 올바른 글을 작문 위한 동기를 형성하고 있는 것이 중요하다. 작문 윤리는 올바른 글쓰기를 위해 학생들이 갖추어야 할 태도이다. 이에 대한 인식 여부를 파악하기 위한 문항이다.

이번 국어 시간에는 사진 기자가 겪은 한 사건에 대한 내용을 주제로 토론 수업을 하고자 합니다. 아래 사진 및 신문 기사 자료를 읽고 바탕으로 하여, 관련 쟁점에 관한 토론을 진행하고자 합니다. 선생님께서는 토론 수업을 진행하기 전에 각각 학생들에게 원활한 토론 활동을 위한 토론문 작성을 과제물로 제시하였습니다.

세계 보도 사진상 수상하고 성공했지만 괴로워 해

1985년 11월 프랑크 푸르니에란 사진가는 화산이 폭발해 이미 8만 명이나 사망한 콜롬비아에서 이 사진을 찍었다. 사진 속의 소녀는 용암에 떠밀려온 엄청난 양의 오물에 갇혔고 3일 동안 구조대원이 구출하려고 시도했다.

그 사이 전 세계는 텔레비전과 신문으로 이곳을 주시했다. 기중기나 배수펌프 같은 것이 신속히 오질 못했고 소녀는 허리를 다쳐 꼼짝할 수 없었다. 푸르니에가 할 수 있는 일은 아무것도 없었다. 그저 국제적인 지원이 살아나길 바라면서 소녀의 고통을 증언하는 일을 하는 수밖에 없었다. 소녀는 놀랍게도 씩씩하게 얼마간을 견뎌냈고 사진을 찍는 푸르니에를 향해 웃어 보이기까지 했다. 그러나 결국 심장 발작으로 목숨을 거두고 말았다.

이듬해인 1986년 푸르니에는 이 사진으로 세계 보도 사진상을 수상했고 자신의 분야에서 성공했지만 괴로웠다. "내가 아침 6시 30분에 소녀를 발견했을 때, 이미 텔레비전에서 그 애를 촬영하고 있었다. 나는 내가 할 수 있는 일이라도 해보려 했다. 어떤 이야기를 들려주거나 힘을 써보거나 했지만 세 번이나 모든 것을 그만두고 싶었다."

어떤 이들은 죽어가는 소녀를 구경거리로 보여주는 것은 파렴치한 행위이며 일종의 외설적인 사진이라고 말한다. 선정적인 엿보기라는 주장이다. 그러나 수많은 구조대원이 이미 노력을 하고 있었고 푸르니에가 더 할 수 있는 것은 없었다. 괴로웠지만 이 상황을 대중여론에 전달해서 희생자들을 원조할 수 있는 기금을 조성하는 데 도움을 주는 것이 더 낫다고 판단했고 사진을 찍었다. 이 강렬한 사진이 없었다면 콜롬비아에서 벌어진 최악의 참사를 기억할 수 있을까?
　　　　　　　　　　　　　　　　　　　－곽기자(곽윤섭)의 사진이야기

다음 조건에 따라 토론문을 작성하시오.

조건
1. 정해진 원고지 양식에 따라 토론문(논설문)을 작성합니다. 원고지 사용법 및 맞춤법에 유의하길 바랍니다. (800자 내외)
2. 토론 수업 시간에 발표할 내용임을 주지하여, 독자(청중)의 특성과 토론문(논설문)의 형식 및 내용적 특성을 고려하여 작성하길 바랍니다.
3. 먼저 위의 자료에서 쟁점이 되는 핵심 내용을 요약하여 진술합니다. 다음으로 자신이 취하고자 하는 입장을 정하여 밝힙니다.
4. 자신이 취한 입장을 뒷받침하기 위해 구체적인 근거를 제시합니다. 근거를 위해서는 적절한 사례를 인용하거나 자신이 알고 있는 사실을 활용할 수 있습니다.

■ 개발의 방향

　직접 방식의 작문 평가를 고려하여 평가 문항을 개발하였다. 작문교육 이론 및 작문 교육과정에서의 작문 맥락 및 상황을 고려하여 학생들이 글을 써야 하는 상황을 지시문의 형식으로 학생들에게 제공하여 학생들의 작문 맥락 및 상황, 글 유형적 특성, 학생들이 글을 써야 하는 목적 등을 분명하게 인식하도록 유도하였다.

　다음으로는 작문의 주제와 관련하여 학생들이 주제를 파악할 수 있도록 제시문 및 관련 자료를 제시하였다. 작문의 주제는 쟁점의 성격을 지닌 내용으로 대단위 작문 평가가 학생들의 작문 능력을 평가한다는 점을 고려하여, 별도의 전문적인 지식 및 특정 교과의 지식을 배제하여, 생활 속이나 시사적인 내용, 또는 각종 뉴스들 중에서 학생들이 관심을 가지고 고민할 수 있는 내용들을 포함하도록 하였다.

　직접 평가 방식의 서술형 평가 문항을 작성하기 위한 요구 조건으로 800자 내외의 글을 작성하도록 하였다. 직접 평가 방식의 작문 평가가 도입될 경우, 학생들의 글에 대해 내용·조직·표현의 평가 영역별로 평가하기 위한 최소한의 완결된 글의 분량을 고려하였으며, 또한 학생들이 지시문 및 제시 자료를 읽고 쟁점이 되는 주제를 분석하고, 이에 대한 자신의 입장과 근거를 제시하기 위한 내용 생성 및 내용 조직, 그리고 표현하기와 수정하기 활동을 수행하는 데 요구되는 시간을 고려하였다. 또한 작문 이론 및 작문 교육과정의 내용을 반영하기 위해, 토론 활동에서의 독자(청중)이 동료 학생이라는 점, 토론문(논설문) 형식 및 내용적 특성을 고려해야 한다는 작문에서의 독자 인식 및 글 유형적 특성 요소를 포함하도록 하였다.
　　학생들이 내용의 응집성과 조직의 응집성을 갖춘 완결된 글을 작성하기 위해 도움이 되도록 활동지를 제공하였다. 활동지의 내용에는 학생들이 체계가 있는 한 편의 글을 작성하는 데 있어 작문의 과정 및 내용 조직의 중요성을 인식시키고, 개요 작성을 수행할 수 있도록 안내하였다. 곧 학생들은 연습지를 통해 글을 쓰는 데 필요한 적절한 내용 생성 및 조직의 과정이 원활하게 이루어지도록 하는 데 중점을 두었다.

5. 채점 및 평가 결과 도출

(1) 채점 및 평가 과정

단계	주요 내용	세부 내용
1단계	예비 채점	1. 표집 2. 평가 기준 및 척도 마련 　－내용・조직・표현 3. 평가 지침서 작성 　－평가 기준, 척도, 평가 예시문 자료 포함
2단계	본 채점 I	1. 채점자 간 신뢰도 분석 2. 분석적・영역별 평가 3. 평가 자료 제공 차이에 따른 내용・조직・표현별 평가의 신뢰도 차이 분석 4. 신뢰도 확보 방안 모색
3단계	본 채점 II	1. 평가 매뉴얼을 활용하여 평가 및 채점 2. 평가 기준 및 척도의 초점화 3. 분석적 평가／항목별 평가／100편 단위 묶음 평가／채점 소요 시간 측정 4. 평가 결과 점검 및 점수 보정 과정 5. 평균 점수 산출→군집 및 판별 분석을 통한 성취수준(등급) 마련 6. 결과 보고서 작성

| | | −지역별, 성별, 학교별 분포 양상 |
| | | 7. 학생들을 위한 쓰기 피드백 자료 마련 |

- '예비 채점', '본 채점Ⅰ', '본 채점Ⅱ'는 대단위 작문 평가 중에서 직접 평가 방식의 서술형 채점을 위한 방법을 구안하였다.

- '예비 채점' 과정은 '본 채점Ⅰ'에 들어가기 전에 일정 비율(5~10%)의 표집을 선정하여 채점하는 과정 속에서 '본 채점Ⅰ·Ⅱ'를 위한 평가 기준 및 척도, 평가 예시문 자료를 개발하는 과정이다. 이는 채점자들이 공통된 평가관을 갖추고 신뢰도를 확보한 채점을 진행할 수 있도록 돕는 구체적인 평가 자료이다.

- '본 채점Ⅰ'은 채점자 간의 신뢰도 확보 여부를 확인하기 위한 과정이다. '예비 채점'을 통해 제공된 평가 자료를 바탕으로 하여 채점자들이 일정 비율(10~20%)의 채점을 수행한 후에 신뢰도를 확보하고 있는지 통계적으로 추출하는 과정이 포함된다. 신뢰도 확보를 위한 통계적 방법으로는 Cronbach α, 일반화가능도 이론, Rasch 모형에 기반한 분석 등을 활용할 수 있다.

- '본 채점Ⅱ'는 '본 채점Ⅰ'과 동일하게, 영역별·분석적 평가를 실시한다. 기존의 총체적 평가보다는 영역별·분석적 평가는 평가 영역 간의 중복성을 막을 수 있고, 교사의 채점을 위해 확인해야 할 평가 대상의 범위가 축소된다는 장점이다. 평가의 효율성 측면에서 신뢰도를 갖추면서도 신속하게 채점을 수행할 수 있다. 또한 채점이 완료된 후에는 전수 표집에 대한 통계적 방법을 활용하거나 평가의 전 과정을 이해하며 공통된 평가관을 갖추고 있는 검토자가 신뢰도를 저해하는 채점 자료를 확인하여 점수를 보정하는 과정을 진행한다.

• 모든 채점의 완료 후에는 평가 결과를 도출하여 성취수준(등급)을 정하도록 한다. 절대 평가의 방식을 통해 일정한 점수대에 따라 성취수준을 설정하고, 각 학생별로 평가 세부 영역별 점수 및 총점을 기록하도록 한다.
  학생들에게는 평가 결과 및 채점의 요소가 드러나 있는 쓰기 피드백 자료를 제공함으로써 학생 개인의 작문 능력 향상에 도움을 주도록 한다.

(2) 평가 기준 및 평가 지침서

평가 영역	평가 요소	점 수	평가 기준 및 척도의 초점화
내용 (40점)	① 내용의 정확성	15 점	■15점 : 쟁점의 출제의도에 따라 명확하게 제시하고 있다. ■12점 : 쟁점의 내용을 표면적으로 진술하되 자신의 말로 언급하고 있다. ■9점 : 쟁점의 내용을 제시문 내용 그대로 인용하고 있다. ■6점 : 쟁점의 내용을 다른 관점에서 의도와 벗어나게 파악하고 있다. ■1점 : 분량 부족 등의 사유로 인해 채점이 불가능할 경우
	② 내용의 풍부성	15 점	■15점 : 근거의 사례로 예를 2가지 이상 언급하고 있다. ■12점 : 근거의 사례로 예를 1가지 언급하고 있다. ■9점 : 근거의 사례가 예 없이 추상적으로 진술되고 있다. ■1점 : 분량 부족 등의 사유로 인해 채점이 불가능할 경우
	③ 주제의 명료성 및 타당성	10 점	■10점 : 정확하게 자신의 입장(찬성, 반대)을 밝히고 있다. ■7점 : 자신의 입장을 밝히되 문장이 분명하게 표현되어 있지 않다. ■4점 : 쟁점이 잘 드러나지 않고 일부 의도에서 벗어나는 내용들을 근거로 포함하고 있다. ■1점 : 분량 부족 등의 사유로 인해 채점이 불가능할 경우
조직 (30점)	① 구성의 적절성	15 점	■15점 : 쟁점 내용 + 주장 + 근거 제시 순서를 지키고 있다. ■12점 : 쟁점의 내용이 길고 주장이 중간 이후에서 확인되었다. ■9점 : 쟁점이 잘 드러나지는 않지만 대체로 위의 방식을 취하고 있다.

			■**6점** : 도입 등 불필요한 부분이 있거나 쟁점 내용 등이 진술되지 못하고 주장이 먼저 제시되었다. ■**1점** : 분량 부족 등의 사유로 인해 채점이 불가능할 경우
	② 구성의 응집성	15 점	■**15점** : ① 문단과 문단의 구분이 명확하게 구분되어 있으며, ② 각각의 문장이 하나의 내용들을 구체적으로 포함되어 있으며, ③ 문단과 문단, 문장과 문장 사이에 적절한 접속어를 사용한 경우. 해당 항목 중 부적절한 내용 1개 이하 ■**12점** : 부적절 2개 ■**9점** : 부적절 3~4개 ■**6점** : 부적절 5개 이상 ■**1점** : 500자 이내 분량 부족 등의 사유로 인해 채점이 불가능할 경우
표현 (30점)	① 어조 및 태도 / 적절한 단어 및 표현 선택	10 점	■**10점** : 문체적 특성에 어긋난 종결어미 진술, 비속어 사용, 거친 표현 등 내용과 관련하여 적절하지 못한 표현 1개 이하 ■**7점** : 부적절 2~3개 ■**4점** : 부적절 4~5개 ■**1점** : 500자 이내 분량 부족 등의 사유로 인해 채점이 불가능할 경우
	② 어법	10 점	■**10점** : 원고지 사용법 및 맞춤법 1개 이하 ■**7점** : 부적절 2~3개 ■**4점** : 부적절 4~5개 ■**1점** : 500자 이내 분량 부족 등의 사유로 인해 채점이 불가능할 경우
	③ 분량	10 점	■**10점** : 800±50자 분량을 지킨 경우 ■**3점** : 800±50자 분량을 지키지 못한 경우 ■**1점** : 400자 미만 작성
미달	400자 미만 작성		기본 점수 합산 총점 8점 부여
	작성하지 않은 경우		0점 부여

- 평가 지침서는 평가 기준 및 평가 척도와 평가 척도를 변별할 수 있는 내용으로 구성되어 있다. 기존의 일반적인 평가 기준을 주어진 서술형 평가의 조건에 맞게 구체적으로 진술하여 채점자들이 평가의 세부 영역 및 각각의 척도를 변별할 수 있는 특징을 명확하게

파악할 수 있도록 조직한다.

- 평가 지침서는 채점자들이 보다 명확하게 평가 기준 및 평가 척도의 변별되는 특징을 확인할 수 있도록 간단하고 집약적인 내용으로 각 척도별 특징을 정리하는 '평가 기준 및 척도의 초점화' 단계를 거치도록 한다.

(3) 평가 예시문

- 작문 평가 기준이나 실질적인 평가 및 채점에 기준이 될 만한 평가 지침서를 제공하더라도 교사들은 각각의 학생 답안을 분석하다보면 평가 척도 간에 변별의 어려움을 가지는 경우가 많다. 즉 어떠한 평가 척도가 적절한지 혼란을 겪는 경우가 있을 때 활용할 수 있다.
- 가채점 과정을 통해 실제 학생의 답안에 대해 교사가 평가관을 적용하여 채점의 내용을 기록한다. 이를 평가 예시문이라고 한다.
- 평가 예시문을 통해 교사는 구체적으로 평가의 흐름을 파악하고 평가 기준에 대한 인식 및 실질적인 기준이나 지침이 실제로 학생들의 답안을 통해 적용될 사례들을 확인할 수 있다.
- 평가 예시문은 채점자들 간에 공통된 평가관을 형성하도록 실질적인 도움을 줄 수 있다. 여러 명의 채점자가 투입될 경우 작문은 각자가 가지고 있는 작문에 대한 가치관이나 견해라 다를 수 있기 때문에 이를 일치시키기 위해서는 평가 협의회 및 자세하게 평가의 흐름에 대해 실질적으로 채점의 과정을 살펴볼 수 있는 평가 매뉴얼, 또는 평가 예시문의 자료가 활용될 수 있다.

6. 쓰기 피드백 자료 마련

(1) 대단위 작문 실험 평가(간접 평가) 피드백 자료

1. 정답 : ⑤
  〔정답〕 작문의 독자, 목적, 내용 및 주제, 자료 수집 및 활용에 대해 적절히 인식하고 있다.
  〔오답〕 작문의 독자, 목적, 내용 및 주제, 자료 수집 및 활용에 대해 보다 적절한 인식이
    필요하다.

2. 정답 : ②
  〔정답〕 작문 목적 및 주제를 고려하여 적절한 자료를 수집하고 선정하는 데 필요한 지식을
    갖추고 있다.
  〔오답〕 작문 목적 및 주제를 고려하여 적절한 자료를 수집하고 선정하는 과정에 대한 인식
    이 필요하다.

3. 정답 : ⑤
  〔정답〕 작문의 전반적인 과정과 각 단계별 특징에 대해 인식하고 있다.
  〔오답〕 작문의 전반적인 과정과 각 단계별 특징에 대한 인식이 필요하다.

4. 정답 : ④
  〔정답〕 작문에서 적절한 고쳐쓰기를 위한 세부 활동에 대한 인식 및 관련 지식을 갖추고
    있다.
  〔오답〕 작문에서 적절한 고쳐쓰기를 위한 세부 활동에 대한 인식 및 관련 지식이 필요하다.

5. 정답 : ④
  〔정답〕 올바른 글쓰기를 실천하기 위한 글쓰기 윤리 및 태도를 인지하고 있다.
  〔오답〕 올바른 글쓰기를 실천하기 위한 글쓰기 윤리 및 태도에 관한 인식이 보다 필요하다.

(2) 대단위 작문 실험 평가(직접 평가) 피드백 자료(1)

평가 영역	평가 요소	점 수	평가 기준	학생 평가 점수 및 피드백 자료
내용 (40 점)	① 내용의 정확성	15 점	• 문제의 핵심 내용을 정확하게 파악하고 있다. • 자신의 주장을 뒷받침하기 위한 근거의 내용이 구체적이며 사실성을 갖추고 있다.	■12점 : 사건을 알려야 한다는 기자의 역할과 인도적 측면 사이의 갈등이라는 쟁점의 구체적 내용보다는 사람을 살릴 것인가 사진을 찍을 것인가와 같은 단순히 표면적인 쟁점 내용만 언급하고 있으나 비교적 문제의 핵심을 파악하여 진술하고 있으며, 근거와 사례로 제시한 내용들 또한 비교적 사실에 정확한 내용이다.
	② 내용의 풍부성	15 점	• 자신의 입장을 뒷받침하기 위한 근거로써 사례를 풍부하게 제시하고 있다.	■15점 : 근거의 사례로 예를 2가지 이상 언급하고 있다.
	③ 주제의 명료성 및 타당성	10 점	• 쟁점에 대한 자신의 입장을 분명하게 밝히고 있다. • 주제를 뒷받침하는 근거와 사례들이 주제에서 벗어나 있다.	■7점 : 쟁점에 대한 자신의 입장이 분명한 문장으로 표현되어 있지 않지만(명확하지 않은 문장, 양비양시론 등), 대체로 자신의 입장에 비추어 관련 있는 근거와 사례를 제시하고 있다.
조직 (30 점)	① 구성의 적절성	15 점	• 적절한 구성 방식을 통해 주장과 근거를 제시하고 있다.	■15점 : 문항의 조건에 따라 다음 순서를 지킨 경우(① 쟁점의 내용, ② 자신의 입장, ③ 입장을 뒷받침하기 위한 근거)
	② 구성의 응집성	15 점	• 내용의 통일성과 관련하여 문단 및 문장 간의 연결이 응집성을 갖추고 있다.	■9점 : 위의 내용들 중에서 3~4개 정도 부적절한 항목이 발견된 경우
표현 (30 점)	① 어조 및 태도/ 적절한	10 점	• 독자를 고려한 적절한 어조, 적절한 단어 및 표현 선택, 형식 및 어	■10점 : 토론문(논술문)의 글 유형이 가지고 있는 문체적 특성(예를 들어 종결어미 등의 일관성)을 지니고, 적절한 단

단어 및 표현 선택			어 및 표현(예를 들어 부적절한 표현 및 불필요한 반복)을 사용하여 작성한 경우
② 어법	10점	법, 원고지 분량을 지키고 있다.	■7점 : 위의 내용들 중에서 2~3개 정도 부적절한 항목이 발견된 경우(동일 유형은 하나로 처리)
③ 분량	10점		■10점 : 800±50자 분량을 지킨 경우

(3) 대단위 작문 실험 평가(직접 평가) 피드백 자료(2)

- 평가의 궁극적인 목적인 수업의 개선에 있다. 그러므로 대단위 작문 평가는 학생 개개인에게 자신의 작문 능력에 대한 결과를 제공함과 동시에 자신의 작문 능력을 향상시키기 위한 방법을 제시할 필요가 있다.

- 대단위 작문 평가는 평가 결과에 대해 학생들이 인식하고 더욱 좋은 글을 작문 위한 방향으로 나아갈 수 있도록 피드백하는 데 목표를 두고 있다. 특히 직접 평가 방식이 도입된 작문 평가에서는 세부 평가 영역별로 판단한 평가 척도의 내용을 학생들이 접함으로써 자신의 작성할 글에서 어떤 요소가 부족하고 적절하지 못한지 확인할 수 있다.

- 쓰기 피드백 자료는 대체로 3개의 영역으로 나누어 정보를 제공하고자 한다. 첫 번째는 간접 평가인 선다형 평가 결과의 피드백 내용이다. 간접 평가의 결과를 통해 학생들이 직접 평가를 통한 한 편의 글을 작성하면서 인식해야 할 작문 지식 및 작문의 정의적 요소에 대해 확인할 수 있는 자료이다. 두 번째는 채점자의 평가 정보가 담겨진 학생 답안이다. 학생들은 자신이 작성한 답안에 표기

되어 있는 평가 정보를 확인하면서 내용, 조직, 표현의 영역 및 하위 세부 영역 중에서 어떤 요소들에 대해 부족하게 또는 적절치 못하게 작성하지 못했는가에 대해 파악하도록 한다.
- 채점자는 평가 기준 및 평가 지침서에 따라 부족한 항목에 대해 적절히 표기하는 방식을 취하게 된다. 그러면 학생들은 특히 - 요소로 지적되어 있는 부분을 확인하고, 이에 대한 근거를 학생 스스로 또는 지도 교사의 도움을 통해 찾는 과정을 거치게 된다. 이를 분명하게 하기 위해서 세 번째 자료로는 학생들에게 평가 기준 및 지침의 내용이 포함되어 있으면서, 각각의 세부 평가 영역 중에서 자신에게 결정된 평가 척도의 정보가 드러나 있는 자료를 받게 된다.
- 학생은 자신의 답안에서 부족한 부분으로 평가된 표시를 확인하고 이와 관련한 평가 영역의 평가 척도에서 자신이 구체적으로 어느 부분이 부족하거나 부적절했는지를 파악할 수 있다.
- 학생들의 피드백 자료는 작문 수업 시간에 수업 내용 및 교재로 활용할 수 있다. 학생들은 작문 수업 시간 중 평가 결과 확인, 평가에서 부족하거나 부적절한 항목으로 드러난 평가 영역 및 척도의 내용을 파악하여 작문 담당 교사의 도움을 받아 구체적인 내용 확인 및 작문 능력 향상을 위한 개선 방안, 앞으로의 작문 학습의 방향에 대해 논의할 수 있다.

7. 대단위 작문 평가의 실시 방향

(1) 교사의 인식 조사

- 먼저 대단위 작문 평가를 실시하기 위해서는 선행 연구로써 전문가

인 국어 교사 및 작문교육 전공자를 대상으로 한 실질적인 인식 조사가 필요하다.

- 교사들의 인식 조사 결과를 바탕으로 대단위 작문 평가 시행의 기본 틀을 구축하기 위한 기본 방향을 설정할 수 있다. 즉 간접 및 직접 평가 방식을 병행하거나 시험 응시 시간은 60분 내외로 설정한다는 것은 학업성취도 평가와 같은 대단위 작문 평가가 갖추어야 할 시험의 기본 틀이 된다.

(2) 문항 개발

- 대단위 작문 평가의 타당도를 갖춘 평가 문항 개발을 위해 체크리스트, 대단위 작문 평가 문항 개발의 원리 등을 구안하여 문항 개발을 위한 기초 자료로 활용하도록 한다. 평가의 본질과 관련하여 '학생들의 작문 능력에 대한 확인'이라는 주 목표를 설정하고, 이와 관련하여 작문교육 이론, 작문 교육과정 등의 내용 중에서 대단위 작문 평가에서 포함될 수 있는 평가 요소들을 추출하고자 한다.
- 구체적인 평가 요소의 추출 방법은 체크리스트를 활용하여 성취수준을 개발하는 것이다. 참고로 학업성취도 평가에서는 각 학년별, 영역별로 학업성취도 문항 개발을 위한 성취수준을 설정하도록 한다.

  대단위 작문 평가는 직접 및 간접 평가 방식을 병행하되, 간접 평가는 직접 평가를 통해 학생들이 한 편의 완결된 글을 작성하는 데 실질적으로 도움을 줄 수 있는 작문 관련 지식을 인식 및 활용하는 데 중점을 두도록 한다.
- 시험 응시와 관련하여 직접 및 간접 평가의 비중은 시험 시간을 고

려해 볼 때 대체적으로 10분 내외로 간접 평가를 수행하고, 50분 내외로 직접 평가를 수행할 수 있는 환경을 조성하도록 마련한다.

- 간접 평가 문항은 5문항 내외의 작문 수행 관련 지식의 인식 여부를 확인하는 선다형 문항들을 활용할 수 있다. 직접 평가 문항은 1문항을 제시하되, 학년별 등을 고려하여 작문 발달에 따른 학년별로 다른 글 유형을 경험할 수 있도록 한다. 직접 평가 문항은 정해진 시간 내에 학생들이 한 편의 완결된 글을 작성함으로써 직접 평가의 주요 평가 영역인 내용·조직·표현 항목을 평가할 수 있는 수준 내에서 분량을 정하도록 한다. 대체로 기존의 학교 단위 수행 평가에서 실시하는 직접 평가 방식의 작문 평가의 경우 50분 내외 700~800자 정도의 글쓰기를 요구하고 학생들이 수행하는 것을 확인해 왔었다. 또한 현재 논술고사의 경우 대학별로 차이는 있지만 대체로 2시간 정도에 1,800자 내외의 글을 요구하는 것을 살펴볼 때, 대단위 작문 평가에서 요구하는 학생 답안의 분량은 800자에서 1,000자 내외가 적절하다고 판단된다.

- 현재의 지필평가 방식을 고려하면서, 채점시 표현 항목 등에서 평가 척도의 변별이 좀 더 구체적이고 명확할 수 있도록 원고지 양식을 활용하고자 한다. 추후 온라인 작문 평가 틀에 대비하여 원고지 양식을 컴퓨터 프로그램 환경 안에서 어떻게 적용할 것인지에 대해서도 고려되어야 한다.

(3) 채점 과정

- 타당도와 신뢰도를 갖춘 평가 문항을 확인하기 위해서는 문항 개발에서 예비 채점의 과정이 원활하게 수행되도록 한다. 특히 예비 채

점 과정은 채점자들이 채점 과정을 원활하게 수행할 수 있도록 구
체적인 평가 자료를 제공할 수 있도록 마련하는 과정이다. 중재 연
구를 통해 동일하고 구체적인 평가 자료를 제공한 평가일수록 평가
의 신뢰도가 높아진다는 연구 결과를 얻었다. 그러므로 채점자가
공통된 평가관을 인식하여 신뢰롭게 적용할 수 있도록 '평가 기준,
평가 척도, 평가 예시문'과 같은 구체적인 자료와 명확하게 평가 기
준 및 척도를 변별하는 '평가 기준 및 척도의 초점화' 과정을 수행
하도록 한다.

- 대단위 작문 평가와 관련하여 구체적인 평가 자료 개발의 중요성을
  강조하는 이유는 대단위 작문 평가에서는 전국을 대단위로 하는 경
  우에 평가 기준 및 척도와 채점 방법에 관하여 채점자들이 협의를
  할 수 있는 평가 협의회의 개최가 원활하지 않기 때문이다. 이를
  보완하기 위해서는 구체적인 대단위 평가의 흐름 및 채점 방법에
  대한 자료를 포함하고 있는 평가 매뉴얼을 활용하는 방식이 적합하
  다고 판단된다. 또한 이러한 자료를 활용하면 평가자 훈련이 가능
  하며 교사들의 공통된 평가관 설정에 도움을 줄 수 있어 궁극적으
  로 신뢰도를 높이는 데 영향을 미칠 수 있다.

- '본 채점Ⅰ'을 설정한 이유는 대단위 작문 평가가 직접 평가 방식
  을 도입함으로써 기존 직접 평가의 주요 문제점인 평가자 간 또는
  평가자 내 신뢰도를 확보하는 데 목적이 있다. 고전 검사에서의 신
  뢰도와 달리 최근 신뢰도 관련 프로그램 및 모형에서는 문항, 채점
  자와 같은 다국면을 고려하여 평가의 신뢰도 양상을 확인할 수는
  통계적 방법들이 모색되고 있다. 특히 FACETS 프로그램은 확률적
  통계적 기준에 따라 일부 채점자가 수행한, 특정 학생이 특정 문항
  에 대해 작성한 답안에 대해 채점한 결과를 확인하는 과정을 수행

한다. 그중에서 평가자의 엄격성이나 일관성에서 벗어나는 사례들을 발견할 수 있다. 이러한 사례들은 대단위 작문 평가에서는 채점을 수행한 후에 신뢰도 확보를 위한 검토 자료로 활용할 수 있다.

- 채점 과정에서는 영역별·분석적 평가 방식을 제안하고 있다. 이는 대단위 작문 평가에 응시한 학생들의 작문 능력 결과 및 이를 통한 성취수준의 마련을 위해서는 평가 점수의 수량화가 기초적으로 뒷받침 되어야 한다.

이를 위해서는 기존의 총체적 평가 방식에 비해, 영역별로 분석적으로 평가하는 방식이 용이하다. 이와 함께 채점자에 있어서도 영역별·분석적 평가 방식은 작문 평가 요소인 내용·조직·표현 중에서 교사들의 관심과 성향에 따라 평가 영역을 적절히 분담할 수 있으며, 교사들은 총체적 평가에 비해 평가 업무를 수행하는 과정에서 학생 개개인의 평가를 수행하는 데 참조해야 하는 평가 요소들이 줄어들게 됨에 따라 상대적으로 신뢰로운 평가를 신속하게 수행할 수 있는 장점이 있다고 판단된다.

- 평가의 효율성과 관련하여 학교별로 3~4명 정도의 교사(내용·조직·표현 영역별·분석적 평가 3명, 검토자 1명) 정도라면 일정한 평가 및 검토 시간을 확보한 상황 속에서 채점 수행이 가능하다. 이는 경제성과 관련하여 대단위 작문 평가가 효율적으로 수행하는 데 있어 채점을 수행하는 데 최소의 평가 인력 확보와 관련되는 내용이다.

(4) 평가 결과의 활용

- 대단위 작문 평가는 우리나라 학생들 전반의 작문 능력을 확인한다는 측면에서 기존의 평가들이 갖추지 못한 다양한 정보들을 획득할

수 있다. 지역별 학교별 성별 기초 자료뿐만 아니라 대단위 작문 평가의 세부 영역 간에 평가 결과의 차이를 확인할 수 있다. 이는 결과 타당도를 뒷받침해주는 자료로 활용할 수 있는 동시에 각 지역 및 학교별로 작문교육의 상황과 맥락을 확인하고 점검할 수 있는 기초 자료로 활용할 수 있다. 즉 학교나 지역에서 작문교육 관련 활동 여부 및 구체적 상황을 대단위 작문 평가 결과와 관련지어 해석해볼 수 있는 것이다. 또한 대단위 작문 평가는 기존의 언어 평가 및 외국어, 수학 등의 다른 학업성취도 평가 과목들과 상관을 통해 학생들의 기초적인 학업 능력을 확인하는 지표로 활용할 수 있다.

- 평가의 목적은 수업의 개선이라는 데 중점을 두고 대단위 작문 평가가 단순히 일회적인 평가 수준에서 그치는 것이 아니라 학생들의 작문 능력 향상을 위해 노력해야 한다. 이를 위해서 대단위 작문 평가에서는 쓰기 피드백 자료를 개발하여, 학생들이 직접 수행한 작문 결과에 대한 채점 자료 및 평가 기준과 평가 척도를 개개인의 학생 수준 및 수행 결과에 맞춘 정보를 제공함으로써 개별적으로 현재 자신의 작문 능력에 대한 확인 및 작문 능력의 향상시키고자 한다. 그리고 궁극적으로 학교 현장에서 작문교육을 활성화하는 긍정적으로 작용하고자 한다.

제 7 장

대단위 작문 평가의 교육적 함의와 제언

　이 책은 대단위 작문 평가를 위한 문항 개발 및 채점 방법의 탐구를 통해 대단위 작문 평가의 전반적인 과정을 다룬 평가 매뉴얼을 마련하는 데 목적이 있다.

　이 연구는 우리나라의 학생들은 과연 어느 정도의 작문 수준을 갖추고 있을까라는 문제의식에서 출발하였다. 이는 지속적으로 작문 관련 연구자들이 관심을 갖고 있는 주제이며 이를 위해 그간 다양한 작문 평가들이 수행되어 왔다.

　그러나 기존의 작문 평가들은 몇몇 문제점들을 안고 있었으며, 또한 대규모의 직접 평가 방식의 작문 평가를 실시하기 이유는 교사의 채점에 대한 업무 부담과 채점자 간 신뢰도 확보에 어려움을 겪기 때문이었다.

　이 연구에서는 기존의 작문 평가가 지니고 있는 문제점을 보완하면서 우리나라 학생들 전반의 작문 능력을 확인하는 방법으로써 학업성취도 평가의 성격을 지닌 대단위 작문 평가를 제안하였다. 이와 함께 구체적으로 대단위 작문 평가의 필요성에 대해 언급하였다.

대단위 작문 평가의 필요성에 대해, 우리나라에서 국가 수준 학업성취도 평가가 실시되면서 작문교육에서는 학생들의 전체적인 작문 능력을 확인하기 위한 방법으로 평가에 관심을 가지기 시작하였다. 대단위 작문 평가는 학생들이 갖추어야 할 학습 능력 중에서 중요한 의사소통 능력인 언어 능력을 측정함에 있어 작문의 중요성을 인식시키고, 학생들의 실제 작문 수행의 과정 및 결과를 확인할 수 있다는 점에서 기존의 간접 평가 방식과 함께 새로운 직접 방식의 서술형 평가 도입은 학생들의 실제적인 작문 능력을 확인한다는 점에서 의의가 있다.

연구자가 의도한 대단위 작문 평가의 과정은 평가 목적 설정, 평가 요소 및 성취기준 마련과 이를 기반으로 한 평가 문항 개발, 채점자가 평가를 수행하는 데 필요한 구체적인 평가 자료를 개발하는 '예비 채점' 과정(세부적인 평가 기준 및 평가 지침 마련, 평가 예시문 사료 개발), 평가의 신뢰도 및 효율성 확보를 위한 '본 채점Ⅰ·Ⅱ', 평가 결과 및 '쓰기 피드백' 자료 개발 과정을 수행하도록 하였다.

구체적인 연구 절차에 따르면, 먼저 대단위 작문 평가의 이론적 토대를 마련하기 위해 대단위 작문 평가와 관련 있는 평가 문항 이론, 대규모 표준화 시험, 작문 평가의 선행 연구들을 고찰하였다.

실질적으로 대단위 작문 평가 실행을 위해서 대단위 작문 평가의 목적을 설정하고, 작문교육 이론 및 작문 교육과정에서 평가 요소 및 성취기준을 추출하여 이를 적합한 문항으로 개발하는 데 목적을 두었다. 이를 위해 대단위 작문 평가의 외적, 내적 요인들을 고려하여 대단위 작문 평가의 문항의 평가 요소를 추출하기 위해 체크리스트를 구안하고 이를 적용하였다. 다음으로 대단위 작문 평가의 평가 및 채점 과정을 고려하여 세부 단계 모형을 구안하였으며 문항 개발 및 채점 방법에 필요한 원리들을 설정하였다.

대단위 작문 평가의 문항 개발 원리에 따라 적절한 실험 평가 문항을 개발하였다. 그리고 평가 문항의 타당도를 확보하기 위해 먼저 전문가인 교사들의 견해를 통해 문항 유형 및 제시문, 채점 과정에 관한 견해를 수렴하여 반영하도록 하고 개발한 문항에 대한 전문가의 검토를 통해 내용 타당도를 확보하도록 하였다.

평가의 타당도를 확보하기 위한 통계적 방법으로 직접 및 간접 평가 문항의 상관분석을 실시하였다. 실험 평가의 간접 평가와 직접 평가의 내용·조직·표현 영역별 각각의 변인과 결과를 중심으로 하여 상관 분석을 수행한 결과 직접 및 간접 평가의 상관이 낮게 나옴으로써 각각의 문항 유형들이 독립적인 성격을 지니고 있음을 통계적으로 확인하였다. 이를 뒷받침하기 위해 실험 평가 결과에 따른 성취수준 상·하위 집단 간의 t검증을 실시한 결과 성취수준 상위 집단이 하위 집단에 비해 평가 영역별로 높은 점수를 나타내는 유의한 차이를 보여주었다.

대단위 작문 평가에서 평가의 신뢰도를 확보하며 원활한 평가 과정이 수행되도록 평가 및 채점을 위한 자료를 마련하는 과정이 수행되도록 하였다. 첫 단계로써 '예비 채점' 과정에서는 기존의 작문 평가와 관련한 평가 기준에 대한 선행 연구들을 수렴하여, 대단위 작문 평가에 적합한 평가 기준을 설정하고 구체적인 평가 지침서 및 평가 예시문을 개발하여 채점자들에게 평가의 신뢰도 확보에 도움이 되고자 하였다.

채점 과정의 주요 원칙은 영역별·분석적 평가를 활용하도록 하였다. 대단위 작문 평가는 평가 기준을 세분화하여 평가 척도를 통해 점수를 수량화할 필요가 있다. 그러나 평가 기준이 너무 세분화 되거나 많은 평가 척도를 지닐 경우 직접 평가 방식의 작문 평가에서는 실질적으로 채점자들이 평가를 수행하면서 학생들의 결과물에 대해 어떤 평가 기준과 척도를 적용할 것인가에 대한 판단의 어려움을 겪을 수 있다. 판단의 어려움을 겪는다는 것은 곧 평가의 신뢰도를 저해하는 요인이 된다. 그러므로 대단위 작문 평가는 평가의 목적인 학생들의 작문 능력을 평가한다는 측면에서 변별될 수 있는 평가 영역과 평가 척도를 마련하도록 하였다.

대단위 작문 평가의 신뢰도 검증 및 평가 방법의 효율성 고려한 과정을 수행하였다. '예비 채점' 과정에 이어서 '본 채점 I'에서는 평가의 신뢰도를 확보하기 위해 평가 자료의 제공 여부에 따라 신뢰도가 어떻게 나타나는가에 초점을 둔 중재 연구의 성격을 지닌 평가 과정이다.

구체적으로 평가 기준 및 평가 지침서, 평가 예시문과 같이 채점자의 평가 수행에 도움이 될 만한 자료들을 제공해 주는 것이 채점자들 간의 평가에 대한 관점 공유 및 이를 통해 평가의 신뢰도가 높아질 것이라는 가정 하에 4개의 평가팀 A, B, C, D로 집단을 편성하여 평가팀별로 자료 제공에 차이를 두는 방법을 취하였다.

신뢰도를 확보하기 위한 방법으로는 Cronbach α 및 일반화가능도 이론, 문항반응이론에 기반한 Rasch 모형을 적용하였다.

그 결과 구체적인 평가 자료를 제공한 평가자들이 평가의 신뢰도가 높은 경향을 나타냈으며, 응시자·문항·평가자의 국면을 고려한 일반화가능도 이론에서도 대체로 동일한 결과를 분석할 수 있었다. Rasch 모형에서도 대체로 평가자들이 95% 이내에서 신뢰도를 확보하고 있음을 확인할 수 있었다. 평가자의 국면에서에서는 내적·외적 합치도의 임계 수치 안에서 대체로 일정한 평가의 경향을 유지하고 있었으며, 과적합 및 부적합에 해당하거나 평가의 비신뢰성에 속하는 평가자의 평가 결과를 발견하지 못한 점으로 볼 때 대체로 평가자들의 평가 결과가 신뢰도를 확보하고 있음을 확인할 수 있었다. 다만 평가자의 편향 분석에서 일반적인 작문 평가의 평가 및 채점 방법을 취한 평가자의 평가 결과 중 일부가 편향됨을 발견할 수 있었다.

대단위 작문 평가의 규모가 일반 평가에 비해 큰 만큼 원활하고 효율적인 평가를 위해 채점자들은 분석적·영역별 평가 방식을 취하도록 하고, 기존의 총체적 평가를 취하는 집단과 비교하여, 평가에 소요된 시간 차이를 분석할 수 있도록 하였다.

그 결과 구체적인 평가 자료를 제공한 집단에 대해서는 대체로 평가 자료를 통해 공통된 평가관을 갖추게 되었고, 일반적으로 수행되어온 총체적 평가에 비해 분석적·영역적 평가는 채점자들이 평가의 대상이 되는 평가 영역을 축소함으로써 상대적으로 빠른 시간 내에 신뢰도를 갖춘 평가를 수행하고 있음을 확인할 수 있었다.

이와 함께 학생들의 작문 능력 향상이라는 목적 하에 학생들의 결과 및 평가 자료를 학생들에게 적절한 방식으로 제공하고 또한 이 자료를 작문 교과의 수업에서 교수·학습 자료로의 활용 가능성에 대해 모색하고자 하였다. 평가자의 평가 정보가 담긴 학생 답안 및 자신의 평가 결과에 대해 적용한 평가 기준 및 평가 지침서의 내용을 포함한 쓰기 피드백 자료 개발을 통해 학생들은 작문 수행 중에서 자신이 부족하거나 적절하지 못한 부분을 확인함과 동시에 이를 작문 수업에 활용할 수 있는 방안에 대해 제안하였다.

마지막으로 대단위 작문 평가의 실행가능성을 고려하여 대단위 작문 평가의 시험의 개념 및 평가 목적, 출제 절차, 평가 요소 추출, 성취기준 설정, 평가 문항 개발 예시, 평가 기준 및 척도, 평가 예시문과 같은 평가 자료 개발, 채점 방법 마련 및 평가 결과 도출, 쓰기 피드백 자료 개발의 내용을 다룬 평가 매뉴얼을 마련하였다.

대단위 작문 실험 평가를 실시하여 5개 지역 8개 학교 490명의 학생 답안을 평가한 결과에 따르면, 지역별, 학교별, 성별 차이가 나타났으며, 간접 평가 총점 및 직접 평가의 세부 평가 영역별 점수가 지역별로 나타나는 차이를 확인할 수 있었다. 이는 앞으로 전수 표집 방식의 대단위 작문 평가를 시행할 경우 각각의 변인별로 지역 또는 학교간의 성취 결과의 차이를 확인함과 동시에 성취 결과가 나오게 된 원인들을 다각도로 분석할 수 있는 기회를 마련해주는 역할을 할 수 있다.

대단위 작문 평가의 결과를 바탕으로 하여 군집 분석 및 판별 분석을 통해 학생들의 평가 결과를 우수, 보통, 기초, 기초미달의 4개의 등급으로 분류하였다. 4개의 등급으로 설정한 이유는 현재 국가 수준 학업성취도 평가에서 성취수준을 위와 같이 구분하고 있기 때문이다. 이는 학업 성취도 평가의 다른 영역들과의 상관을 분석할 수 있는 기회를 제공할 수 있다.

한편 대단위 작문 평가에 대한 학생들의 인식 차이를 알아보기 위해 우수 등급의 학생 집단과 기초 미달 등급의 학생 집단 간의 t검증을 실시하였다. 작문 과목의 본질, 작문 교육과정, 작문 수업 및 내용, 작문 수행의 측면에서 대부분 우수 등급의 학생들은 대단위 작문 평가가 긍정적인 영향을 미칠 것이라고 반응하고 있었으나 기초 미달 등급의 학생들은 부정적인 반응을 보이고 있다.

또한 대단위 작문 평가의 성취수준별로 학생들의 답안 사례를 표집하였다. 특히 서술형 평가 문항에서 학생들의 성취수준별로 답안 작성의 양상을 질적으로 분석한 결과 내용·조직·표현의 측면에서 뚜렷한 차이를 보이고 있음을 파악할 수 있었다.

White et al.(1996)에 따르면 먼저 대규모 작문 평가를 시행하고 있는 경우 대단위 작문 평가가 1회적인 평가에 그치고 학생들은 대단위 작문 평가를 통해 자신의 작문 능력의 현 수준에 대한 파악과 이해보다는 성적이라는 면에 치우쳐 평가의 의도를 왜곡하고 있다며 비판의 목소리를 내고 있다. 또한 학업성취도 평가의 영향력이 커지면서 수업에서 교수·학습에 기초하여 학생들이 학습 결과가 평가를 통해 드러나는 것이 아닌 오히려 평가의 영향이 수업에 영향을 미치는 역류 효과(wash back effect)가 일어나고 있다고 언급하면서 대단위 작문 평가의 문제점에 대해 지적하고 있다.

그러나 우리나라의 경우를 살펴보면 현실적으로 학생들의 작문 능력 향상을 위해 체계적으로 교수·학습이 수행될 수 있는 여건을 갖추지 못한 상황이다. 초, 중등학교의 경우에는 주로 학교 행사나 수행 평가에서 주로 다루기는 하지만 학생들이 글을 쓰는 데 있어 실질적인 작문 전략이나 방법을 학습할만한 교육과정이 실질적으로 운영되지 않고 있다. 고등학교의 경우에도 입시로 인해 작문 과목을 심화 과목으로 선택하였더라도 실질적인 교수·학습의 내용은 입시에 치우쳐 있는 것이 현실이다.

이 책은 이러한 문제의 심각성을 인식하고 이에 대한 대안으로서 오히려 국가 단위의 작문 평가를 실시함으로써 작문교육의 필요성을 공고히 하며 평가의 영향으로 인해 학교 단위 안에서도 작문 교육과정이 내실 있게 이루어지도록 하는 것이 효과적인 방법이라는 판단 아래 연구를 수행하였다. 이는 오히려 작문 평가가 학교 현장에서 작문 수업을 활성화할 수 있는 계기가 된다는 것을 의미한다. 또한 대단위 작문 평가의 결과에 따라 특히 기초미달의 성취수준을 획득한 학생들에게 대해서는 최근 작문교육의 주요 연구 분야는 작문 부진 학생 지도와 관련지어 연구의 방향을 설정할 수 있다. 곧 대단위 작문 평가 연구 및 결과가 작문 부진 학생 관련 연구의 바탕이 되는 기초 자료 역할을 할 수도 있다는 것이다.

한편 이 책에서 다루고 있는 연구는 대단위 작문 평가 연구를 통해 서술형 평가 등이 점차 강조되고 있는 현실 속에서 대단위 학업성취도 작문 평가 도입 시 평가 문항 개발 관련 연구에 기여하고자 한다. 그리고 대단위 작문 평가에서의 평가 과정 및 채점의 효율성에 대한 방안을 제시하여 직접 방식의 작문 평가가 가지고 있는 문제점을 어느 정도 해소하는 데 도움이 되고자 한다. 또한 작문과 관련한 고부담 시험에서의 학생들의 작문 수행, 작문 평가 기준, 학생들의 작문 평가에 관한 피드백 등 작문 평가 연구의 활성화에 기여하고자 한다. 궁극적으로 학교에서의 작문교육의 중요성을 인식하고 내실 있는 작문교육이 학교 현장에서 이루어질 수 있도록 돕고자 한다.

참고문헌

1. 국내 참고 자료

가. 단행본

교육인적자원부(2007), 『2007년 국어과 교육과정』, 교육인적자원부 고시 제2007-79호, 교육인적자원부.

교육과학기술부(2009), 『2009년 국어과 교육과정』, 교육과학기술부 고시 제2009-41호, 교육과학기술부.

강승호·김양분(2004), 『신뢰도』, 교육과학사.

김성숙·김양분(2001), 『일반화가능도 이론』, 교육과학사.

김신영(2001), 『차별적 문항기능의 추출방법』, 교육과학사.

문영진·민병곤·유영희(2005), 대학수학능력시험 언어 출제 매뉴얼, 한국교육과정 평가원.

박도순·홍후조(1999), 『교육과정과 교육 평가』, 문음사.

박도순(2000), 『문항작성방법론』, 교육과학사.

박영목(2008), 『작문교육론』, 역락.

성태제(2001), 『문항반응이론의 이해와 적용』, 교육과학사.

＿＿＿＿＿(2002), 『타당도와 신뢰도』, 학지사.

성태제·시기자(2006), 『연구 방법론』, 학지사.

송인섭(2002), 『신뢰도-일반화가능도 중심으로』, 학지사.

안광훈(2008), 『사회과학조사 방법론』, 학현사.

이재승(2002), 『글쓰기 교육의 원리와 방법-과정 중심 접근』, 교육과학사.

이종승(2005), 『표준화 심리 검사』, 교육과학사.

장소영·신동일(2009), 『언어교육평가 연구를 위한 FACETS 프로그램』, 글로벌콘텐츠.

나. 논문

가은아(2011), 「작문 발달의 양상과 특성 연구」, 한국교원대학교 박사학위논문.

김도남·김영란·김미경(2010), 「2010년 국가수준 학업성취도 평가 결과 분석-국어」, 연구보고서(RRE 2011-3-2), 한국교육과정평가원.

김성숙(2010), 「우리나라 초·중·고 학생의 학업성취 특성 분석-2009년 국가 수준 학업성취도 평가 전수 결과 중심」, 연구보고서(KICE research report 2010), 한국교육과정평가원.

김영란·조병영(2011), 「CURRV 모형에 기초한 국어과 국가수준 학업성취도 평가 고찰」, 연구보고서(RRE 2011-14), 한국교육과정평가원.

김정자(1992), 「작문 평가 방법 연구─평기 기준의 설정과 그 적용을 중심으로」, 서울대학교 석사학위논문.

노명완(2006), 「읽기 평가틀에 대한 비교 연구」, 『교육과정평가연구』 9(1), 한국교육과정평가원.

노은희(2009), 「미국 SAT 문항 분석을 통한 수능 언어 영역 개선 방향 탐색」, 『국어교육학연구』 34집, 국어교육학회.

노창수(1987), 「글짓기 영역의 기능 평가론」, 『국어교육』 61·62, 한국어교육학회.

박기범(2009), 「미국 ACT 문항 분석을 통한 수능 언어 영역 개선 방향 탐색」, 『청람어문교육』 39집, 청람어문교육학회.

박영목(1999), 「작문 능력 평가 방법과 절차」, 『국어교육』 99호, 한국국어교육연구회.

_____(2008), 「작문 평가 연구의 주요 과제」, 『작문교육』 6집, 한국작문학회.

박영민(2009), 「평가 예시문을 활용한 작문 평가 개선 방안」, 『청람어문교육』 39집, 청람어문교육학회.

_____(2011a), 「국가 수준 학업성취도 평가 개선을 위한 '작문' 평가 이론의 정립」, 『국어교육』 134집, 한국이교육학회.

_____(2011b), 「국어 교사의 작문평가 전문성 신장 방안」, 『작문연구』 13집, 한국작문학회.

박영민·최숙기(2010a), 「Rasch 모형을 활용한 국어 교사의 작문 평가 특성 분석」, 『국어교육학연구』 37집, 국어교육학회.

_____(2010b), 「국어 교사의 설명문 평가에 대한 모평균 추정과 평가 예시문 선정」, 『우리어문연구』 36집, 우리어문학회.

박종임·박영민(2011), 「Rasch 모형을 활용한 국어 교사의 채점 일관성 변화 양상 및 원인 분석」, 『우리어문연구』 39집, 우리어문학회.

서수현(2003), 「작문 평가의 기준 설정에 관한 연구」, 고려대학교 석사학위논문.

_____(2008), 「작문 과제 구성 요소의 설정에 대한 연구」, 『국어교육학연구』 33집, 국어교육학회.

서영진(2011), 「작문교육 내용 조직의 위계성 연구」, 『새국어교육』 87집, 한국국어교육학회.

성태제(1999), 「교육평가방법의 변화와 결과 타당도」, 『교육학연구』 37(1), 한국교육학회.

신선희(2011), 「미국의 작문평가」, 『작문연구』 13집, 한국작문학회.

양효순(2007), 「어휘력 평가 도구 개발 연구─초등학교 고학년을 대상으로」, 연세대학교 석사학위논문.

오택환(2010), 「작문 수행평가에서 동료평가자간 신뢰도 분석」, 『국어교육연구』 47집, 국어교육학회.

원진숙(1995), 「논술 평가 기준 설정 연구」, 『한국어학』 2집, 한국어학회.

윤상덕(1984), 「짓기 평가 기준에 대한 연구-고등학교를 중심으로」, 경상대학교 석사학위논문.

이병승(2010), 「작문 과제 제시 방식이 작문 성취도에 미치는 영향」, 『작문연구』 10집, 한국작문학회.

이수진(2008), 「작문 평가 결과의 해석과 활용 방안 연구」," 『작문연구』 6집, 한국작문학회.

______(2011), 「작문 직접 평가를 위한 텍스트 분석 평가의 실행 방안」, 『작문연구』 13집, 한국작문학회.

이양락(2009), 「미국 SAT와 ACT 문항 분석」, 연구보고서(ORM 2009-7), 한국교육과정평가원.

이영관(1986), 「작문 평가 기준에 관한 일고찰」, 인하대학교 석사학위논문.

이영진(2012), 「작문 평가 방식에 관한 학생들의 인식 차이 분석」, 『작문연구』 14집, 한국작문학회.

임천택(2006), 「국어과 작문 평가 문항 작성의 실태와 개선 방안」, 『어문학교육』 33집, 한국어문교육학회.

임천택(2009), 「작문 기초학력의 재 개념화와 평가 틀의 개선 방향」, 『학습자중심교과교육연구』 9호, 학습자중심교과교육학회.

조재윤(2009), 「일반화가능도 이론을 이용한 작문 평가의 오차원 분석 및 신뢰도 추정 연구」, 『국어교육』 128집, 한국어교육학회.

______(2011), 「작문 평가의 도구와 방법 개선 방향 설정」, 『작문연구』 13집, 한국작문학회.

정은영·김명화·상경아·김지아(2008), 「국가수준 학업성취도 평가 체제 개선 연구(Ⅰ)」, 연구보고서(RRE 2008-2), 한국교육과정평가원.

정희모·이재성(2009a), 「대학생 글에 대한 총체적 평가와 분석적 평가의 결과 비교 연구」, 『청람어문교육』 39집, 청람어문교육학회.

정희모(2009b), 「대학글쓰기 평가의 신뢰도와 타당도 향상을 위한 한 방안」, 『작문연구』 9집, 한국작문학회.

진경애·이병천·신동광·박태준·주헌우(2008a), 「서답형 문항 자동채점 프로그램 도입 방안 연구Ⅲ」, 연구보고서(RRE 2008-6), 한국교육과정평가원.

최길찬·김성열(2010), 「국가수준 학업성취도 평가에 기초한 학교평가 통계 모형의 고찰」, 『교육과정평가연구』 제13권 2호, 한국교육과정평가원.

최숙기(2010), 「중학생의 읽기 능력 발달 양상에 관한 연구」, 한국교원대학교 박사학위논문.

최재호(2011), 「영어작문의 과정적 글쓰기에서 자동작문평가의 효과」, 『교육정보미디어연구』 제17권 2호, 한국교육정보미디어학회.

한국교육과정평가원(2011), 「국가수준 학업성취도 평가와 수능 자료 활용 분석 심포지엄 자료집」, 연구보고서(ORM 2011-70-1, 2, 3, 4), 한국교육과정평가원.

한국교육과정평가원(2012), 「성취평가제 시행을 위한 시·도 교육청 담당자 및 중학교 핵심교원 연수 자료집」, 연구보고서(ORM 2012-17), 한국교육과정평가원.

한철외·천경록·이경화·백영균(2007), 「표준화 독서 능력 및 독서·환경 진단 검사 개발 연구」, 독서능력진단검사 개발위원회.

황미향(2010), 「텍스트성 발달과 작문 능력의 상관관계」, 『국어교육연구』 47집, 국어교육학회.

2. 번역서 및 외서

ACARA.(2011). National assessment program―literacy and numeracy, *NAPLAN Summary Report*, Sydney NSW 2000.

Beard, R. & Myhill, D., & Riley, J., & Nystrand, M.(2009). *Writing Development*; Sainsbury, M., Developing Writing in High-Stakes Enviornment, SAGE Publications Inc.

Brown, H. D., 이영식·안병규·오준일(2006) 역, 『외국어 평가―원리 및 교실에서의 적용』, (주)에듀케이션 코리아.

Bunch, M. B. & Littlefair, W.(1988). *Total score reliability in large-scale writing assessment*, Educational Resources Information Center(ERIC).

Connors, R. J. & Lunsford, A. A.(1993). Teachers' rhetorical comments on student papers, *College Composition and Communication*, 44, 200-223.

Cooper, C. R & Odell, L.(1977). *Evaluating Writing : Describing, Measuring, Judging,* Urbana, ill.

Diederich.(1974). Measuring growth in English, *National Council of Teacher of English*. Urbana, il.

Duke, C. R. & Sanchez, R.(2001). *Assessing Writing Cross the Curriculum*. Carolina Academic Press.

Elliot, N.(2008). *On a scale : A Social History of Writing Assessment in America*, NY : Peter Lang Publishing, Inc.

Gearheart, M., & Kerman, J. L., & Novak, J. R., & Wolf, S.(1995). Toward the Instruction Utility of Large-Scale Writing Assessment : Validation of a New Narrative Rubric, *Assessing Writing,* 2(2), 207-242.

Herrington, A. & Hodgson, K., & Moran, C.(2009). *Teaching The New Writing : Techology, Change, and Assessment in the 21st-Century Classroom*, Teachers College, Columbia

University.

Hoetker, J. & Brossell, G.(1986). A procedure for writing content-Fair essay examination topic for large-scale writing assessment, *College Composition and Communication,* 37(3), 328-335.

Hunter, D. M.(1996). The use of holistic versus analytic scoring for large-Scale assessment of writing. Canadian Journal of Program Evaluation, 11(2), 61-85

Hout, B.(2009). Direct and indiret measures for large-scale evaluation of Wrtiting, *Teaching of English,* 17, 290-296

Hout, B., & O'Neill, P.(2009). *Assessing Writing.* National Council of Teachers of English, Bedford/St. Martin's.

Knoch, U.(2007). *Diagnostic Writing Assessment : The development and validation of a rating scale,* The University of Auckland.

___________(2011). Rating scales for diagnostic assessment of writing : What should they look like and where should the criteria come from?. *Assessing Writing,* 16(2), 81-96.

MacArthur, C. A., & Graham, S., & Fitzgerald, J.(2006). *Writing Research,* A Division of Guildford Publications, Inc.

Messick, S.(1989). Meaning and values in test validaton : The Science and Ethics of Assessment, *Educational Researcher,* 18(2), 5-12

McNamara, T., 채선희·지은림·백순근·설현수(2003) 역, 『문항반응이론의 이론과 실제 -외국어 수행평가를 중심으로』, 서현사.

Murphy, S.(1994). Portfolios and curriculum reform : Pattern in Practice, *Assessing Writing,* 1, 175-206.

Neal, M. R.(2011). *Writing Assessment and The Revolution in Digital Texts and Technologies,* Teachers College, Columbia University.

Olinghouse, N. G., & Zheng, J. & Morlock, L.(2012). State Writing Assessment : Inclusion of Motivational Factors in Writing Tasks, *Reading & Writing Quarterly,* 28(1), 97-119.

Quellmalz, E. S.(1984). Toward successful large-scale writing assessment : Where are we now? Where do we go from here?, *Educational Measurement; Issues and Practice, 3(1), 29-32.*

Spandel, V. & Culham, R.(1996). Writing Assessment, In Robert E. Blum and Judith A. Alter(ed), *A Handbook for Students Performance Assessment in an Era of Restructuring,* ASCD.

Spandel, V.(2009). *Creating Writers Through 6-Trait Writing,* Pearson Education. Inc.

Stagg, P. S., & Jill, M. & Kristin, M.(2011). An analysis of large-scale writing assessment in Canada(Grades 5-8). Alberta Journal Of Educational Research, 57(4), 424-455.

Tonya, R. M., & Kevin, R. H.(2005). Training and Scoring Issues involve in Large-Scale Writing Assessment, *Educational Measurement; Issues and Practice,* 21(2), 15-19.

U. S. Department of Education.(2007). *The Nation's Report Card : Writing 2007 - national assessment of educational progress at grade 8 and 12,* Abailable : http://www.ed.gov.

Ruth, L., & Murphy, S.(1988). *Designing Writing Tasks for The Assessment of Writing.* NJ : Ablex Publing Corproation; Norwood.

Weigle, S. C.(2002). *Assessing Writing.* Cambrige University Press.

White, E. M.(1993). Holistic scoring : past triumphs and future challenges. In M. M. Williamson & B. Huot (Ed), *Validating holistic scoring for Writing Assessment : Theoretical and empirical foundations,* NJ : Hampton Press.

White, E. M., & Lutz, W. D. & Kamusikiri, S.(1996). *Assessment of writing : politic, Practices,* The Modern Language Association of America.

Wolcott, W. & Legg, S. M.(1988). An Overview of writing assessment : theory, research, and practice, *National Council of Leachers of English,* Urbana, Il.

[부록 1] 대단위 작문 평가에 관한 교사 사전 인식 설문지

선생님 안녕하십니까? 이 설문지는 대단위 작문 평가에 관한 교사의 인식을 조사하기 위한 설문지입니다. 이와 관련하여 아래의 기본 사항과 설문에 한 문항도 빠짐없이 솔직한 응답을 부탁드립니다. 설문지 결과는 연구 목적으로만 사용하겠습니다. 감사합니다.

검사일 : 2011년　　　　월　　　일

■ 기본 사항

1. 학교 지역 : ① 서울·경기·인천　　② 충북·충남·대전　　　③ 전북·전남·광주　　　　④ 경북·경남·부산·울산·대구　　⑤ 강원　　⑥ 제주
2. 지역 분류 : ① 대도시(특별시 및 광역시)　　② 중·소도시 ③ 읍면 지역
3. 근무 학교 : ① 인문계 고등학교　② 전문계 고등학교　　③ 기타
4. 성별 : ① 남　　② 여
5. 교직 경력 : ① 1~5년　　② 6~10년　　③ 11~20년　　④ 21년 이상

▣ 학교에서의 작문교육 및 평가 관련 설문

1. 학교에서의 작문교육의 목적에 대해 어떻게 생각하십니까? (가장 중요한 것 2가지)
    ① 학생들의 기초적인 작문 능력의 향상을 위해
    ② 의사소통에서의 표현 능력의 향상을 위해
    ③ 다양한 문제에 대한 인식과 해결방법을 제시하기 위해
    ④ 학생 개개인의 지식을 생성하고 창조하는 능력을 위해
    ⑤ 특별한 이유를 생각해본 적이 없다.

2. 학교에서의 작문교육이 주로 어떻게 이루어지고 있습니까?
    ① 작문 과목이 개설되어 있다.
    ② 국어 시간에 과제나 수행 평가를 통해 실시하고 있다.
    ③ 학교의 글쓰기 행사를 통해 수행하고 있다.

④ 희망 학생들을 대상으로 하여 논술 수업을 실시하고 있다.

⑤ 체계적인 작문교육이 실시되지 않고 있다.

3. 학교에서의 직접 평가 방식의 작문 평가는 어떻게 이루어지고 있습니까? (가장
중요한 것 2가지)

① 국어 교과의 수행 평가에 활용되고 있다.

② 국어 교과의 지필 평가에 활용되고 있다.

③ 국어 수업에서의 진단 및 형성 평가에 활용되고 있다.

④ 직접 평가 방식의 작문 평가를 수행하지 않는다.

4. 현재의 상황에서 대단위(전국 규모)의 작문 평가(직접 평가 방식 포함) 시행에
대해 어떻게 생각하십니까?

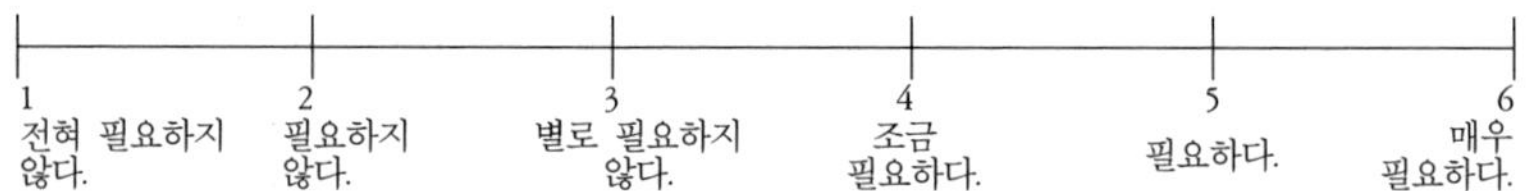

5. 대단위(전국 규모)의 작문 평가(직접 평가 방식 포함)를 시행한다면 주요 문제점
에 대해 어떻게 생각하십니까? (가장 중요한 것 2가지)

① 학생들의 과중한 학습 부담이 된다.

② 대단위 작문 평가의 목적이 불분명하다.

③ 대단위 작문 평가에 대한 교사들의 인식이 부족하다.

④ 대단위 작문 평가를 위한 수업 부담이 있다.

⑤ 대단위 작문 평가를 수행할 경우 평가 및 채점의 부담이 있다.

6. 대단위(전국 규모) 작문 평가(직접 평가 방식 포함)를 시행한다면 주요 목적에
대해 어떻게 생각하십니까? (가장 중요한 것 2가지)

① 전반적인 학생들의 작문 능력을 확인할 수 있다.

② 대단위 작문 평가로 인해 국어 교과에서 작문 활동을 활성화할 수 있다.

③ 기존의 선다형 평가를 보완할 수 있다.

④ 교사 및 학생들에게 작문 평가 결과에 대한 정보를 제공할 수 있다.

⑤ 학생들에게 작문의 중요성을 인식시킬 수 있다.

7. 평가의 목적이 분명하고, 타당도 및 신뢰도 확보, 효율성을 갖춘 채점 방법을 도입하면서 학업성취도 평가의 성격을 갖춘 대단위 작문 평가를 실시하는 것에 대해 어떻게 생각하십니까?
　① 실시할 필요가 있다.
　② 그저 그렇다.
　③ 실시할 필요가 없다.

8. 학생들의 기초적인 작문 능력을 평가하고, 개인별로 작문 능력에 대한 피드백 자료를 제공하면서 학업성취도 평가의 성격을 갖춘 대단위 작문 평가를 실시하는 것에 대해 어떻게 생각하십니까?
　① 실시할 필요가 있다.
　② 그저 그렇다.
　③ 실시할 필요가 없다.

■ 대단위 작문 평가 문항 개발 관련

※ 대단위 작문 평가를 수행한다고 가정했을 때 고려되어야 할 점을 중심으로 답변 부탁드립니다.

9. 대단위 작문 평가를 시행한다면 문항 개발에 있어 평가의 타당도 확보를 위해 어떠한 내용적 측면들이 고려되어야 한다고 생각하십니까? (가장 중요한 것 2가지)
　① 학생들의 기초적인 작문 능력의 실태를 고려해야 한다.
　② 국어 및 작문 교과의 교육과정 내용이 반영되어야 한다.
　③ 국어 및 작문 교과의 수업 내용이 반영되어야 한다.
　④ 학생들의 지적 수준을 고려하여 쓸 수 있는 주제나 내용을 택해야 한다.
　⑤ 학생들의 작문에 대한 동기나 태도를 고려하여야 한다.

10. 대단위 작문 평가를 시행한다면 문항 개발(특히 직접 평가 방식)에 있어 평가의 신뢰도 확보를 위해 어떠한 형식적 측면들이 고려되어야 한다고 생각하십니까? (가장 중요한 것 2가지)
　① 학생들이 한 편의 글을 작성할 만한 시간을 고려한다.

② 발문 제시, 발문과 자료 글 제시 등의 문항 형식에 대해 고려한다.

③ 학생들이 작성할 글의 분량을 고려한다.

④ 학생들이 작문의 일반적인 과정에 따라 한 편의 완성된 글을 작성할 수 있도록 안내한다.

⑤ 효과적인 평가 기준 및 채점 방법을 고려한다.

[11-12] 다음은 대단위 작문 평가에서 수행 가능한 평가 문항의 유형을 정리해 보았습니다. <보기>의 내용을 참고로 하여 11, 12번 설문 문항에 대한 적절한 답변 부탁드립니다.

유형	문항구성 내용	문항의 특성	예시 문항

A	간접 (선택형) + 직접 평가 (서술형) 문항	• 작문과 관련된 지식 및 정의적 요소를 간접적으로 평가함.
		 • 학생들의 작문 수행을 직접적으로 평가하여 간접과 직접을 병행함.
			• 간접 평가 문항은 학업성취도 평가 작문 문항 및 대학수학능력 시험 언어 영역의 작문 영역 문항을 바탕으로 하여 검사 도구 작성
			 • 간접 평가 문항은 작문 과정 및 전략에 관한 지식의 습득 여부를 파악함.
			   −(예시) <보기>의 주제에 따라 글쓰기 계획을 세워 보았다. 세부 내용으로 적절하지 않은 것은? (작문 과정의 '계획하기' 관련 지식을 측정하기 위한 선다형 문항으로 출제함)
			 • 직접 평가는 하나의 논제를 통해 한 편의 글을 작성하는 형식의 문항으로 검사 도구 작성
			   −(예시) 문화 상대주의와 관련하여 세계화의 올바른 방향에 대해 자신의 입장과 견해를 800자 내외로 서술하시오.

B	글 유형별 (서사문, 설명문, 논설문) 작문	• 글 유형별 학생들의 작문 발달 양상을 고려하여 학교급 별로 적절한 글 유형의	• 해외 주요 대규모 작문 평가에서도 서사문, 설명문, 논술문의 글 유형을 바탕으로 작문 평가를 실시함. • 작문에 있어 글 유형 발달을 고려하여 친숙한 글 유형인 서사문으로부터, 중등 학교 학생들에게는 서사문, 논술문의 흐름으로 접하도록 함. • 서사문, 설명문, 논술문 작성과 관련된 3개의 문항을 제

	평가 문항 (서술형)	서술형 평가 문항 개발	시하고, 그중 학생들이 선택하여 작성하는 방법으로 검사 도구를 개발할 수도 있음.
C	제시문 포함 (읽기+ 작문 또는 듣기+ 작문)	• 논술고사 형태 의 문항을 제 시하여 학생들 의 제시문에 대한 이해분석 및 이와 관련 한 학생들의 작문 수행을 살펴 봄.	• 논술고사 형태가 지니고 있는 반응 제한형의 문제를 제시 하고, 논제와 제시문이 요구하는 의도에 따라 학생들이 답안을 작성하는 형태의 검사 도구 문항을 개발함. – (예시) 다음 제시문을 읽고 물음에 답하시오. (가) 세계화 시대 민족의 정체성에 관한 글 (나) 문화 상대주의에 대해 다룬 글 (다) 생물 다양성 협약에 대한 과학 지문 (가)와 (나)를 바탕으로 세계화와 문화 상대주의의 개념에 대해 요약하고, 세계화 시대 일어나는 갈등의 원인과 해결 방안에 대해 자신의 견해를 서술하시오. (800자 내외)
D	단독형 논제 제시	• 가장 일반적인 형태의 서술형 평가 유형	(예시) 세계화의 올바른 방향에 대해 자신의 견해를 서술하 시오.

11. 평가의 타당도 및 신뢰도, 효율성 확보를 고려하였을 때 대단위 작문 평가에
    적절한 평가 문항 유형을 선택하세요. (   )형

12. 위의 평가 유형 외에 생각하고 계신 평가 문항 유형이나 선택하신 평가 유형
    의 항목과 관련하여 보완할 사항에 대해 의견을 제시해 주세요.
    (개선점 및 보완점 :   )

■ 대단위 작문 평가의 채점 방법 관련

13. 기존의 작문의 직접 평가 방식의 문제점에 대해 어떻게 생각하십니까? (가장
    중요한 것 2가지)
    ① 평가 기준의 모호하다.
    ② 교사별로 평가에 대한 관점이 주관적이다.
    ③ 평가 및 채점 방법에 대한 정보가 부족하다.
    ④ 평가 및 채점에 소요되는 시간이나 업무량이 많다.

⑤ 평가 및 채점에 들이는 노력에 비해 평가의 효과가 미미하다.

14. 신뢰도를 확보하기 위한 직접 평가 방식의 작문 평가에서 채점 방법의 개선
    내용으로 적절한 것은 무엇입니까? (가장 중요한 것 2가지)
    ① 구체적인 평가 기준 제시 및 평가 예시 자료 제공
    ② 학생 답안에 대한 복수의 평가자 채점 및 평가 협의회를 통해 평가관 공유
    ③ 한 편의 글에 대한 총체적 평가보다는 문항별 또는 평가의 세부 영역별
       일괄 채점 방법
    ④ 평가의 신뢰도 확보를 위한 채점 결과에 관한 점검 과정의 필요
    ⑤ 예비 채점 등을 통한 평가 지침의 방향 제공

15. 직접 방식의 작문 평가 또는 대단위 작문 평가의 평가에서의 채점 방법에서
    보완할 사항에 대해 의견을 제시해 주세요.
    (개선점 및 보완점 :   )

[부록 2] 작문 평가 방식에 관한 교사의 인식 설문지

    다음 설문 조사는 작문 평가에서 선택형 평가와 서술형 평가 방식의 적절성을 확인하고자 합니다. 각각의 평가 방식과 관련된 설문 문항에 성실한 답변 부탁드립니다.

요인	문항	전혀 그렇지 않다	그렇지 않다	별로 그렇지 않다	조금 그렇다	그렇다	매우 그렇다
작문 과목의 성격	1. 평가를 통해 학생들의 기초적인 작문 능력의 중요성에 대해 인식시킬 수 있다.	1	2	3	4	5	6
	2. 평가를 통해 학생들에게 작문이 의사소통의 중요한 방법임을 인식시킬 수 있다.	1	2	3	4	5	6
	3. 평가를 통해 학생들에게 작문이 각종 문제를 해결하는 방법으로 사용됨을 인식시킬 수 있다.	1	2	3	4	5	6
	4. 평가를 통해 학생들에게 작문이 자신의 새로운 지식을 생성하고 의미를 창조하는 방법으로 사용됨을 인식시킬 수 있다.	1	2	3	4	5	6
작문 교육 과정	5. 평가를 통해 학생들에게 작문이 예상 독자, 목적, 과제, 글 유형 등의 상황과 관련이 있음을 인식시킬 수 있다.	1	2	3	4	5	6
	6. 평가를 통해 학생들에게 작문의 계획하기, 내용 생성, 내용 조직, 표현, 고쳐쓰기 과정에 대해 인식시킬 수 있다.	1	2	3	4	5	6
	7. 평가를 통해 학생들에게 작문에 필요한 전략과 방법에 대해 인식시킬 수 있다.	1	2	3	4	5	6
	8. 평가를 통해 학생들에게 정보 전달, 설득, 정서 표현 및 친교(사회적 상호작용)에 대한 실질적인 글쓰기에 대해 인식시킬 수 있다.	1	2	3	4	5	6

작문 수업 및 내용	9. 평가를 통해 학생들에게 작문 및 국어 수업 시간에 교사가 제시한 수업 내용이 도움이 되었음을 인식시킬 수 있다.	1	2	3	4	5	6
	10. 평가를 통해 학생들에게 작문 및 국어 수업 시간에 교사가 제공한 학습 자료가 도움이 되었음을 인식시킬 수 있다.	1	2	3	4	5	6
	11. 평가를 통해 학생들에게 작문 및 국어 수업 시간에 교사가 제시한 수업 방법이 도움이 되었음을 인식시킬 수 있다.	1	2	3	4	5	6
작문 수행	12. 학생들에게 평가가 유창성에 대한 작문 능력 향상과 관련이 있음을 인식시킬 수 있다.	1	2	3	4	5	6
	13. 학생들에게 평가가 풍부하고 적절한 내용을 바탕으로 하여 글을 쓸 수 있는 능력과 관련이 있음을 인식시킬 수 있다.	1	2	3	4	5	6
	14. 학생들에게 평가가 작문에 필요한 일반적인 규칙에 대한 인식과 관련이 있음을 인식시킬 수 있다.	1	2	3	4	5	6
	15. 학생들에게 평가가 좋은 글을 쓸 수 있는 자신감과 꾸준히 글을 써야겠다는 태도가 관련이 있음을 인식시킬 수 있다.	1	2	3	4	5	6
작문 평가 방법	16. 평가를 통해 학생 자신의 실질적인 작문 능력 결과에 대해 인식시킬 수 있다.	1	2	3	4	5	6
	17. 평가를 통해 학생들에게 작문 능력과 관련하여 피드백 자료를 제공할 수 있다.	1	2	3	4	5	6
	18. 평가를 통해 평가의 목적과 관련하여 평가(평가 도구 및 절차)의 타당도를 확보할 수 있다.	1	2	3	4	5	6
	19. 평가를 통해 평가의 신뢰도와 평가 및 채점 방법의 효율성을 확보할 수 있다.	1	2	3	4	5	6

[부록 3] 대단위 작문 평가에 관한 학생 인식 설문지

(　　　　　)학교　(　　)반　(　　)번　성명 (　　　　　　)

1. 기초 설문 (해당되는 하나의 항목에 ○ 표시 부탁드립니다.)

문항	전혀 그렇지 않다	그렇지 않다	별로 그렇지 않다	조금 그렇다	그렇다	매우 그렇다
1. 위의 시험 방식이 자신의 작문 능력을 파악하는 데 도움이 된다고 생각하는가?	1	2	3	4	5	6
2. 개인별로 작성한 글에 대한 내용·조직·표현별 채점 및 조언을 제공하는 평가 자료를 제공한다면 위의 시험 방식이 자신의 작문 능력을 파악하는 데 도움이 된다고 생각하는가?	1	2	3	4	5	6

2. 심화 설문 (해당되는 하나의 항목에 ○ 표시 부탁드립니다.)

1. 평가를 통해 기초적인 작문 능력이 중요함을 알게 되었다.	1	2	3	4	5	6
2. 평가를 통해 작문이 의사소통의 중요한 방법임을 알게 되었다.	1	2	3	4	5	6
3. 평가를 통해 작문이 각종 문제를 해결하는 방법으로 사용됨을 알게 되었다.	1	2	3	4	5	6
4. 평가를 통해 작문이 자신의 새로운 지식을 생성하고 의미를 창조하는 방법으로 사용됨을 알게 되었다.	1	2	3	4	5	6
5. 평가를 통해 작문이 예상 독자, 목적, 과제, 글 유형 등의 상황과 관련이 있음을 알게 되었다.	1	2	3	4	5	6
6. 평가를 통해 작문의 계획하기, 내용 생성, 내용 조직, 표현, 고쳐쓰기 과정에 대해 알게 되었다.	1	2	3	4	5	6
7. 평가를 통해 작문에 필요한 전략과 방법에 대해 알게 되었다.	1	2	3	4	5	6
8. 평가를 통해 정보 전달, 설득, 정서 표현 및 친교(사	1	2	3	4	5	6

회적 상호작용)에 대한 실질적인 글쓰기에 대해 알게 되었다.					
9. 평가를 통해 작문 및 국어 수업 시간에 교사가 제시한 수업 내용이 도움이 되었음을 알게 되었다.	1	2	3	4	5	6
10. 평가를 통해 작문 및 국어 수업 시간에 교사가 제공한 학습 자료가 도움이 되었음을 알게 되었다.	1	2	3	4	5	6
11. 평가를 통해 작문 및 국어 수업 시간에 교사가 제시한 수업 방법이 도움이 되었음을 알게 되었다.	1	2	3	4	5	6
12. 평가와 유창성에 대한 자신의 작문 능력 향상과 관련이 있음을 알게 되었다.	1	2	3	4	5	6
13. 평가와 풍부하고 적절한 내용을 바탕으로 하여 글을 쓸 수 있는 능력과 관련이 있음을 알게 되었다.	1	2	3	4	5	6
14. 평가와 작문에 필요한 일반적인 규칙에 대한 인식과 관련이 있음을 알게 되었다.	1	2	3	4	5	6
15. 평가와 좋은 글을 쓸 수 있는 자신감과 꾸준히 글을 써야겠다는 태도가 관련이 있음을 알게 되었다.	1	2	3	4	5	6

[부록 4] 대단위 작문 평가의 채점에 관한 면담지

※ 대단위 작문 평가 수행 과정

 1. 교사들의 사전 설문 조사
 2. 설문 조사 결과를 반영한 문항 출제
 3. 평가 기준 및 구체적인 평가 지침서 설정
 4. 예비 채점 과정을 통한 평가 기준 정정
 5. 내용·조직·표현 항목별 예비 채점 평가 실시 및 시간 체크(평가의 효율성 고려)
 6. 본 채점 시 항목별 일괄적 평가, 평가팀 구성(2명씩 : 주 평가자는 채점, 지원
   평가자는 주 평가자가 평가한 내용에 대한 검토)
 7. 본 채점의 신뢰도 확보를 위해, 채점자에게 ① 평가 기준 및 평가 지침서, ②
   평가 예시문, ③ 평가 피드백 자료 제공

※ 교사 사전 설문 결과 종합 정리

가. 대체로 대단위 작문 평가의 필요성과 실시에 관한 긍정적인 입장을 보임.

나. 대단위 작문 평가 시행을 위해서는 학생들의 수준을 고려하여 적절한 발문 및 제시문
   제공, 효과적인 평가 기준 및 채점 방법 마련이 필요함.

다. 문항 유형은 간접 평가 + 직접 평가(자료 제시, 반응 제한형) 선택

라. 평가 협의회, 구체적인 평가 기준 및 채점 방법 마련

검사일 : 2011년   월   일

■ 기본 사항

1. 학교 지역 : ①서울·경기·인천   ②충북·충남·대전   ③전북·전남·광주
              ④경북·경남·부산·울산·대구   ⑤강원   ⑥제주
2. 지역 분류 : ①대도시(특별시 및 광역시)   ②중·소도시   ③읍면 지역
3. 근무 학교 : ① 인문계 고등학교   ② 전문계 고등학교   ③ 기타 학교급
4. 성별 : ①남   ②여
5. 교직 경력 : ①1~5년   ②6~10년   ③11~20년   ④21년 이상

1. 기초 설문

　① 평가를 담당한 항목(내용·조직·표현 중 하나) : (　　　　　　　)

　② 평가 시 걸린 시간 : 평균 (　　)분 (　　)초

　　* (가급적) 개별 답안지별 평가 시간을 기록해주시고, 평균 시간을 위에 적

　　어주시면 됩니다.

　③ 항목별 검토 시 평균 걸린 시간 : 평균 (　　)분 (　　)초

　　* 항목별 검토에 참여하신 분만 검토 시 걸린 평균 시간을 작성하시면 됩

　　니다.

2. 심층 설문

　설문 항목 및 내용을 읽어주시고, 설문 내용의 세부 질문에 대한 구체적인 의견을 의견 작성 란에 작성 부탁드립니다.

설문 항목	설문 내용	교사들의 견해
평가 기준 및 평가 지침서 관련	평가 기준 및 평가 지침서는 내용·조직·표현 항목으로 세부 항목을 설정하여 구체적인 평가 기준 및 채점 방법을 안내하고 있습니다. 평가 기준 및 평가 지침서 제공의 적절성에 관한 의견 부탁드립니다. ① 내용·조직·표현 항목 설정은 적절한가? ② 평가 기준 및 평가 지침서 제공 방식이 기존의 작문 평가 방식과는 차별이 있는가? 적절한 방식이라 생각하는가?	
평가의 신뢰도 확보 마련	평가의 신뢰도 확보를 위해 다음과 같은 방식을 취하고 있습니다. 적절성과 관련하여 의견 부탁드립니다. ① 평가 기준 및 평가 지침서, ② 평가 예시문, ③ 평가 피드백 자료 제공, ④ 평가 관점의 일관성 확보를 위한 평가 협의회 등기존의 방식과 차별점이라든지 위의 자료 제공이 채점자 간의 신뢰도 확보를 위해 도움이 된다고 판단되는가?	

[부록 5] 성취수준별 학생 답안 사례

① 성취수준별 학생 답안 사례(우수 수준)

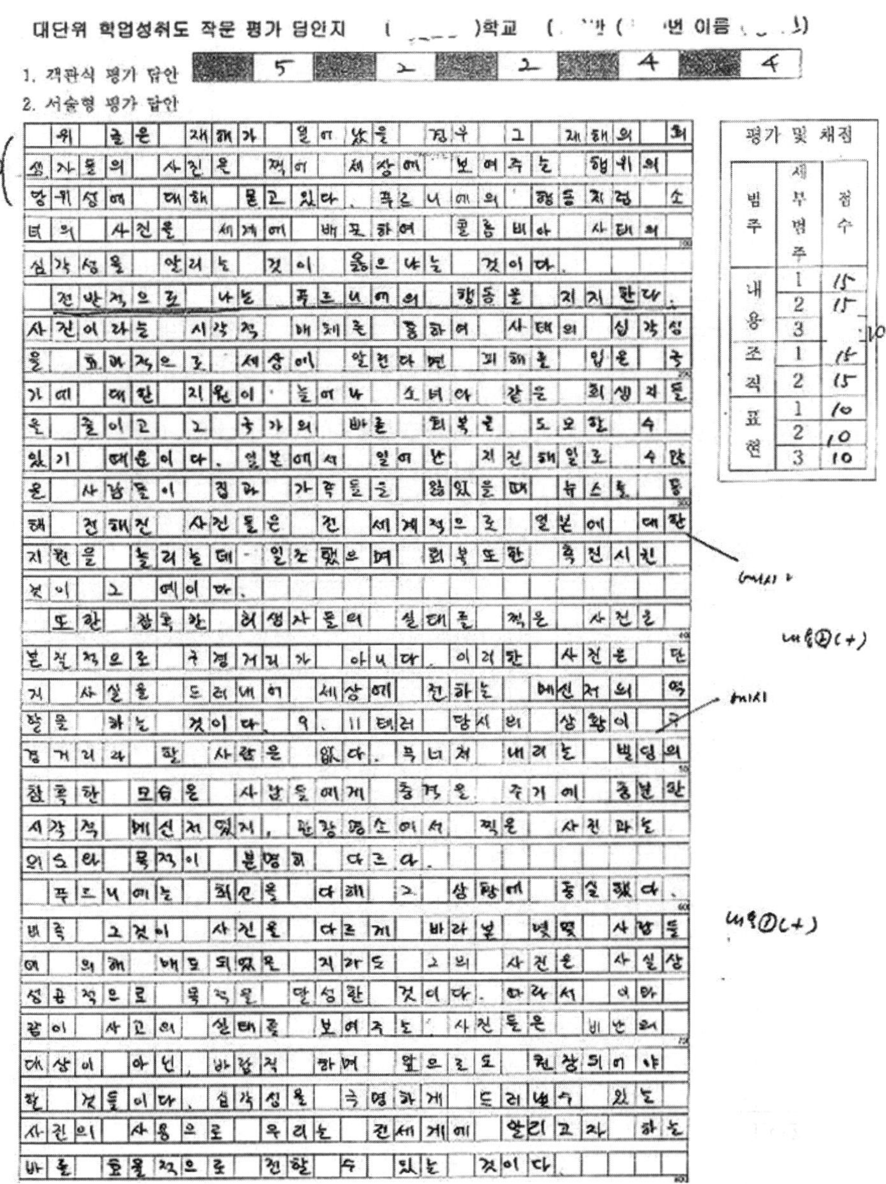

② 성취수준별 학생 답안 자료(보통 수준)

10예

대단위 학업성취도 작문 평가 답안지　　(　　)학교　(　)반 (　)번 이름(　　)

1. 객관식 평가 답안　　　3　　　2　　2　　　4
2. 서술형 평가 답안

범주	세부범주	점수
내용	1	6
	2	
	3	4
조직	1	8
	2	12
표현	1	10
	2	8
	3	10

[학생 답안 — 원고지에 손으로 쓴 서술형 답안]

268　대단위 작문 평가

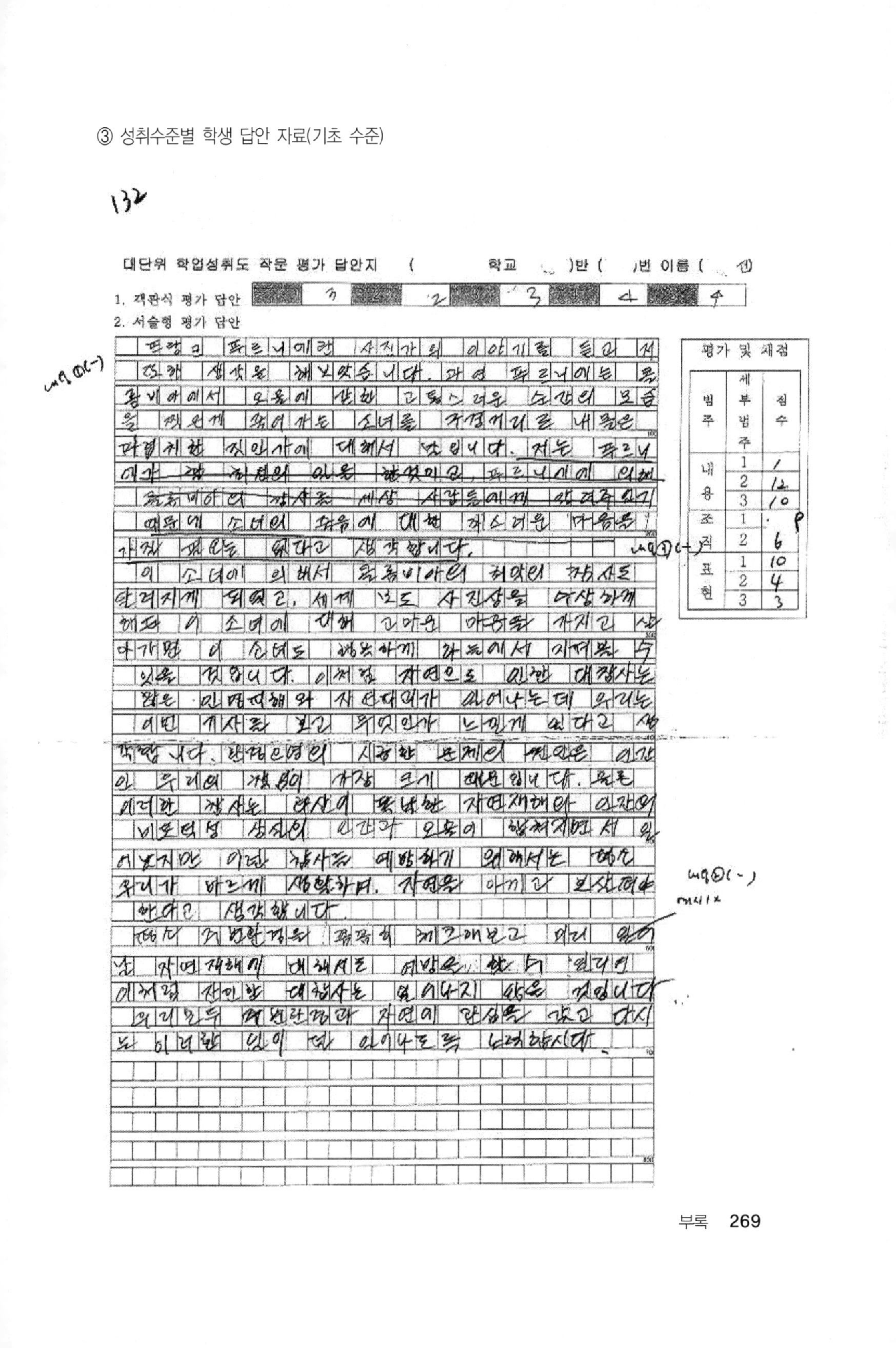

③ 성취수준별 학생 답안 자료(기초 수준)

132

대단위 학업성취도 작문 평가 답안지　（　학교　）반（　）번 이름（　）

1. 객관식 평가 답안

2. 서술형 평가 답안

[학생이 손으로 쓴 서술형 답안 — 판독 어려움]

범주	세부범주	점수
내용	1	1
	2	12
	3	10
조직	1	8
	2	6
표현	1	10
	2	4
	3	3

평가 및 채점

3‖1

대단위 학업성취도 작문 평가 답안지   (   )학교 (   )반 (9)번 이름 (   )

1. 객관식 평가 답안 [　] 5 [　] 5 [　] 2 [1] 4 [　] 5

2. 서술형 평가 답안

1985년 11월, 끔찍한 화산폭발이 일어난 콜롬비
아에서 프랑코 뜨루니에라는 사진작가는 엄청난
양의 오물에 갇힌 한 소녀를 찍어 세계적인 사
진작가가 되었다. 그 사진에 찍힌 소녀는 결국
오물 속에 갇혀 심장마비로 목숨을 잃었고 그로
인해 프랑코 뜨루니에는 다 죽어가는 소녀를 구
경거리로 만들었다며 많은 사람들에게 비난을 받
았다.
　하지만 나는 그가 옳은 선택을 했다고 생각한
다. 만약 프랑코 뜨루니에가 그 소녀의 목숨이
어떻게 되든 상관없이 자기의 명예만을 위해 사
진을 찍었다면 충분히 파렴치한 사람이 될 수
있었지만 목소명으은 그 소녀 곁에서

평가 및 채점		
범주	세부범주	점수
내용	1	1
	2	1
	3	1
조직	1	1
	2	1
표현	1	1
	2	1
	3	1

[부록 6] 대단위 작문 평가 기술 통계 자료

① 대단위 작문 평가 지역별 기술 통계

지역		내용총	조직총	표현총	객총점	주환산	총점
수도권	평　　균	26.72	19.06	19.82	14.88	49.19	64.07
	사　　례	162	162	162	162	162	162
	표준편차	8.97	8.18	9.25	5.87	17.99	20.96
충청	평　　균	23.88	19.54	20.53	18.56	47.96	66.52
	사　　례	139	139	139	139	139	139
	표준편차	10.31	9.00	10.09	5.35	20.17	21.73
강원	평　　균	22.65	17.32	16.30	20.13	42.20	62.33
	사　　례	40	40	40	40	40	40
	표준편차	12.32	11.16	11.09	4.31	24.77	25.60
전라	평　　균	22.87	17.51	16.53	20.51	42.68	63.19
	사　　례	68	68	68	68	68	68
	표준편차	11.50	10.71	10.22	4.89	23.06	23.88
경상	평　　균	29.99	23.27	25.47	17.04	59.04	76.08
	사　　례	81	81	81	81	81	81
	표준편차	7.46	6.38	4.96	5.34	11.96	13.06
합계	평　　균	25.59	19.54	20.21	17.49	49.00	66.49
	사　　례	490	490	490	490	490	490
	표준편차	10.10	8.97	9.63	5.77	19.82	21.36

② 대단위 작문 평가 학교별 기술 통계

학교		내용총	조직총	표현총	객총점	주환산	총점
○천여고	평 균	32.02	25.16	26.94	18.27	63.09	81.35
	사 례	49	49	49	49	49	49
	표준편차	5.06	4.73	3.24	4.95	6.32	7.70
○생고	평 균	27.78	18.63	21.47	15.33	50.91	66.24
	사 례	60	60	60	60	60	60
	표준편차	6.05	5.60	6.73	5.35	11.39	13.91
○용고	평 균	20.60	13.91	11.38	11.23	34.41	45.64
	사 례	53	53	53	53	53	53
	표준편차	10.87	9.40	8.96	5.18	20.25	21.27
○일고	평 균	26.68	21.68	21.46	20.36	52.36	72.72
	사 례	84	84	84	84	84	84
	표준편차	9.69	8.75	10.50	4.70	19.83	20.45
○남고	평 균	19.62	16.27	19.11	15.82	41.25	57.06
	사 례	55	55	55	55	55	55
	표준편차	9.84	8.46	9.33	5.16	18.94	20.31
○천여고	평 균	22.65	17.32	16.30	20.13	42.20	62.33
	사 례	40	40	40	40	40	40
	표준편차	12.32	11.16	11.09	4.31	24.77	25.60
○일여고	평 균	22.87	17.51	16.53	20.51	42.68	63.19
	사 례	68	68	68	68	68	68
	표준편차	11.50	10.71	10.22	4.89	23.06	23.88
○남고	평 균	29.99	23.27	25.47	17.04	59.04	76.08
	사 례	81	81	81	81	81	81
	표준편차	7.46	6.38	4.96	5.34	11.96	13.06
합계	평 균	25.59	19.54	20.21	17.49	49.00	66.49
	사 례	490	490	490	490	490	490
	표준편차	10.10	8.97	9.63	5.77	19.82	21.36

성별	내용 총점 (40점)		조직 총점 (30점)		표현 총점 (30점)		선택형 총점 (25점)		서술형 환산 총점(75점)		총점(100점)	
	평균	표준편차	평균	표준편차	평균	표준편차	평균	표준편차	평균	표준편차	평균	표준편차
남 (242)	27.69	8.48	20.97	7.70	22.10	8.59	17.36	5.27	53.06	16.57	70.42	18.09
여 (248)	23.54	11.10	18.14	9.88	18.38	10.24	17.62	5.83	45.03	21.86	62.65	21.36

저자 이영진

고려대학교 국어국문학과 졸업
고려대학교 국어교육전공 석사 졸업
한국교원대학교 국어교육전공 박사 졸업
現 한국교원대학교 겸임교원 및 부천여자고등학교 교사

고등학교 국어·문학교과서 집필
「쓰기 평가 방식에 관한 학생들의 인식 차이 분석」
「국어과 서술형 평가 문항 개발 및 채점 방법 사례 연구」 외

미래국어교육총서 ❸

대단위 작문 평가 — 문항 개발 및 채점 방법을 중심으로

초판 인쇄 2013년 12월 17일 | **초판 발행** 2013년 12월 27일

지은이 이영진

펴낸이 이대현 | **책임편집** 권분옥 | **편집** 이소희 박선주

펴낸곳 도서출판 역락 | **등록** 1999년 4월 19일 제303-2002-000014호

주소 서울시 서초구 반포4동 577-25 문창빌딩 2층

전화 02-3409-2060(편집부), 2058(영업부) | **팩시밀리** 02-3409-2059

전자우편 youkrack@hanmail.net

ISBN 978-89-5556-686-4 94370
       978-89-5556-050-3 세트

정가 18,000원

* 잘못된 책은 교환해 드립니다.

이 도서의 국립중앙도서관 출판시도서목록(CIP)은 서지정보유통지원시스템 홈페이지(http://seoji.nl.go.kr)와 국가자료공동목록시스템(http://www.nl.go.kr/kolisnet)에서 이용하실 수 있습니다.(CIP제어번호: CIP2013027663)